Thor Kunkel

Zum Abschuss freigegeben

Im Fadenkreuz der rotlackierten Nazis

KOPP VERLAG

Zum Abschuss freigegeben

Die in diesem Buch in Auszügen wiedergegebene Korrespondenz liegt dem Verlag im Original und vollständig vor.

Falls nicht anders gekennzeichnet, wurden Hervorhebungen in den Originalzitaten durch den Verfasser dieses Buches vorgenommen.

1. Auflage September 2020

Lektorat: Christina Neuhaus

ISBN: 978-3-86445-771-5

FSC www.fsc.org MIX Papier aus verantwortungsvollen Quellen FSC® C014496

Gerne senden wir Ihnen unser Verlagsverzeichnis
Kopp Verlag
Bertha-Benz-Straße 10
72108 Rottenburg
E-Mail: info@kopp-verlag.de
Tel.: (0 74 72) 98 06-10
Fax: (0 74 72) 98 06-11

Unser Buchprogramm finden Sie auch im Internet unter:
www.kopp-verlag.de

Es ist immer das Gleiche /
kaum sitzen wir bei Tisch / an der Eiche /
findet einer einen Nazi in der Suppe /
und statt der guten alten Nudelsuppe /
bekommen wir jeden Tag / die Nazisuppe auf den Tisch.
Thomas Bernhard (1931–1989), Der deutsche Mittagstisch

Wenn etwas eine Pop-Ikone
wird wie die Nazis [...] dürfen sie auch
als solche benutzt werden.
Gabi Delgado-López (1958–2020), DAF, *2017*

Inhalt

Wie man einen mobbingbedingten Literaturskandal überlebt

Alles ist auch immer anders möglich.
Ágnes Heller (1929–2019), Philosophin

I.

»Schreiben Sie dieses Buch nicht, es dürfte nur Ihre Feinde bestärken!«

In den letzten Wochen, die der Vorbereitung dieses Buchs dienten, wurde mir so mancher Ratschlag von Freunden zuteil: Es sei in Deutschland »unklug, sich als Opfer zu outen«, man liefere den Medien damit nur »eine Steilvorlage, die neue Publikation als Ausdruck persönlicher Ressentiments abzutun«.

Diese Gefahr nehme ich gerne in Kauf. Wem die Mörderfackel der antifaschistischen Presse nie ins Gesicht leuchtete, wer nie »Zielperson« einer vom *Spiegel* und von den öffentlich-rechtlichen Medien befeuerten Rufmordkampagne war, kann sich nicht vorstellen, was es heißt, »zum Abschuss freigegeben« zu sein.

Es bedeutet mehr als nur den Verlust der gesellschaftlichen Existenz, permanente Ausgrenzung und berufliche Benachteiligung, es bedeutet, dass man von nun an das Leben einer *Unperson* führt. Nach fünf Jahren des sozialen Abstiegs vollzog ich 2009 den einzig richtigen Schritt: Ich emigrierte in ein anderes Land und begann noch einmal von vorne – kein allzu schönes Gefühl für einen Mann Mitte vierzig.

Mobbing gilt heute vor dem deutschen Arbeitsgericht als »Verletzung bestehender Menschenrechte«. Verliert ein Arbeitnehmer durch unfaire Angriffe – Schikanen oder »wahrheitswidrige Behauptungen« – seinen Arbeitsplatz, kann man die Mobber in der Regel regresspflichtig machen, das heißt, der Geschädigte erhält Schmerzensgeld oder Schadensersatz. Bezeichnend ist, dass – im Unterschied zu anderen europäischen Staaten – in Deutschland bis heute kein Anti-Mobbing-Gesetz verabschiedet wurde; es mangelt daher bislang an einer Definition.

Im Fall eines Schriftstellers scheint die Sache noch komplizierter zu sein. Das Kassieren von schlechten Kritiken gehört zum Metier, doch wann wird aus Literaturkritik ein »systematisches Anfeinden, Schikanieren und Diskriminieren«, was zumindest der vorläufigen Definition des Bundesarbeitsgerichts (BAG) aus dem Jahre 1997 entspricht?

Und wie lassen sich hier Schäden – besser Folgeschäden – beziffern? Wessen Ruf als Autor ruiniert wurde, der sieht sich plötzlich überall in die Marge gedrängt. Seine berufliche Benachteiligung lässt sich ebenso schwer beweisen wie die rechts- und tatsachenfeindlichen Einstellungen der journalistischen Häscher. *Public Shaming* und »digitales Lynchen« sind die bewährten Waffen der Meinungsdompteure einer postheroischen Gesinnungsgesellschaft. Das Mobbing wird von den Medien so lange »bewirtschaftet«, bis die Erwerbsunfähigkeit der Zielperson als gesichert gilt.

Das Ausmaß des journalistischen Missbrauchs, dem ich im Jahr 2004 ausgesetzt war, lässt sich erst heute erfassen – dies auch wegen einer posttraumatischen Störung, wegen der ich mich einige Jahre in Behandlung befand. Ich schaffte es einfach nicht aus eigener Kraft, mich der Realität meiner eigenen Vernichtung zu stellen.

Tatsache bleibt: Die Rufmordkampagne behindert bis heute sowohl die Fortsetzung meiner schriftstellerischen Arbeit als auch ein normales gesellschaftliches Leben. Selbst die Anmietung einer Wohnung unter meinem Namen ist in Berlin ein Problem. Viele einmalige und unwiederbringliche Chancen, die ich mir durch preisgekrönte Literatur erarbeitet hatte, wurden von journalistischen Neidern zunichte gemacht. De facto läuft das Ganze inzwischen fast auf ein Berufsverbot hinaus. In diesem Frühjahr wurde mir von der Berliner Filmproduktion *Syrreal Entertainment* mitgeteilt, ein französischer Partner habe darauf bestanden, dass mein Name von meinem Drehbuch entfernt werden müsse, ich könne ja unter Pseudonym schreiben. Selbstverständlich zog ich mich daraufhin von dem Projekt zurück. Verlust: 22 000 Euro. Nur, wen könnte ich hier zum Regress heranziehen? Es ist ja meine Schuld. Ich hätte ja meiner Entwürdigung zustimmen können.

Sicher, es hat schlimmere Fälle als meinen gegeben: Eva Herman wurde 2007 vom Antifa-Sender NDR wegen einer unglücklichen Formulierung geschasst, Akif Pirinçcis Bücher verschwanden 2015 infolge eines von Random House verhängten Boykotts aus dem Handel. Zwei Medienprofis hatten sich offensichtlich verspekuliert, was man in meinem Fall nicht sagen kann.

Vielleicht hatte ich einfach nur Pech: Als Schriftsteller aus der Hochliteratur war ich bei der Recherche im historischen Umfeld eines Romans auf Ungereimtheiten gestoßen; darüber machte ich mir Gedanken, die ich in einem »Werkstattbericht« notierte. Da ich bei Rowohlt unter Vertrag war, hatte auch der Verlag Einblick in diese Notizen, schließlich wurde so der Stand der Arbeit am Manuskript protokolliert.

Dieser Werkstattbericht – im Grunde ein Haufen fliegender Blätter – war dem *Spiegel* zugespielt worden. Ein LitLeak[1], das war's. Der Reporter-Populist Henryk M. Broder, der damals als schärfster Hetzhund der Linkspresse seine Brötchen verdiente, destillierte aus diesen Spänen einer Literaturwerkstatt eine skandalträchtige »Tatsachenphantasie«. Die Folge war ein Mobbing durch die antifaschistische Presse, das ein halbes Jahr in den Feuilletons tobte. Und nochmals: Es ging nicht um meinen Roman *Endstufe,* sondern um einen Subtext, den der Schmargendorfer Sozialpornograf aus vier, fünf ins Unreine notierten Sätzen konstruierte. Selbst Monate nach der Veröffentlichung des dann noch zusätzlich verrissenen Romans erfuhr ich über Monate hinweg eine feuilletonistisch verbrämte Form von Gewalt, die ich in Deutschland nicht für möglich gehalten hatte. Mein Platzverweis aus dem Klubsessel des literarischen Hochplateaus wurde zudem vom pseudointellektuellen Amüsierpöbel des Hauptslums Berlin noch höhnisch beklatscht. Viele Betreiber von Internetprangern prügelten wie gestört auf mich ein. Der Linke ist eben niemals dein Freund, sondern wartet nur auf seine Chance, den Richter zu spielen.

Obwohl die mir zugedachte existentielle Vernichtung misslang, hat sich am Hass der linken *deep culture* gegen meine Person nichts geändert. Daran konnten auch weitere erfolgreiche, sogar verfilmte Romane nichts ändern. Von den Leitmedien wurden und werden sie (wenn überhaupt) nur unter **»Einbeziehung Ihres Romans *Endstufe* rezensiert«**[2], ein in der Literaturgeschichte wohl einmaliger Vorgang.

---

1 Von engl.: *literary leak,* dt.: nicht autorisierte Veröffentlichung oder gewollte Indiskretion eines die Literatur betreffenden Sachverhalts.

2 Zitat aus dem Brief des FAZ-Justiziars Oliver Stegmann vom 19.5.2010.

II.

Ich war nie ein politischer Schriftsteller. Fast alle meine Romane spielen in der Subkultur einer bestimmten Zeit – mal in den 1970er-Jahren, mal im Dritten Reich, mal im Hauptslum Berlin. Ich wüsste nicht, warum das eine verwerflicher sein soll als das andere.

Als ich anfing zu schreiben, faszinierte mich die Idee, ein literarisches Universum zu erschaffen, das vielleicht – im übertragenen Sinn – den ineinanderfließenden Bildzyklen von M. C. Escher entsprach: Alles hängt mit allem zusammen. Meine Absicht war es, *meine* innere Welt mit naturalistischen Mitteln zu beschreiben und dabei die denotative Achse der deutschen Schulbuchgeschichte als »Bedeutungsherstellung« und Elaborat der Postmoderne ad absurdum zu führen. Mein Eindruck, in einer US-amerikanischen Kolonie aufgewachsen zu sein, spiegelte sich schon in der ersten Werkskizze einer Trilogie namens »Restwelt« wider, die den Untergang der Frankfurter Familie Fußmann im Laufe von drei Generationen abbilden sollte. Das Ganze war für einen Anfänger ein dickes Brett, und würde ich dem jungen Schriftsteller, der ich damals war, heute begegnen, ich gäbe ihm wohl den Rat, nicht alle handwerklichen Tricks von vornherein zu verschmähen.

Der erste fertiggestellte Roman der Trilogie wurde von Rowohlt dann als »Frankfurt-Roman aus den Siebziger Jahren«[3] beworben und von Journalisten als »deutsche Antwort auf Pulp Fiction« gehypt, indes die historische Dimension der Arbeit mit keiner Silbe erwähnt. Vielleicht wollte man die Leser nicht überfordern. Im Übrigen gibt es im Roman mehrere Protagonisten, und Anton Kuhlmann, der Anti-Held, hatte die Handlung nach fast tausend

3 *Das Schwarzlicht-Terrarium,* Rowohlt, 2000.

Seiten »an sich gerissen«. Der eigentliche Held (Karl Fußmann II.), der 1979 in den Ruinen der bürgerlichen Existenz seiner Großmutter vor sich hin vegetiert, bleibt zwar omnipräsent, doch seine innere Resignation und Antriebsschwäche lassen ihn eher wie eine graue Eminenz erscheinen. Nichtdestotrotz machte ich Journalisten, die nach Klagenfurt das Gespräch mit mir suchten, mit der ursprünglichen Werkskizze vertraut. Ohne Erfolg.

Das Missverständnis endete bekanntlich vier Jahre später mit dem Skandal um *Endstufe,* eine tragikomische »Schwejkiade«[4] um den Großvater des Fußmanns aus dem ersten Roman. In *Endstufe* begegnen wir ihm in der Gestalt eines jungen SS-Hygiene-Offiziers, dessen primäre Interessen – chromgegerbte Reitstiefel, Opiumpastillen und Pornofilme – an die »Sex-Front« in Nordafrika führen, was (laut der FAZ vom 3.4.2004) »das Weltbild der Nazis salonfähig« gemacht habe, eine Einschätzung, die echte Nazis wohl kaum teilen würden.

Mit *Subs* (2011) kam die Trilogie dann endlich in der Gegenwart an. Claus Müller-Dodt, der sklavenhaltende Berliner Schönheitschirurg, ist kein anderer als der uneheliche Sohn des Fußmanns aus dem ersten Roman:

> So wie sein unehelicher Vater, dieser belämmerte Chemielaborant namens Karl Fußmann, der 1979 auf einer winterlichen Autobahn in der Nähe von Frankfurt am Main verstarb, ohne je von der Existenz seines Sohnes zu erfahren.[5]

4 Hier im Sinne eines Schelmenromans mit skurriler Sprachmischung zu verstehen.

5 *Subs,* Heyne Verlag, 2011, S. 108.

Der Kreis hatte sich geschlossen. Indessen nahm kein einziger Rezensent den Abschluss der Trilogie nach insgesamt 2000 Seiten auch nur zur Kenntnis.

Nun will ich mich nicht beschweren, aber die Feststellung, dass meine Romane noch nie professionell rezensiert wurden, dürfte zutreffend sein. Nichtsdestotrotz wurden sie oft auf brutalste Weise verrissen; dazu hat es dann immer gereicht. Man kann hier – nach mehr als 20 Jahren der kontinuierlichen Publikation – nicht von einem »epidemischen Versagen der Kritiker« sprechen, wenn sie offensichtliche Beziehungsgeflechte und Seelenverwandtschaften des Personals komplett ignorieren. Wenn psychologische Kohärenz, Konstanz und Kontinuität bislang als die wesentlichen Merkmale eines literarischen Werks galten, was geht dann nur in den neuen deutschen Feuilletons vor? Und wieso stürzten sie sich ausgerechnet auf den Teil der »Restwelt«-Trilogie, der vor dem Hintergrund des Dritten Reichs spielt?

III.

Sie wollen dafür eine Erklärung? Ich habe lange gebraucht, um mir den Wahnsinn, der sich an mir entlud, zu erklären. Die Furcht vor der Rückkehr des Faschismus gehört heute zu den Urängsten – ja, dem phylogenetisch übermittelten Erbteil – der deutschen Kulturschaffenden. Sie ist die Eintrittskarte ins lukrative Mediengeschäft und wird zum Stallgeruch derjenigen, die in medienpolitische Machtpositionen aufsteigen. Dort angekommen, leben sie ihre »historisch« geerdete Paranoia dann ungeniert an ihren Mitmenschen aus.

Man könnte über diese »German Angst« vielleicht lachen, entspräche sie nicht auch jener paranoid-infantilen Phase, die die ersten Lebensmonate des Säuglings bestimmt und die sich bekanntlich durch »sirenenhaft anschwellendes Geheul« äußert, sobald das infantile Ich introjizierte Objekte als »Verfolger« identifiziert und sie mittels seiner Phantasie zu zerstören versucht. Die drastische Fehllesung meines Romans *Endstufe,* der mit den popikonografischen Seiten des Dritten Reichs spielt, ähnelte jedenfalls der Teufelsaustreibung eines »Phantasmas des Infantilen«[6]. Während die meisten Skandale eher kurzlebig sind, musste ich fast ein Jahr lang als Reflektorfigur eines antifaschistischen Hetzmobs herhalten, der seine ideologischen Wahnvorstellungen auf mich projizierte.

Die meisten Schriftsteller, die ich kenne, sind keine Krawallschachteln, sondern nachdenkliche, vielleicht auch überkritische Menschen. Sie tun ihre nicht immer gut bezahlte, doch erfüllende Arbeit und werden in Ländern mit einer ausgeprägten Kulturtechnik (wie etwa Frankreich) als Bereicherung der Debatte verstanden. Nicht so im Land der ewigen Nützlichkeitsdenker, wo kritische Schriftsteller mundtot gemacht und gesellschaftlich ausgegrenzt werden. In meinem Fall fehlt eigentlich nur noch die offen verhängte *damnatio memoriae* – die Tilgung meines Namens aus allen literaturwissenschaftlichen Publikationen und der Deutschen Nationalbibliothek.

Schlimmer als das Wissen darum, dass mir die Medien meine beruflichen Chancen zerstörten, habe ich die Verluste von Freunden, Kollegen und Familie empfunden. Ich stamme aus einer SPD-geprägten Arbeitersiedlung im Westen von Frankfurt am Main, mein »kleiner Sieg« beim Klagenfurter Wettlesen 1999 ging damals wie ein Lauffeuer durch unser Viertel. »Einer von uns hat es geschafft«, pflegte mein alter Friseur, Herr Hüttl, zu sagen. Meine Schwester verschenkte jahrelang meine Romane, meine Mutter sammelte und verschickte Zeitungsberichte über meine »tolle

---

6 Nach Siegmund Freud.

Karriere«. Sie war stolz auf mich. Nach mehreren Monaten der fortlaufenden Skandalisierung durch die Presse erlitt sie im Herbst 2004 einen Nervenzusammenbruch. Sie fragte mich damals am Telefon, was ich denn bloß getan habe, dass sie plötzlich »nur noch Schlechtes« über mich liest. Seitdem hat sie mit mir nie wieder über meine Arbeit gesprochen. Dieselbe Zäsur erlebte ich auch seitens meiner Geschwister. Bei meiner Schwester, die zeitweise einen engen Kontakt mit der hessischen SPD-Chefin Andrea Ypsilanti unterhielt, kann ich das noch verstehen, doch die Distanzierung meines Bruders bleibt mir bis heute ein Rätsel. Offenbar will man sich nicht mit einem dermaßen schlecht beleumundeten Menschen wie mir assoziieren. Paul Klee, der als einer der ersten deutschen Kulturschaffenden 1934 als »entarteter Künstler«[7] seinen Lehrstuhl verlor, machte in seinem Selbstporträt *Von der Liste gestrichen* keinen Hehl aus dem Schmerz, den der Verlust menschlicher Kontakte bedeutet. Beleidigungen und Anfeindungen von Fremden sind zu verschmerzen, aber wenn einen die eigene Familie schneidet, dann tut das weh.

»Selbst schuld«, sagte mir voriges Jahr auf der Buchmesse ein Literaturagent, denn wer als Kulturschaffender in der »Besserungsanstalt Deutschland« die schreckliche Wahrheit verkündet, es sei auf dieser schönen Welt *besser, Täter als Opfer* zu sein, oder wer die deutsche Erinnerungsarbeit als »historische Bewusstseinsfehlbildung« bezeichnet, der konterkariert den Schuldkult der Deutschen und stellt »die Rolle des Verlierervolkes als Dün-

---

7 Als »entartete Künstler« bezeichneten Hitler und seine Spezies bestimmte Künstler und Autoren, deren Stil oder Sujets ihnen – oft genug aus geschmäcklerischen Gründen – nicht genehm waren. Schriftsteller, die bei den braunen Machthabern »Abscheu und Beklemmung« erregten, waren unter vielen anderen Franz Kafka, Alfred Döblin, Heinrich Heine, Carl Zuckmayer, Stefan Zweig und Else Lasker-Schüler. Ihre Werke zählen heute zur deutschen Weltliteratur.

ger für ein multi-ethnischen Europa« infrage. Mein Roman sei von der »Schamanenkaste aus Kulturpharisäern und philanthropischen Musterknaben« durchaus als »Erlösungsversuch von der ewigen Schuld« verstanden worden. Man hätte mein Stück maskierter Literatur also sehr wohl begriffen, so auch Sätze wie:

»Der Traum der Synkretisten kann nur der genetische Schmelztiegel sein. Alles muß sich mischen, vermengen, verquicken, einmal abgesehen von denen, die das Feuer der Schmelze betreiben. Am Ende der genetischen Gleichschaltung steht ein milchkaffeebrauner Plebejer mit platter Nase und bleichem Krusselhaar, das Produkt eines *anderen* politischen Willens: *weiße Kohle* eben. Genau richtig zum Verheizen, denn die Amerikanisierung des ganzen Planeten wird noch blutiger verlaufen als dieser letzte Krieg.«

Heute bin ich froh, diese Sätze geschrieben zu haben. Angesichts des gegenwärtigen Umbaus von Deutschland und der erzwungenen Kreolisierung wird man meinem zum »Schandwerk« erklärten Roman zumindest seine visionäre Qualität nicht absprechen können. Kein Mensch hatte damals eine Vorstellung davon, was 2015 auf Deutschland zukommen würde. Ich persönlich bin nicht der Meinung, dass es hilft, der neu-sozialistischen Missgeburt, die entstanden ist, einen schönen Namen wie Buntland zu geben. Die allgegenwärtige Degeneration, die wir wahrnehmen, entspricht der Selbstentwertung deutscher Geschichte, Kultur und Sprache.

Hätten die Gesinnungswächter mir *Endstufe* damals durchgehen lassen, eine Rückkehr zur geistigen Normalität und ein Ende des Schwindels wären wohl schon in den Nullerjahren denkbar gewesen: Denn Selbstbehauptung ist kein Faschismus, die Aufkündigung eines Knechtschaftvertrags kein Antisemitismus. Wer das Gegenteil behauptet, dürfte das nur tun, weil er von den gegenwärtigen Zuständen profitiert.

Im Rückblick betrachtet unterschied sich die Vorgehensweise des deutschen Kulturbetriebs gegen meine Person tatsächlich nicht sonderlich von der Art und Weise, wie unliebsame Schriftsteller von den Nationalsozialisten schikaniert wurden. Der Unterschied besteht lediglich darin, dass ich nicht nachts abgeholt wurde. Vielmehr präferierte die Medienmischpoke die stalinistische Methode: Man verhindert die Teilnahme eines Menschen am Wirtschaftskreislauf und sieht scheinheilig dabei zu, wie derjenige in der Gosse verschwindet.

Meine von den Medien verhängte »Abwertung« ließ sich jahrelang an der Auslistung meiner Romane erkennen; das Label »Trash«, das mir die Linken verpasst hatten, und »Nazi-Porno-Autor« (eine Erfindung des BILD-Spezialisten für Diffamierung Dr. Florian Kain) hielt leider auch die meisten Konservativen auf Abstand. 2011 hatte mein Abstieg mit der Veröffentlichung bei Heyne seinen vorläufigen Tiefpunkt erreicht. Dessen durchlauchtes Publikum war von *Subs,* meiner 2018 von Oskar Roehler verfilmten Gesellschaftssatire, natürlich mehrheitlich überfordert. Dass Peter Sloterdijk, einer der renommiertesten Philosophen, eine Empfehlung beisteuerte, hatten sie wohl nicht als Warnung verstanden.

IV.

Wie kommt man nun dermaßen unter die Räder? Wie kam es zu diesem »Kultur-Debakel«, das 2004 von New York bis nach Adelaide in Australien für Schlagzeilen sorgte? Worin bestanden das eigentliche Konfliktpotenzial und das Anstößige an meinem Werkstattbericht?

Ohne dem Medientagebuch vorgreifen zu wollen: Es begann alles mit einer Hinterzimmerintrige im noblen Rowohlt Verlag, wie sie jährlich wahrscheinlich dutzendfach aus der Zusammenarbeit zwischen Lektor und Autor erwächst. In meinem Fall wurde ich von einer linksextremen Lektorin bei der Verlagsleitung denunziert. Ein neuer, überambitionierter Verleger (es handelte sich um den Sohn des Hitler-Biografen Joachim Fest), der meinen Roman gar nicht kannte, nahm die Sache allerdings ernst. Er suchte fortan nach einem Grund, mich zu feuern, und denunzierte mich seinerseits bei dem bereits erwähnten Berufsempörten vom *Spiegel*. Der Vorgang widersprach sämtlichen Usancen in der Branche, die auf einem engen Vertrauensverhältnis zwischen Verleger und Autor basieren.

Im Nachhinein hieß es, der neue Verleger habe sich mit einer »publizistischen Altlast« überfordert gefühlt, sodass ihm die Meldung seiner Lektoratsgouvernante, sie habe einen verkappten Rechten unter den Autoren entdeckt, ganz gelegen kam. Die *taz*-beseelte Lektorin schraubte dem Anschein nach über Monate still und heimlich unzählige Verdachtsmomente zu einer Strafanzeige zusammen. Womit ihr Verhalten wohl jener »bösen historischen Kontinuität der Vergewaltigung des Mitmenschen aus Gesinnung«[8] entsprach, die zumindest in der alten Honecker-DDR salonfähig war. Introversion und Misstrauen in die fiktionalen Möglichkeiten von Literatur prägen zudem jene kulturelle Wüste, die vornehmlich die einst progressiven Alt-68er zu ver-

8 In seinem 2008 erschienenen Buch *Unser Kampf 1968 – ein irritierter Blick zurück* hatte der Historiker Götz Aly einige Gemeinsamkeiten zwischen der Alt-68er-Generation und den Nazi-Deutschen der 1940er-Jahre konstatiert, was ihm das neue Establishment bis heute verübelt.

antworten haben. Für diese neobolschewistischen Kulturlizenzträger war Lagerzugehörigkeit eben immer schon wichtiger als Sinn und Seele von Literatur.

Es ist auffällig und bezeichnend, dass weder *Endstufe* noch der vom *Spiegel* enthüllte Subtext im Zusammenhang mit *Die Wohlgesinnten,* einem Roman, der vier Jahre später erschien und ebenfalls aus der Perspektive eines Täters erzählt, mit keiner Silbe erwähnt wurden. Und zwar in keiner Tageszeitung. Dieses auffällige, erneut wie verabredet wirkende Beschweigen stieß allein Dr. Gunther Nickel, Lektor des Deutschen Literaturfonds, unangenehm auf. Seine Kritik konnte allerdings nur im deutschsprachigen Ausland publiziert werden:

> »Nur vier Jahre haben genügt, damit sich im deutschen Feuilleton niemand mehr daran erinnern kann, dass eine Auseinandersetzung mit polit-pornografischer Rollenprosa schon einmal geführt wurde, **nur ungleich härter, geradezu unerbittlich, um nicht zu sagen gnadenlos.** Bleibt die Frage, wie es zu solcher *Vergesslichkeit* kommt? […] Noch erstaunlicher ist indes, dass nicht ein e i n z i g e r Rezensent an die vor vier Jahren emsig und heftig geführte Auseinandersetzung mit Kunkels Roman *wenigstens am Rande* erinnert hat oder sich zu erklären anschickte, warum es richtig war, Kunkel derart abzustrafen, Littell nun aber in einem Maße zu würdigen, das das Übliche weit übersteigt.«[9]

9 Gunther Nickel, »Die Wohlgesinnten und die Vergesslichen: Über die Rezeption von Jonathan Littell und Thor Kunkel«, *Volltext,* Nr. 2., Ausgabe 36, Wien 2008.

Abb.: *Endstufe* – Im Ausland gefeiert: Die ungarische Erstausgabe, die italienische Paperback-Ausgabe (2006) und die erste umfassende Exegese des Romans in *Plots of War* von Prof. Júlia Garraio (De Gruyter Berlin/Boston 2012)

Die Antwort auf diese Frage mag Sie als Leser vielleicht überraschen, aber es ist Deutschen – und nur Deutschen – untersagt, auch nur entfernt an dem fremdbestimmten deutschen Geschichtsbild zu rühren, ganz zu schweigen davon, eine affirmative Sichtweise auf das Dritte Reich zu vermitteln. Doch um das Weltgefühl der Deutschen in den 1940er-Jahren *nachfühlbar* zu machen, war es schlichtweg notwendig, *aus Sicht der Täter zu schreiben.* Und genau das habe ich – lange vor dem französischen Autor jüdischer Herkunft Littell – getan.

In seiner Quintessenz porträtiert *Endstufe* die Nazis als Paten des heutigen US-amerikanischen Geofaschismus. Im Roman begegnen wir technisch überlegenen, sittlich gebrochenen »Römern« – Furien einer missglückten Aufklärung und simplen Glücksrittern in SS-Uniform –, die sich an den Beutezügen des Reichs quer durch Europa gesundstoßen wollen. In diesem Beziehungsgeflecht einer korrumpierten Elite – Eugène Sues hätte wohl von »schrecklicher Verderbnis der im Überfluss Lebenden« gesprochen – galt die NS-Ideologie, an die sich das Volk halten musste, nur als sentimentale Sauce; ein realistisches Streben bestimmte den Kurs. Das Regime wurde daher von der breiten Masse nicht als Zivilisationsbruch erlebt, sondern als fortschrittliche völkische Spaßgesellschaft. Die Deutschen der 1940er-Jahre fühlten sich als die modernsten Menschen der Welt. Der wahre Zivilisationsbruch fand erst 1945 statt, mit der sogenannten Befreiung, die auf millionenfachen Massenmord an deutschen Kriegsgefangenen und Massenvergewaltigungen hinauslaufen sollte.

Letzteres bringt *Endstufe* wie kein anderer deutscher Roman zur Sprache:

> Am 16. April 1945 erreichen die Spitzen der Roten Armee die östlichen Randgebiete der Reichshauptstadt, und was danach abläuft, lässt sich nur als gnadenlose Fließbandarbeit von samenden Automaten bezeichnen. [...]

Es ist vielleicht hart, unsere »Befreier vom Nationalsozialismus« so zu bezeichnen, doch sie verkörperten nun einmal eine fürchterliche Wahrheit, die sich hinter dieser Metapher verbirgt und die dem Wirklichkeitssinn eines echten Kulturvolks und eben keinem Verhaltenskodex für Schrumpfgermanen entspricht.

Das steht aber auf einem anderen Blatt und soll den Leser hier nicht vom Thema ablenken – die Unterbreitung einer als Literaturkritik getarnten Hexenjagd durch die antifaschistische Presse, die ich als »Zielperson« nur knapp überlebte. Umso erfreulicher ist die Tatsache, dass jetzt endlich auch andere Schriftsteller den

Mut aufbringen, sich öffentlich gegen das allgegenwärtige Klima der Intoleranz auszusprechen. Auch die Renommierten scheinen inzwischen den Druck der Denk- und Sprechverbote zu spüren. In einem kürzlich von 150 vorwiegend angloamerikanischen Autoren unterzeichneten Brief[10] heißt es, man müsse sich »die Möglichkeit einer Meinungsverschiedenheit ohne schlimme, berufliche Konsequenzen erhalten«. In meinem Fall kommt dieser fromme Wunsch um mehr als 16 Jahre zu spät.

Um die Authentizität meiner Notizen von 2004 nicht zu gefährden – oder meine eigenen Fehler zu beschönigen –, wurde beim Abtippen der handschriftlichen Notizen auf Klitterung des Ausdrucks verzichtet. Leser, die meinen heutigen Schreibstil mögen, bitte ich im Voraus um Nachsicht für so manch grelles Wort. Mit einer Disney-Version des Skandals und einer anschließenden Haupt-Salbung von Mutter Teresa für meine Verfolger wäre aber niemandem gedient. Nur die Unterteilung in Kapitel oder erklärende Fußnoten wurden nachträglich eingefügt.

Aus meiner Sicht liest sich dieses Tagebuch wie die Chronik eines Verrats, ich möchte Sie daher warnen: Einiges, was Sie lesen werden, ist außerordentlich verstörend. Welche Lehre Sie letztendlich daraus ziehen, bleibt Ihnen überlassen.

Ich wünsche Ihnen allerdings von Herzen, dass Ihnen oder Ihrer Familie dergleichen niemals passiert.

Thor Kunkel, 9.7.2020

---

10 *Harper's Magazine Online,* »A Letter on Justice and Open Debate«, 7.7.2020.

Abb.: Es begann mit einer Recherche: Thor Kunkel, 2003, mit den »Sachsenwand-Filmen«, im Filmarchiv Werner Nekes, Mülheim a. d. Ruhr. Die Faktizität einer nationalsozialistischen Pornofilmproduktion empfanden die altlinken Medienfürsten wohl als Kontradiktion zum offiziellen Narrativ von der »sexuellen Befreiung« Deutschlands durch die 68er-Revolution. Für dieses Sakrileg sollte ich büßen. *Foto: Norbert Guthier*

Medientagebuch

2.2.2002 – 31.12.2004

Dokument einer politischen Verfolgung in Deutschland

I.

Zeitgeschichtliche Spurensuche – für Deutsche verboten?

2. Februar 2002. Vielleicht ist heute, an meinem ersten Tag in Berlin, der ideale Zeitpunkt, einen Schlussstrich zu ziehen. Ein Umzug ist immer eine Zäsur. Man hat die Möglichkeit, mit schlechten Gewohnheiten zu brechen, Überflüssiges abzuschütteln und neue Wege zu gehen. Die sechshundertseitige Rohschrift von *Endstufe* steht – der Roman ist im Grunde fertig, alles, was ich weiß, beginnt sich jetzt als Schreibbremse auszuwirken. Wem nützt es eigentlich, dass ich über anrüchige Umwege die Adresse des SS-Hygiene-Instituts (Spanische Allee 10, Berlin-Zehlendorf) in Erfahrung gebracht habe und dass ich weiß, dass dort am Eingang, schräg gegenüber der Pförtnerloge, ein Cola-Automat stand? Oder dass ich die Fahrpläne des Nachtzugs Berlin – München kenne, wohlgemerkt die von 1941?

Allein über den Afrika-Krieg habe ich im vergangenen Jahr nebenbei 42 Sachbücher gelesen, um ein Gefühl für die außergewöhnlichen Umstände zu entwickeln. Details habe ich mit Angehörigen der *Afrika-Korps Bruderschaft Paderborn* abgeklärt.

Ich habe Listen mit » Nazi-Wörtern« angelegt, um authentisch klingende Rollenprosa schreiben zu können – Frontstadt Frankfurt, Blitzmädel, V-Waffen, Kulturplasma, Minus-Krieger, Almabtriebsfarbe Gold, aufgenordete Haare, Keimplasmazersetzung, Volksschädlinge etc. Aus heutiger Sicht waren die Nazi-Texter einsame Spitze.

Frage: Ist der Roman durch meine Recherchen wirklich besser geworden? – Schwer zu sagen. Das Fiktionalisieren von Fakten gehörte aber immer schon zur Form meiner Literatur.

Von meinem Ziel, die Hintergründe eines geheimnisumwitterten Tauschgeschäfts zu ermitteln, bin ich allerdings auch nach drei Jahren weit entfernt. Das Puzzle bleibt, selbst wenn die fiktive Summe dessen, was ich in den zurückliegenden Jahren gedacht habe, stimmt.

Ich spiele daher mit dem Gedanken, mein Tagebuch der Recherche nach den Produzenten der sogenannten **Sachsenwald-Filme** zur Rahmenhandlung des Romans umzuschreiben, denn das Material scheint als Erzählung einer Gewissenskrise besser zu funktionieren. Viel ändern muss ich eigentlich nicht. Es wäre ein Spiel mit zwei Fiktionen auf zwei Zeitebenen – eine Art epischer Roman (Vergangenheit) im Nukleus einer Kurzgeschichte (Gegenwart).

In einem Punkt bin ich mir sicher: Die Mehrzahl der »Nazis« genannten Deutschen, diese uns heute wie Aliens erscheinenden Bewohner des ausgebombten Hitler-Planeten, verhielten sich einfach *konform* der Vorgaben des Systems. Was für jeden Psychologen ein Riesenunterschied ist. So wie heute werden » Regieanweisungen« von oben, ohne Wenn und Aber befolgt. Die lohnabhängigen Menschen (die Mehrheit von uns) passen sich den gesellschaftlichen Denkmustern und Spielregeln an. Was bleibt ihnen auch anderes übrig?

Die Verbrechen dieser kurzlebigen Diktatur mit dem Charakter der »Deutschen« gleichzusetzen dürfte eher das Ergebnis der Umerziehungsmaßnahmen der Alliierten sein. Es ist beschämend, dass die deutsche Presse Goldhagens Hasstiraden kritiklos belobhudelt hat, als handele es sich bei diesen Diffamierungen um »wissenschaftliche Erkenntnisse«. Wie differenziert dagegen die Beobachtung, die Edward Bernays, ein Neffe von Sigmund Freud und Begründer der modernen Public Relations, 1965 in einem Buch formulierte.

> »Ich wusste, dass jede menschliche Aktivität zu sozialem Zwecke benutzt oder im umgekehrten Sinne missbraucht werden kann. Offenbar war die Attacke gegen die deutschen Juden kein emotionaler Ausbruch der Nazis, sondern eine gut durchdachte, geplante Kampagne.«[11]

Als jemand, der sein halbes Leben in internationalen Werbeagenturen zugebracht hat, weiß ich ziemlich genau, dass viele altgediente *Kampagneros* ihre Arbeit mit dem »Auffüllen von Behältern mit Inhalt« vergleichen. *Behälter?* Damit sind Köpfe gemeint. Das mag hart klingen, aber es stimmt.

Von den Kampagnen gegen das »Weltjudentum« (ein damals gebräuchlicher Begriff und ebenso unsinnig wie das heutige Wort »Alltagsrassismus«) versprachen sich die Verantwortlichen schätzungsweise eine Milliarde Reichsmark, was dem Bruttosozialprodukt der gesamten Volkswirtschaft Großdeutschlands entsprach.

Es soll auf Erden schon für weniger gemordet worden sein. Den meisten wird ihre Armut irgendwann zum Verhängnis, hier war es eben real existierender Reichtum. (Die Reichsten der Reichen hatten sich zu ihrem Glück aber bereits 1933 aus dem Staub gemacht.) Und dennoch war das System noch immer gezwungen,

---

11 Im Original: »... I knew that any human activity can be used for social purposes or misused for antisocial ones. Obviously the attack on the Jews of Germany was no emotional outburst of the Nazis, but a deliberate, planned campaign.«

auch »Ausnahmen« zu machen. Ein jüdischer Buchdrucker wie der in Sachsenhausen internierte Anton Burger fälschte bis zuletzt britische Pfundnoten im Auftrag der SS.

Wer heute über den Antisemitismus der Nazis schwadroniert, vergisst auch, dass Bernays' Buch *Propaganda* tatsächlich von Joseph Goebbels in die Praxis umgesetzt wurde. Mehr noch, dass es einen Briefwechsel zwischen Bernays, dem jüdisch-österreichischen Migranten, und Goebbels, dem Antisemiten, gibt, der noch immer – wahrscheinlich aufgrund seiner Brisanz – von der Library of Congress[12] unter Verschluss gehalten wird. Es ist nicht das einzige Tabu, auf das ich in den vergangenen drei Jahren stieß. Beide Männer waren nüchterne Konsenstechniker, und das, was Stuart Even in seinem Buch *PR!: A Social History of Spin* über den alten »Eddie« schrieb, dürfte auch auf den jungen Reichspropagandaminister zugetroffen haben:

> »Dieser Mann war der Maler der mentalen Szenerien, der Hersteller bezaubernder ›Pseudo-Umgebungen‹, die das öffentliche Bewusstsein schnell auf die Agenda der Freizügigkeit lenken sollten. Er war ein Meister der Bühnenkunst und formte ›Nachrichten‹ und ›Ereignisse‹ mit versteckter Hand […], ein Demagoge, ein flinker Meister der Illusionen, ein Mann, der daran dachte, die Öffentlichkeit zu kolonisieren, um das Interesse der Führungskräfte zu stärken.«[13]

12 Die öffentliche Forschungsbibliothek des Kongresses der Vereinigten Staaten.

13 Im Original: »This man was the painter of mental scenery, the fabricator of captivating ›pseudo-environments‹ designed to steer the public mind furtevely toward the agenda of vested power. He was a master of stagecraft, shaping ›news‹ and ›events‹ with a hidden hand […] a demagogue, a nimble master of illusions, a man who thought to colonize the public sphere on behalf of entrenchend managerial interest.«

Demnach würde man Goebbels heute wohl einen Spindoktor nennen, sein Fachgebiet: die »Täuschertechnik« (Stefan Zweig) und ihre Perfektionierung.

Und wenn der *deutsche* Faschismus in seiner Umsetzung nichts anderes war als ein von der rohstoffhungrigen Großindustrie vorangetriebener Korporatismus, dann war das Dritte Reich nichts weiter als eine erste Scheinwelt – und Archetyp der heutigen Medienrealität. Die Sprücheklopferei vom totalen Krieg war nur Hypertrophie und das Ende eines fünf Jahre anhaltenden globalen Werbefeldzugs, der in den Augen der beteiligten Konzerne seine Kosten längst nicht mehr deckte.

Bezeichnend ist hier die eidesstaatliche Aussage von Dr. Waldemar Hoven, dem Lagerarzt im KZ Buchenwald, am 3. Oktober 1947 vor dem Nürnberger Tribunal.

> »Es dürfte allgemein in deutschen wissenschaftlichen Kreisen bekannt gewesen sein, dass die SS über nennenswerte Wissenschaftler nicht verfügte. Es ist offensichtlich, dass es sich bei den in den Konzentrationslagern mit I.G.-Präparaten durchgeführten Versuchen nur um das Interesse der I.G. (Farben) handelte, die mit allen Mitteln bestrebt war, die Wirksamkeit ihrer Präparate festzustellen beziehungsweise die – ich möchte sagen – Schmutzarbeit in Konzentrationslagern durch die SS machen zu lassen. Die I.G. (Farben) war darauf bedacht, diese Tatsache nach außen hin nicht in Erscheinung treten zu lassen, sondern die näheren Umstände ihrer Versuche zu verschleiern, um aber dann […] den Gewinn daraus für sich zu ziehen.«[14]

14 Nürnberger Dokumente NI-12182.

In *Endstufe* arbeitet der Protagonist für die I.G. Sein Abteilungsleiter Dr. Gernot Böhme wird schon auf Seite 34 als inoffizieller Mitarbeiter der I.G. vorgestellt:

> Inzwischen war er auf koffeinhaltige Limonade umgestiegen und versorgte die I.G. und das Robert-Koch-Institut mit *Expositions-Prophylaxen,* die seit der Landung deutscher Truppen in Tripolis am 14. Februar 1941 im »Testfeld Libyen« ausprobiert wurden.

Und auch die Rolle des Protagonisten wird bereits zwei Seiten weiter definiert:

> »Ach ja. Offiziell forschen Sie für die I.G. Farben, so wird das auch in Ihrem Arbeitsvertrag stehen. Wir vermieten sozusagen Ihre Birne, das bringt dem Institut gewisse Steuervorteile.«

Auf dem ausführlich dargestellten Sommerfest der Industrie- und Handelskammer (Seite 141) kommen die Hintergründe dann erstmals zur Sprache (Seite 194):

> »Hören Sie mal, Karl. Warum gehen Sie nicht an meiner Stelle? Das Büfett wird von der I.G. Farben spendiert. […]
>
> Er machte Fußmann mit einem Prokuristen der Behring-Werke bekannt und verdrückte sich mit einer schnuckligen Mieze vom Hamburgischen Welt-Wirtschafts-Institut.

»Ich hörte, Sie haben ein neues Therapeutikum entwickelt«, sagte Fußmanns Gesprächspartner. Er erinnerte an ein gemästetes Hausschwein und stopfte unablässig Fleischsalat- und Lachsbrötchen in sich hinein. Seine von einer rosa Bauchbinde gezierte *Gravitas* wiegte er im Rhythmus des Schlagers *Schirokko,* zu dem die Combo in der Lounge gerade aufspielte.

»Das Verfahren ist noch nicht ausgereift. Es fehlen einfach Probanden.«

»Na, das ist doch heute kein Problem mehr.« Der Dicke tupfte sich den Mund ab. »Wir leben in einer modernen Gesellschaft. Wussten Sie, wie man in Dachau Phlegmone zur Prüfung von allopathischen Heilmitteln züchtet?«

Fußmann schüttelte den Kopf. »Auf polnischen Geistlichen«, grunzte der Schweinskopf.

Der Dialog soll keine »Absicherung« für mich sein, er entwickelte sich sozusagen aus einer Szene, in der die »Wochenscheuen«, eine Clique von jungen Nazi-Bonzen vom Typ des Reichjugendführers Baldur von Schirach, völlig die Fassung verlieren.

Ich bin gespannt, ob der Verlag meine ikonografische Umformung des Dritten Reichs von einer kasernierten Gesellschaft zu einem turbo-kapitalistischen Erotik-Tempel versteht.

7. Februar. Jede Metamorphose ist ein schwindsüchtiger Zustand; ich fühle mich seit Tagen erschöpft. Aber *Endstufe* entwickelt sich in eine Richtung, die mir stets besser gefällt. Etwas Ähnliches wurde in Deutschland noch nie geschrieben. Der Verlag ist allerdings von ersten Manuskriptproben irritiert. Dass ich den Untergang des Reichs nicht als Befreiung, sondern als Raubüberfall und Notzuchtfinale darstelle, hat sich bereits herumgesprochen und stößt den linken Klemmschwestern auf. Meine Agentin rät mir, pro Kapitel eine »kurze Passage zur agitatorischen Absicherung« einzufügen. Als Fußnote. Meine Hauptfigur, »dieser sympathische Dussel in SS-Uniform, ich komm jetzt gerade nicht auf seinen Namen …«, dürfte viel Argwohn erwecken. »Antihelden, okay – aber in SS-Uniform? Und Lotte, seine Geliebte, ist zwar Hure – was gut ist –, aber sie ist auch überzeugte Nationalsozialistin. Könnte sein, dass du Mitleid für sie erweckst.«

Das verstehe ich noch weniger: Verdienen Menschen, die von einer falschen Ideologie fehlgeleitet waren, kein Mitleid? Es entbrennt eine kurze Diskussion, denn auch eine Mitarbeiterin der Agentin mischt mit.

Was hätte Jesus an meiner Stelle getan? Habe ich das gerade laut gedacht?

»Was Jesus getan hätte, ist jetzt nicht so wichtig. Wir müssen uns eher mit der Frage beschäftigen, was Jehova tun wird, wenn er das liest.«

Diesen Satz werde ich mein Leben lang nicht vergessen, denn eigentlich kann man ihn nur so verstehen: Mein Roman könnte beim Zentralrat – manche würden sagen, bei der deutschen Schattenregierung – Missfallen erregen. Doch so dumm ist nicht mal Friedman, um sich an einem Libertin in SS-Uniform abzuarbeiten.

Ein freier Lektor, dem ich eigentlich mehr Verstand zugetraut habe, spricht auch von »affirmativer Tonalität«. Er verspüre beim Lesen »ein wachsendes Unbehagen«.

II.

Die unsichtbare Klammer

12. Februar 2002. Habe ein neues Notizheft begonnen. Der erste Eintrag lautet:

»Berlin, Hochburg der Scheinmoralisten und Heuchler, Plattform des *nackten Existierens,* das sich weder zu Vergangenem noch Zukünftigem in Beziehung setzen will. Sie sind einfach nur da, und sie gehen mir auf den Geist.

PS: Schlimmer noch als die falschen Fressen sind die falschen Töne. Ich schwöre, ich betrete nie wieder das ›Literarische Colloquium‹. Diese Sich-gegenseitig-gut-Finder und Neiddackel öden mich an.«

Ich bin jetzt erst zwei Wochen in Berlin und spüre überall in den Medien die Klammern einer Gruppenzensur. Zehn Jahre Amsterdam haben mich gegen latente Bevormundung empfindlich gemacht. Es ist fast so, als hätte man hier sämtliche freien Geister »mit den spröden Binsen einer vom Wahnwitz versengten Gesinnung« gebunden … (Bin sprachlich offenbar noch immer im *Endstufe*-Modus …)

Noch wahnwitziger: die eklige Aufpasser-Mentalität all dieser schnüffelnden Pseudo-Schriftsteller, die immer und überall dem »Nazi« nachwittern. Ich warte geradezu auf einen Hetzartikel in der *Süddeutschen,* es sei aus historischen Gründen geboten, Autobahnen nicht mehr rechts zu befahren.

Wie dem auch sei, was man hier in den Zeitungen liest, ist grotesk. So wurde Anfang der Neunzigerjahre noch nicht in Deutschland geschrieben. *Wieso passt hier neuerdings jeder auf jeden auf?* Absurd. Selbst die einfältigsten Geister schreiben mit erhobenem Zeigefinger. Bei linken Reizthemen hagelt es Tüttelchen. Meine holländische Frau wiederum empfindet die drei bis vier wöchentlichen Holocaust-Selbstbeschmutzungssendungen im deutschen Fernsehen als bedrückend. Man nehme nur einmal eine normale TV-Zeitschrift und suche nach Sendungen, die entweder den sogenannten Vernichtungskrieg oder die Judenverfolgung thematisieren. Bei der Sendefrequenz würde jeder Media Buyer leuchtende Augen bekommen! Was ist das nur für ein mutloses Land … Über allem das blinde Auge eines geist- und herzlosen Wirtskörpers, Profite ausschwitzend, aber künstlich beatmet. Alle wollen nur in Ruhe so weitermachen, einkaufen, Spaß haben, feiern … Und ich habe Berlin ein Pfund Dynamit mitgebracht! Historischen Sprengstoff in Form eines 600-Seiten-Romans!

15. Februar. Bedingt durch meinen Umzug von Amsterdam nach Berlin und der stets intensiveren Arbeit am Feinschliff von *Endstufe* habe ich die zurückliegenden Monate meine **Werkstattberichte** vernachlässigt. Es gab auch nichts mehr zu schreiben – die Recherche ist abgeschlossen. Oder? Der Vollständigkeit halber muss ich erwähnen, dass es hier in Berlin ein paar merkwürdige Vorkommnisse gab.

Zuerst wurde mein Computer gehackt. Da ich kein vollständiges Backup des Romans hatte, musste der Inhalt meiner Festplatte von der Münchner Firma VOGON in einem Reinraum Bit für Bit wiederhergestellt werden. Kostenpunkt: 4000 Euro.

Der wohl seltsamste Zufall: Nach unserem Umzug landeten wir für einige Wochen in einer Privatwohnung in der Giesebrechtstraße 8, quasi schräg gegenüber des berühmt-berüchtigten »Salon Kitty«, des wohl bekanntesten Bordells des Regimes. Manche Nacht stand ich am Fenster und sah hinüber zu dem grau angestrichenen Altbau mit dem ratzekahlen Balkon. Es war ein merkwürdiges Gefühl, denn in Gedanken hatte ich die vergangenen Jahre hier mit Karl und Lotte, meinen Protagonisten, verbracht.

18. Februar. Ich muss nicht aufhören, sondern konzentrierter an *Endstufe* schreiben. Vor allem sollte ich weniger grübeln. Was sich natürlich nicht vermeiden lässt, denn hier liegen die Erkenntnisse, um die es geht. Vor dem Hintergrund einer verfälschten Erinnerungskultur an die Zeit zwischen 1933 und 1945 wirken die Deutschen der Berliner Bananenrepublik wie Blinde. Ihr drittes Auge (die innere Vision des Kulturvolks) wurde geblendet, damit sie nie verstehen mögen, dass man ihr Land zur besetzten Kolonie degradierte. Es ist der Grund, warum ein Spaßmacher wie der David-Letterman-Epigone Harald Schmidt über alles und jeden in Deutschland seinen Spott ausschütten darf: *Es ist ja alles nichts wert, weil das Deutsche nichts wert ist. Es ist ja alles Scheiße, weil Deutschland Scheiße ist.* Deswegen zahlen die Amis und Briten auch so wenig für deutsche Bestseller.

20. Februar. Am Nachmittag zum Tee in Reinbek, mit **Thomas Überhoff,** dem Rowohlt-Fiction-Chef, den ich schriftlich gebeten hatte, eine englische Synopsis von *Endstufe* an Thomas Pynchon weiterzuleiten. Ich fand, ein paar salbungsvolle Worte von Pynchon, der bisher den ungewöhnlichsten Roman über das Dritte Reich geschrieben hat, könnten nicht schaden. Mir fällt kein deutscher Kritiker ein, dem ich Verständnis für meine »Science-Fiction-Behandlung des Dritten Reichs« ohne Entree durch einen renommierten Wächter der Alt-68er zutrauen würde. Im Cliquen-Betrieb des deutschen Literaturunwesens bin ich bestenfalls eine Kuriosität, ein »Hüter des Unschicklichen«, der durch Zufall und nicht durch die üblichen Karriereförderungsmaßnahmen beim Bachmann-Wettlesen den 2. Platz gemacht hatte. Thomas Hettche, Schreiber unverkäuflicher Romane, der seit Ewigkeiten von Fördermitteln lebt, hat mir das vor drei Jahren deutlich zu verstehen gegeben. Im Grunde ist hier alles Gemauschel, und letztendlich geht es nur darum, wer wem eine Auszeichnung gönnt. Hätte ich in meinem Leben auch nur einen einzigen Fürsprecher gehabt, es stünde heute anders um mich. Umgekehrt würde ich zugeben: Die meisten etablierten deutschen Schriftsteller langweilen mich. Ihr wahres Metier scheint mir das Austherapieren von narzisstischen Depressionen zu sein.

Auf meine Bitte geht Überhoff mit keinem Wort ein, wohl aber noch einmal auf meinen ursprünglichen Arbeitstitel *American Nazi* und darauf, dass Diskurse über die USA – als die neue gestaltende Weltmacht der Erde –»auf polemisch gewürzte Analogien« hinauslaufen. So neu sei das alles nicht.

Stimmt. Nur verdankt Deutschland seinen pathologischen Zustand ganz klar der nach Kriegsende einsetzenden chauvinistischen Glorifizierung des American Way of Life.

Oder wie David Pichaske einst schrieb:

> »Was die goldenen Fünfziger [in den Staaten] wirklich gewesen sind, war eine unnatürliche Verlängerung des Heroismus und der Geisteshaltung des Zweiten Weltkrieges – beides engstirnig und rückschrittlich barbarisch während der Kriegsjahre, beides borniert und anachronistisch in den 50er-Jahren.«[15]

15 David Pichaske, *A Generation in Motion. Popular Music and Culture in the Sixties,* (Schirmer) New York 1979.

Konformismus wurde unter McCarthy zum Sozialverhalten und mithin auch von den geschlagenen Nazis, den »neuen Niggern Europas«, erwartet. Dafür wurden sie mit der Aussicht auf individuelle Freiheit und grenzenlosen Hedonismus beschenkt.

Das wesensmächtige Deutschland von einst, die führende Hightech-Nation der Vierzigerjahre, die schon 1942 von einer Mondlandung träumte, musste dagegen verschwinden. *Warum eigentlich?*

Neben der moralinsauren Vorstellung vom angeblichen Zivilisationsbruch fallen einem nur handfeste wirtschaftliche Gründe ein: Hitlers Deutschland war nicht nur die mitteleuropäische Zentralmacht, es war die erste Nation, die aus der Schlafwagengesellschaft des alten Europas ausscherte, um den aufstrebenden USA das 21. Jahrhundert streitig zu machen. Nazi-Deutschlands Wirtschaftskraft war enorm, die Stützpfeiler seiner Überseekolonien standen bereit für einen globalen Wirtschaftsverband unter deutscher Führung. Jenseits des populistischen Säbelrasselns ging es dem NS-Korporatismus um Handelsabkommen, Zollbestimmungen und die Harmonisierung von Märkten. Dummerweise stand der deutschen Elite eine von den Anglo-Amerikanern errichtete Front gegenüber. Zwischen Nazi-Deutschland und den USA – mit ihrem Freimaurer-Präsidenten Franklin D. Roosevelt[16] – herrschte bald eine unüberbrückbare Grundrivalität. Nicht »Freiheit und Demokratie«, sondern der Plan, vom Zerfall des Alten Europas zu profitieren, hatten die USA auf die weltpolitische Bühne getrieben. Der Utilitarismus der NS-Gesellschaft begünstigte den enormen Fortschritt, von dem die Amerikaner nach dem Zweiten Weltkrieg erst recht profitierten.

---

16 Roosevelt war nachweislich Großmeister mehrerer Logen, darunter des DeMolay-Ordens, benannt nach dem letzten, wegen Hexerei verbrannten Großmeister der Tempelritter.

Abb.: Der SS-Sturmbannführer Wernher von Braun gilt heute als »Vater der amerikanischen Raumfahrt«. *Foto: NASA/MSFC, wikipedia.org*

Nicht nur die Kriegstechnologie wurde gestohlen, sondern auch an die 400 000 Patente, darunter medizinische Patente der I.G. Farben[17]. Die Entschädigung der menschlichen Meerschweinchen überließen die USA selbstverständlich den geschlagenen Krauts. Bis heute bleibt der Zweite Weltkrieg der größte wirt-

17 Tatsächlich wurde die I.G. Farben als US-Verwalterin »übernommener« deutscher Chemiepatente erst 2012 als börsennotierte Firma gelöscht.

schaftliche Fischzug der USA und das größte Fiasko der Deutschen, die so um die Früchte ihrer Arbeit gebracht wurden. Selbst der Northrop B-2 Tarnkappenbomber der USA Air Force geht auf das Patent eines aus Peenemünde gestohlenen Horten-Nurflüglers zurück.[18]

Meine »subversive Welterkundung des Dritten Reichs« bleibt dem Fiction-Chef nicht geheuer. »Pop-Ikonografie hin oder her«, im Fall eines deutschen Autors gebe es die Gefahr, dass der Schuss nach hinten losgehe. Außerdem sei Rowohlt nun mal der amerikanischste aller deutschen Verlage, die der alte Profi »Tendenzbetriebe« nennt. Ein »antiamerikanischer Roman« passe mithin weder zur Tendenz noch zum Profil. Ich frage ihn, ob er den alten Rowohlt-Roman *Fuck Amerika* von Eduard Limonow kennt, aber der wurde tatsächlich nicht bei Rowohlt, sondern bei Kiepenheuer & Witsch verlegt. Mein Fehler also. Trotzdem empfinde ich Rowohlt als »geistige Heimat«. Wenn jemand den Lebenslauf eines Auslanddeutschen vorweisen kann, dann ich. Mit einem Stipendium in San Francisco fing alles an. Dann London und Amsterdam. Mehr als 18 Jahre habe ich im Ausland gelebt. Ich bin sicher, Rowohlt ist mein Verlag.

Die Unterredung war kurz und im Grunde nur ein Austausch von unverrückbaren Positionen. Und da Fiktion keine Scheuklappen braucht, darf ich all diese Bedenken ignorieren. Ein Roman ist schließlich kein Sachbuch, sondern eines der letzten Gebiete künstlerischer Autonomie. Einmal gedruckt, bleibt er in diesem unveränderlichen und in sich abgeschlossenen Zustand. Es geht um Kunst und nicht um das katechetische Abschreiben von gesicherten Fakten, entlang derer sich der Autor zur einzigen er-

---

18 Die Amerikaner ließen nichts anbrennen: Bereits am 10. Oktober 1946 schossen sie eine deutsche V2 auf eine Höhe von 90 km. Zu Spionagezwecken, versteht sich.

laubten Erkenntnis durchhangelt: *Gut, dass wir den Krieg verloren haben! Danke für die Lektion!*

Andererseits – mir ist klar, dass man diesen Roman tatsächlich auch als Politikum auffassen kann. In einer Zeit, in der selbst der Kauf von Bio-Gurken politische Aussagekraft hat, dürfte das erst recht für Bücher gelten. Es ist einfach eine Frage, ob man will – oder nicht.

10. Mai. Meine Agentin bittet mich zum Kaffee. Es ist eine Art Vorladung. Man hat mitbekommen, dass es im Verlag jemanden gibt, der angesichts meiner Recherchen »Bauchschmerzen« bekommen hat. (Das kann eigentlich nur der Fiction-Chef sein.) Irgendeine Verlags-Gutmaus hat herausgefunden, dass Hippler nicht nur Reichsfilmintendant war, sondern auch den Film *Der Ewige Jude* inszenierte.

Wir sitzen im Hinterhof der Agentur, auf einem spärlich begrünten Patio, unter einem Sonnenschirm.

»Mit Nazis spricht man nicht. Vielleicht ist das in Holland anders, aber in Deutschland gibt man sich mit solchen Typen nicht ab.«

Auch wenn sie für eine Recherche notwendig sind?

»Welche Recherche? Sprechen wir jetzt von einem Enthüllungsroman?«

Keine Ahnung. Was hätte ich zu enthüllen? Ich lasse meinen Figuren nur freien Lauf: Wenn sie etwas finden, bin ich manchmal selbst überrascht. Was mich mehr beunruhigt, ist die lauernde Aufforderung zur Selbstzensur hinter all diesen Fragen: Geh nicht zu weit! *Aber ist es dafür nicht schon zu spät?*

»Wozu um Himmels willen musstest du dich mit Nazis treffen?«

»Mit Nazis?« *Selbst das Rascheln einiger Vögeln in einem baumhohen Efeu macht mich nervös.* »Ich habe mit Hippler nur telefoniert, und er sitzt – das nur zu deiner Information – nicht in der

Nachbarzelle von Rudolf Hess, sondern in Berchtesgaden. Der Mann arbeitet oder arbeitete in einem Reisebüro, zahlt Steuern, lebt sein Leben. Und gut is'.«

»Und wieso habt ihr dann telefoniert?«

Am liebsten hätte ich an dieser Stelle gebrüllt, »WEIL ICH EIN NAZI BIN, FUCK IT!«, *dann hätte ich bestimmt sofort meine Ruhe. Stattdessen erinnere ich höflich an den Handel mit pornografischen Filmen, der ja – nüchtern betrachtet – das Personal des Romans motiviert.*

»Okay.« *Sie scheint nachzudenken.* »Hat das Telefonat etwas gebracht?«

Ich könnte jetzt ausholen und sagen, dass ich zumindest die Überschrift (eines Kapitels) »Die Wochenscheuen« *Hippler verdanke, aber darüber würde sie wahrscheinlich den Verlag informieren, und dieses großartige Wortspiel würde von allen Seiten so lange abgeklopft werden, bis es zu einem Politikum geworden ist. Aber irgendwas muss ich sagen.* »Dieser Roman erzählt den Untergang des Reichs aus Sicht der Täter …«

»Das ist nicht dein Ernst, oder?« *Was ihr aufstößt, ist, dass es offenbar für eine solche Erzählperspektive keine Vorbilder gibt. Also gab es bis jetzt auch keine Erlaubnis.*

»Wenn das so ist, hast du dich aus dem abgesteckten Rahmen über das Dritte Reich weit entfernt …« *Damit meint sie offensichtlich eine Art katechisiertes*[19] *Schreiben. Ich kenne mehr als genug Romane über das Dritte Reich, in dem der Führer sich »in Rage schreit« und »tosender Beifall aufbraust«.*

Heinke H., die mich bisher betreute, wirft ein, ich könnte doch einmal Klaus Theweleit, dem von den Linken gefeierten Historiker *(Männerphantasien),* schreiben und ihn nach Richtlinien fragen.

»Ich glaube, das würde nichts bringen.«

---

19 Von gr. *katecho:*»Ich lenke hin«, also gelenktes Denken.

»Aber wieso?«, will sie wissen.

»Nun, ganz ehrlich, wenn man *Endstufe* liest, hat man den Eindruck, unter jungen, durchgeknallten Amerikanern zu sein: Diese Jungs wollten alles, und das sofort. Und sie wollen den Planeten nach ihren Vorstellungen gestalten. Ich kann das nicht ändern, ganz gleich, was Theweleit vielleicht sagt.«

14. Mai. Der Feinschliff geht gut voran. Der Text zeigt bereits Qualitäten, die Gustav René Hocke Grundtendenzen manieristischer Literatur genannt hätte – »affektvolle Übersteigerung oder kälteste Reduzierung des Ausdrucks, Verbergung und Überdeutlichkeit, Verrätselung [sic] und Evokation, Chiffrierung und Är-

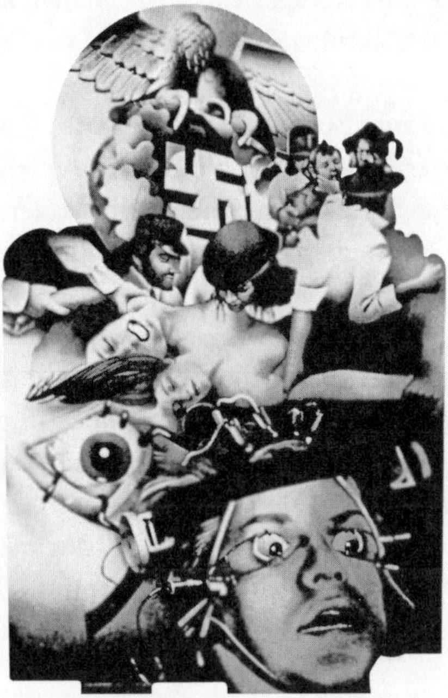

Abb.: Die Swastika gehörte für Kubrick dazu. Poster-Entwurf für *Clockwork Orange:* Phillip Castle. *Foto: Privatarchiv Thor Kunkel*

gernis erregende *Offenbarung«*[20]. Das ist genau, was ich will! Auch Kubrick veränderte seinen großartigen *Clockwork-Orange*-Stil, um *Barry Lyndon* zu drehen.

Apropos Kubrick: Während meiner Zeit in der Londoner Werbung hatte ich das Vergnügen, den Airbrush-Künstler Philip Castle, Erschaffer des genialen *Clockwork Orange*-Plakats, kennenzulernen. Trotz der geschäftlichen Natur unserer Verabredung kreisten unsere Gespräche schon bald um das weltberühmte Filmplakat, das jahrelang mein Frankfurter Jugendzimmer schmückte. Immerhin hatte ich das Poster nachts aus einem Kino-Guckkasten stibitzt, und Castle fühlte sich daher bemüßigt, mir noch eine Reihe von anderen Entwürfen zu zeigen. Darunter auch eines mit einem Hakenkreuz. Dass die Figur des Alex mit punitiven Filmen umerzogen wird, ist zweifellos auch eine Idee aus der deutschen Nachkriegszeit.

16. Mai. **»Alles nur Brunst und Geschäft!«** Was Joseph Goebbels für Charakteristiken des von ihm verachteten »Bürgerstaats« hielt, dürfte auch im Dritten Reich nicht anders gewesen sein. Ungehemmtes Männchen- und Weibchengehabe im »Asyl der Bewusstlosen«, wie Valerie Solanas die erotische Vorstellungswelt nannte. Die vom Reichssicherheitsdienst später immer wieder beklagte »Erotisierung der Öffentlichkeit« lässt ahnen, dass sich das erste biopolitische System ab einem bestimmten Zeitpunkt verselbstständigt hatte. Es mag nie die Absicht der Nazi-Elite gewesen sein, eine *Lebensgrundlage* auf den uralten Triebmythologien – Eros und Thanatos – zu errichten, doch so wie die Gotik noch heute ein *odium theologicum* verströmt, so dürfte das ganze blühende Dritte Reich von einem *odium sexicum* durchdrungen

---

20 Gustav Hocke, *Die Welt als Labyrinth. Manier und Manie in der europäischen Kunst,* 1959: S. 301.

gewesen sein. Es herrschte – um es mit Peter Weiss zu sagen – eine »allgemeine Kopulation«.

Meine Oma Luise, die das Dritte Reich als junge Frau miterlebte, beichtete mir einmal, obwohl sie die Nazis abstoßend fand, fühlte sie sich in der Zeit zwischen 1933 und 1945 »wie elektrisiert«. Sie und ihr Mann hätten sogar die Bombennächte durchgetanzt, was bei Musikern (mein Opa war ab 1934 Dirigent des Frankfurter Herchenröder Quartetts) wahrscheinlich nicht ungewöhnlich ist. Nach Kriegsende hätte sie »diese Energie« nie wieder gespürt. Und ja, natürlich tanzten sie Swing; es gab ja jede Menge deutscher Combos in Frankfurt. Das Verbot, meinte sie, hätte nur für amerikanische Gruppen gegolten, wenn überhaupt.

Nach ihrem Tod erbte ich einen Schwung Grammophon-Platten. Die Titel sprachen für sich: *Schön ist die Welt* vom Hans-Schuricke-Terzett, *Du bist in letzter Zeit so schrecklich blond geworden* von Dol Dauber, *Ich hab das Fräulein Helen baden sehen* von Willy Metschke, *Woll'n Sie meiner Frau nicht mal die Uhr aufzieh'n?* von Ludwig Arno und *Ich kann, ich will* vom Dajos Béla Tanzorchester.

Opa selbst war auch mal zu hören, wie er »Dein ist mein ganzes Herz, wo du nicht bist, kann ich nicht sein« intonierte. Angeblich war er ein Bewunderer des jüdischen Kammersängers Joseph Schmidt, der diese Ballade aus Franz Lehárs *Land des Lächelns* noch einmal neu vertont hatte. Ich glaubte meiner Großmutter, nicht nur, weil sie meine Großmutter war, sondern weil Deutschlands Aufstieg zur Weltmacht nur von einem gesamtgesellschaftlichen *Élan vital*[21] herrühren konnte. Ich habe dergleichen nie erlebt, existiere nur im Schatten der Verhältniszahl, die meinen Kontostand anzeigt. Manchmal denke ich, ich habe nie wirklich gelebt.

---

21 Franz. für etwa »Lebensschwung«.

18. Mai. Noch mal nachgedacht: Dass die von allen Seiten in die Zange genommenen Deutschen überhaupt so lange durchhielten, verdankten sie nicht zuletzt auch den libidinös-narzisstischen Phantasien ihrer nur allzu menschlichen Führer.

Selbst der Hitler-Biograf Joachim Fest kam nicht an dieser Wahrheit vorbei, wenn er schreibt:

> »Der Zusammenhang ist zu offensichtlich, um übergangen zu werden: Er erlaubt es, **die rhetorischen Triumphe als Ersatzhandlung einer ins Leere laufenden Sexualität** zu deuten. [...] Die Tondokumente der Zeit geben den eigentümlich obszönen Kopulationscharakter der Veranstaltungen deutlich wieder: die atemverhaltene Stille zu Beginn, die kurzen, schrillen Aufschreie, die Steigerungen und die ersten Befreiungslaute der Menge, schließlich der Taumel, neue Steigerungen und dann die ekstatischen Verzückungen angesichts **der endlich enthemmt dahinströmender Redeorgasmen.**«

Und die »weibliche Masse«, die unter Hitlers Reden jauchzte und stöhnte, wusste in dieser Schmelze von Liederlichkeit und Lebenslust schnell auf ihre Kosten zu kommen. Nicht umsonst hieß eines der populärsten Frauenmagazine des Dritten Reichs, das die Selbstnäherinnen mit Schnittmustern versorgte, *So mach ich's mir.* Die Mär vom Heimchen am Herd, vom bezopften Gretchen, das, ganz in Tracht gewandet, mit dem biederen Hansi flaniert, haut nicht hin in einer Zeit, wo durchtrainierte Frauen mit Bubikopf oder hochaufgetürmter »Entwarnungsfrisur« die Titelseiten der Magazine zierten und das System einer jungen Leni Riefenstahl die Chance bot, eine Weltkarriere zu machen. Dass die Nationalsozialisten nicht prüde waren, wusste auch der Reichspropagandaminister für sich zu nutzen[22]. Er warb geradezu für die neue »fortschrittliche Geschlechtermoral« und prangerte »Anstandshüter«, »Moralpächter« und »Keuschheitskommissionen« öffentlich an.

22. Mai. Meine erste Stauffenberg-Bio gelesen, Kurt Finkers Buch von 1973, erschienen in einem DDR-Verlag. Langweilig, propagandistisch. Heute, fast fünfzig Jahre nach dem Krieg, weiß man, dass Churchill nur *eine* Befürchtung hatte: dass die Umstürzler aus den Offizierskreisen mit ihrem Attentat auf Hitler Erfolg haben könnten! Hitler tot – aus der Traum vom Schlachten der deutschen Kuh, der Krieg mithin eine milliardenschwere Fehlinvestition des britischen Großkapitals. Das Bestehen auf der bedingungslosen Kapitulation war nur so lange legitimiert, wie es den Diktator gab.

Schon die Abgesandten der Weißen Kapelle hatte Churchill höchst unwillig empfangen. Dieser verflixte deutsche Idealismus, was für ein Wahnsinn … Wie hätte wohl Freimauer-Freund Roosevelt reagiert, hätte er erfahren, dass ein paar deutsche Gerechtigkeitsfanatiker vorhatten, ihnen das Geschäft zu vermasseln? Die Kriegsmaschinerie der Amerikaner lief zu diesem Zeitpunkt auf vollen Touren. Man hatte dem Volk sogar Kriegsanleihen verkauft, die nach dem alliierten Sieg Rendite abwerfen würden. Es war wie in der Endrunde eines Pokerspiels, es gab kein Zurück. General *»old blood and guts«* Patton wusste das. Und Eisenhower.

Von dem, was ihm der Krieg bringen würde, hatte er vor, sich ein Herrenhaus im Süden[23] zu kaufen – mit passenden schwarzen Hausdienern. Und auch Väterchen Stalin wollte ans Fett der deut-

22 »Wir Nationalsozialisten sind nicht prüde.« Josephs Goebbels.

23 Eisenhower bevorzugte nachweislich schwarze Hausdiener.

schen Kuh, zum ersten Mal war die Ausschlachtung eines Kulturvolks – der Raubbau an Menschen und Rohstoffen – international *beschlossene* Sache. Einen Waffenstillstand durfte es um keinen Preis geben. Mit dieser Haltung passen auch Hitlers Gegenspieler perfekt in die *Endstufe.*

22. August. Die Welt der Kunst und Phantasie ist die wahre, *the rest is a nightmare.* Schon Arno Schmidt kam um diese Feststellung nicht herum, dabei führte er – dank seines Gönners Jan Philipp Reemtsma – das, was man heute eine privilegierte Existenz nennt. Nur was passiert, wenn man einen *fullblown nightmare*[24] wie das Dritte Reich mit den Mitteln der Vorstellungskraft in Kunst verwandelt? Wird der Schrecken davon vertrieben, oder schafft man dem bösen Geist eine neue Behausung?

Ich habe mich heute am Stuttgarter Platz mit der Literaturwissenschaftlerin **Silvia Bovenschen** getroffen und diese Frage bis in die frühen Abendstunden erörtert. Bovenschen, die mich 1999 zum Wettlesen nach Klagenfurt »lud«, wohnt nicht weit von mir, in der Dernburgerstraße, und ich hatte ihr vor zwei Wochen einen Ausdruck des 1. Teils »Hinterland« in den Briefkasten gesteckt.

Nun hat sie gelesen. Nach einer anfänglichen Begeisterung für den »lustigen Ton allgemeiner Herzlosigkeit« habe es sie zuletzt auch gefröstelt. Das Ganze habe »etwas von einer mechanischen Spieluhr«, die einen – je länger man ihr zuhört – »etwas einflüstern« würde.

Die Figuren hätten ein »ungutes Eigenleben«. »Deine Lotte stellt mir nach«, sagte sie wörtlich, »ich finde, die Lotte setzt einen andauernd unter Rechtfertigungszwang – als ob man ihr Unrecht getan hätte.« Anzumerken ist, dass Lotte die einzige Figur im Roman ist, der man eine echte nationalsozialistische Überzeugung

---

24 Engl.: voll entwickelter Albtraum.

nachsagen kann. Ich muss feststellen, dass ich über Lotte Kaltenbronn weniger weiß als Silvia Bovenschen. Fehlt mir die nötige Sensibilität, oder merke ich gar nicht, was beim Schreiben passiert? Ich gebe zu, ich lasse meinen Figuren gern freien Lauf, weil ich immer weiß, dass sie mir nichts anhaben können. Lotte ist sicher ein Ungeheuer in Menschengestalt, aber sie ist nicht »böser« als Thomas Manns Adrian Leverkühn, Anthony Burgess' Alex DeLarge oder Huysmans' Jean Des Esseintes, alle drei übrigens Helden meiner Jugend. Dabei will ich gar nicht von solchen Schauergestalten wie Alfred Jarrys Pere Ubu, De Sades Juliette oder Thomas Pynchons Victoria Wren anfangen.

Meine Abneigung gegen das scheinheilige Establishment kommt auch in Lotte zum Ausdruck, ganz gleich, ob sie 1941 ein Nazi war oder nicht – unsere Seelenverwandtschaft geht weit über das politische Mimikry hinaus.

23. August. Silvia Bovenschen hat mich noch einmal angerufen und gesagt, dass ich mich nicht beirren lassen soll, sie habe sich vielleicht »etwas zu drastisch« ausgedrückt. Im Grunde könne man den Roman auch als »durchgeknallte Satire verkaufen«. Das stimmt natürlich.

Und solange sich die Leute schon im Vorfeld so viele Sorgen machen, ist das nicht schlecht und erinnert mich an das, was Ray Bradbury einmal über das »unangenehme Hobby des Schreibens« meinte:

> »Den Spaß an Ärger und Desillusion, den Spaß zu lieben und geliebt zu werden, zu bewegen und bewegt zu werden, von diesem Maskenball, der uns von der Wiege bis zum Kirchhof tanzt.«[25]

---

25 Ray Bradbury, *Zen and the art of Writing,* Capra Press, 1973.

Er meinte auch:

> »Die Entstehungsgeschichte jeder Story sollte sich beinahe wie ein Wetterbericht lesen: Heute heiß, morgen kalt. Heute Nachmittag: Haus niederbrennen. Morgen: Kaltes Wasser auf schwelende Balken. Zeit genug, das Ganze zu überdenken und zu kürzen und neu zu schreiben. Aber heute: Explodieren. Auseinanderfliegen – in alle Bestandteile auflösen!«[26]

30. August. Ich kann nicht anders, als humorvoll zu erzählen. Selbst meine düstersten Erzählungen leben von der Erkenntnis, dass man sich mit uns einen schlechten Scherz erlaubt hat: Warum das Ganze? Schon das Männchen- und Weibchengehabe, ein einziger Witz ... Das ist doch die schmerzhafte Wahrheit, die überall aufleuchtet und auf die wir nur mit Humor antworten können.

14. Dezember. Mein Vorteil bleibt, dass ich weder Karl Marx noch Carl Schmitt gelesen habe und meine Sichtweise der Dinge rein über das eigene Erleben erarbeitet habe. Ich bin ein ideologischer Analphabet und ungläubiger Thomas. Hätte ich meinen Geist in jungen Jahren irgendeiner Ideologie oder Religion anvertraut, ich wäre niemals in der Lage, *Endstufe* zu schreiben.

18. Dezember. Es ist gut für einen Schriftsteller, das reale Leben mit in seine Kunst einzubeziehen, Lebenserfahrung mit dem Wort zu erfassen. Wobei ich Leben und Kunst nie als Konkurrenz verstanden habe, sondern als Möglichkeit, einander zu steigern. Wer sich einfach nur für seine Kunst aufopfern will, endet

---

26 Ebenda.

schneller – was der Natur eines Chronisten aber zutiefst widerspricht. Martin Walser sagte mir einmal vor Jahren bei seiner Lesung in Rotterdam, der Trick sei, *am längsten von allen zu schreiben.* DIE ANDEREN SCHREIBER ZU ÜBERLEBEN. Vergleicht man das Werk Büchners mit dem von Goethe, begreift man, dass der erste einem Bergsteiger gleicht, der sich in einer Wand verstieg, der zweite dagegen nicht nur einen, sondern viele Gipfel seines »inneren« Gebirges bezwang. Ich liebe Büchner, aber die praktischen Lebensweisheiten borge ich mir lieber von einem wie Johann Wolfgang.

3. Januar 2003. Es mag in unserer Zeit des Vulgären und Vordergründigen etwas tiefsinnig klingen, aber ich habe meine Romane nicht geschaffen oder erfunden, sondern in mir entdeckt. Hatte ich eine erste Spur, brauchte ich Jahre, um den Rest freizulegen. Danach folgte die Dechiffrierung, die immer noch zeitraubender war. Proust, der offenbar ähnlich arbeitete, hielt diese Art des Schreibens für ein »Gesetz der Art«. Mit »Art« meinte er das Denken, nicht das Resultat.

5. Januar. Wie Fiktion wirklich funktioniert: Das Reale manifestiert sich zuerst im Schauen, während man erst von einer »Fiktion« sprechen kann, nachdem sich das *Imago* im Denken (der *memoria*) vom Sinneseindruck abgelöst hat und seinerseits wieder das Material eines inneren Schaffens wird, das aus der Kontemplation wieder hinaus in die Wirklichkeit tritt.

Es handelt sich demnach um eine Metamorphose.

16. Januar. Man muss im Abstand von Jahren seine alten Romane lesen, um festzustellen, wie glücklich sie einen machen. Es ist das Leben, das zwischen den Zeilen steckt und die Meistererzählung von Fleißarbeit unterscheidet.

2. Februar. Ich bin nicht gekommen, um eure Lachmuskeln zu kitzeln, sondern um euch den Arsch aufzureißen. Den Vorwurf, das *SL-T* [27] sei »nicht gerade unterhaltsam«, habe ich stets als Auszeichnung verstanden.

12. Februar. Wer keinen Traum mehr kennt, der ist nicht etwa erwachsen geworden, er ist tot.

Auch die verbürgte Menschheitsgeschichte, überhaupt jede Form der Geschichte, ist *facere,* also nichts weiter als ein einziger menschengemachter Traum. Für die Deutschen, die Bösen, ist sie seit 1945 ein Albtraum, in dem sie ihre Niederlage millionenfach nachträumen müssen. Ich nehme mir die Freiheit, anders zu träumen, sonst werde ich in diesem Hauptstadt-Slum krank.

Gestern gelang mir ein großer Wurf: Der Frauenarzt Dr. Pfister, ein melancholischer, dem Opium verfallener Sittenstrolch, lustwandelt im Traum auf einem Ku'damm des heutigen Berlins und ist entsetzt:

> Ich weiß nicht, was es war, die brausende Armut auf den Bürgersteigen, die synthetischen Pauken aus vorbeifahrenden Blechkisten, darin feixende Visagen, junges aufgekratztes Mischlingspack. Ringsum ein einziger Basar. Von überall her flogen mir die Schleuderpreise ins Auge, als ob die Welt zu ihrer Verramschung aufrufen würde, in den Konfektionsgeschäften immer das gleiche traurige Bild – primitivste Leibchen, Trainingswesten, schlabberige Hosen ohne Schnitt und nir-

---

27 Meine persönliche Abkürzung für den Titel meines ersten Romans *Das Schwarzlicht-Terrarium.*

gends ein Parteiabzeichen. Stattdessen wimmelte es in den Etalagen von englischen Parolen: *JUST DO IT.*

Do what?, fragte ich einen Passanten, aber der Rüpel zeigte mir den Vogel.[28]

14. März. Die Krux mit meinen Betrachtungen ist die Tatsache, dass ich fortwährend zwischen poetischen und prosaischen – sprich rationalen Blickwinkeln – hin- und herspringe. Mein Wirklichkeitssinn funktioniert, die grässlichen Grundlagen der Menschenwelt sind mir klar, und deshalb habe ich es vorgezogen. keiner von ihnen zu sein. Selbst zur Meute gehören und ordentlich »Schafe« reißen, das konnte ich nie; dazu tun mir die Kreaturen zu leid. Was den meisten auf dieser Welt bevorsteht, ist schrecklich, und ich möchte nicht dazu beitragen, dass es noch schrecklicher wird.

28 Nachtrag 2020: Dieser Textauszug aus *Endstufe* wurde zum besseren Verständnis nachträglich eingefügt.

III.

Der Sohn des Hitler-Biografen Joachim Fest wird mein Verleger

27. März 2003. Die Einführung des 60er-Jahre-Labels »Pop« in die deutsche Literatur beruht auf der Fehlleistung der halbgebildeten Journalisten: Es geht nicht darum, alle Markenlabels aus der Fußgängerzone über eine flache Prosa zu streuen und die Allüren eines frisch gecasteten Container-Wunders an den Tag zu legen, sondern sich die Erzählstrukturen und die Bilderwelt aller Medien der Massenunterhaltung anzueignen und sie zu unterwandern, sie zu einer leistungsstarken Poesiepumpe zu machen, die alle Restspuren von leuchtender Schönheit aus dem alltäglichen Trash zutage fördert und ästhetisch überhöht. In dieser Hinsicht ist *Endstufe* echte deutsche Popliteratur.

14. April. *Warum das Bewusstsein einer von materiellen Zwängen beherrschten Erde schon immer den Hintergrund meiner Erzählungen ausgemacht hat?* – Weil ich ein nüchterner Durchreisender bin und nie in Versuchung geriet, meinen Verstand durch spekulative Hoffnungen auf eine bessere Welt zu betäuben. Was soll das eigentlich sein? Die Entwicklung der westlichen Zweckökonomie, die ihren »Menschen-Verbrennungsmotor« heute hinter

Menschenrechtsfassaden tarnt, kann nur der Weg in die menschenunwürdigste aller möglichen Gesellschaftsverfassungen sein. Die nun allseits gewünschte Globalisierung, dieses perfekte funktionelle System, das erstaunlicherweise bisher keinem einzigen Land mehr Wohlstand gebracht hat, hat meine Befürchtungen allerdings noch übertroffen. Auch die industrielle Vernichtungsmaschinerie der Nazis wurde bis zuletzt durch logische »Sachzwänge« begründet. Und was waren Eichmann, Frank, Barbie anderes als Amok laufende Vektoren eines funktionellen Systems der ungebremsten Profitmaximierung durch den Raubbau an dahinvegetierenden, entwurzelten Menschen? Rechts, links, progressiv, konservativ – das sind alles nur Tarnanstriche des einen menschenverachtenden Systems namens Kapitalismus, das sich am deutlichsten in der »Fabrikation von Leichen«[29] manifestierte. Doch noch immer erwarten die Industriekapitäne, dass sich die Menschenmassen »rentieren«, dass sie sich »verwerten« lassen, sonst werden sie »wegrationalisiert«.

4. Mai. Meine Berufung kam nicht von den Märkten, ich habe mich nie als Anbieter irgendeiner Ware verstanden. Der Warencharakter eines Romans ist für mich uninteressant.

7. Mai. Mein Misstrauen gegenüber der Spezies Mensch sitzt so tief, dass es mich wirklich freut, wenn ich bei der Betrachtung einer Hieronymus-Bosch-Miniatur feststelle, dass es sich bei den emsigen Gnomen *wirklich* um werkelnde Fachleute handelt – und nicht um fröhliche Folterknechte mit roten Bäckchen und Knubbelnasen, die ihre Mitmenschen vierteilen, rädern oder die Säge an ein Schienbein anlegen!

Die Erleichterung, die ich danach empfinde, hält Tage an.

---

29 Martin Heidegger.

16. Mai. Der Verlag meldet sich. Der Lektor klingt noch gestresster als sonst. Der Abgabetermin des 2. Teils vom Manuskript (»Lurchige Tage«) ist überfällig; man mache sich Sorgen, ob ich die Kurve noch kriege. Zu allem Ungemach hat auch der Verleger gewechselt. **Peter Wilfert,** ein sehr verständiger Mann, hat seinen Sessel geräumt. Er war von der Idee meines Romans angetan und erkundigte sich alle sechs Monate nach dem Stand der Dinge. Von dem neuen Verleger weiß ich nur, dass er offenbar der Sohn von Joachim Fest, dem Hitler-Biografen, ist. Das ist gut, denn Fest dürfte das Thema sicher ungemein interessieren. Die Frage – wo bleibt der Roman – ist berechtigt.

»Die Recherchen haben einfach mehr Zeit in Anspruch genommen …«

– *Wir reden noch immer von einem* Roman, *oder?*

Ich sitze zu Hause in einem nach frischer Farbe riechenden, halb eingerichteten Zimmer und versuche meine Gedanken zu ordnen. »Ja. Die Fiktion gab es schon, bevor ich von den Sachsenwald-Filmen wusste.«

– *Das sind die Pornos, ja?*

»Stimmt. Aber im Laufe von drei Jahren habe ich einiges mehr rausgefunden.«

– *Inwiefern?*

»Ich wusste beispielswiese nicht, dass es solche Zufluchtsorte gab, wie sie mir Hippler beschrieben hat …«

– *Hippler?* Er klingt plötzlich nervös. *Doch nicht etwa der Antisemit? Hat der nicht diesen Film gedreht … mit den Ratten … wie heißt der noch mal?*

»Keine Ahnung. Hippler war Reichsfilmintendant und wurde später von Goebbels strafversetzt.«

– *Okay.* Er scheint zu überlegen. – *Aber das wirst du doch hoffentlich nicht in den Roman einfließen lassen …* Boogie Nights *in der Wolfsschanze?*

Ich entgegne noch, dass der Roman weder in der Wolfschanze noch im Führerbunker, in der Lebensborn-Stiftung oder sonst einer klischierten Location von Hollywood-Filmen spielt, aber wieso sollte ich die Aussage eines Zeitzeugen zum Thema *nicht* in den Roman einfließen lassen?

22. Mai. Das Fassungsschinden hat begonnen. Wie immer schreibe ich mindestens zwei Fassungen von ein und demselben Roman. Bei dem Umfang wird das allerdings eine Art Besteigung des Matterhorns, einmal von der helvetischen und einmal von der italienischen Seite.

Um einmal ein paar Wochen Ruhe zu haben, fliege ich heute nach Cannes.

Bei meiner Ankunft – und wirklich erst auf dem Aéroport Nice – bemerke ich, dass gerade die 56. Internationalen Filmfestspiele laufen. *Mist.* Das verschlafene Küstenstädtchen, das immer noch den Eindruck macht, als könnten einem an der nächsten Straßenecke Alain Delon, Brigitte Bardot und Roger Vadim begegnen, hat sich in ein einziges Gedränge mit abgesperrten Straßen verwandelt. Die besseren Hotels wie das Majestic oder das Carlton (dessen Fitnessclub zu meinen Anlaufstellen zählt) sind ausgebucht, doch ein kleines Strandhotel am Boulevard de Bel Horizon hat noch ein Zimmer frei.

Mit einer Reisetasche und einem Schuhkarton voll Papier (ein etwa tausendseitiger Ausdruck) bin ich eingecheckt. Nichts Besonderes, aber eine nette Bleibe mit halbwegs erträglichen Sanitäreinrichtungen.

Ein paar Bushaltestellen, und man ist – wenn man will – an diesem hässlichen, kackfarbenen Klotz namens Filmpalast, der auf mich – im *Endstufe*-Modus –wie ein Überbleibsel des Atlantikwalls wirkt. Und in dem heute nur politisch korrekte todlangweilige Filme mit LGBTQ-Darstellern laufen …

Jeder Ortswechsel verändert einen Roman; ob das damit zusammenhängt, dass die Natur der Materie im Wesentlichen der Natur der Information entspricht? Im Grunde habe ich nie anders gearbeitet. Es gehört quasi zu meiner geheimen Methode, einen Roman an mehreren Orten zu schreiben. Wobei diverse Fassungen entstehen, manchmal sogar mit einem unterschiedlichen Ende. Aus Schattierungen und Lasuren können dann völlig neue Szenen und Dialoge erwachsen. Keine Ahnung, warum, aber in Amsterdam hat es sich völlig anders geschrieben als in Berlin. Überhaupt Berlin – vielleicht liegt es nur an der noch nicht fertig eingerichteten und sehr hellhörigen Wohnung, aber ich kann mich dort schlecht konzentrieren.

14. Juni. Zu den Ursachen, warum ich in Cannes einfach mehr Seiten schaffe, zählt auch die Tatsache, dass ich den Fernseher anmachen kann, und auf keinem der Kanäle werde ich mit dem Zweiten Weltkrieg oder dem Holocaust konfrontiert. Ich halte dieses Vorwurfsfernsehen der Öffentlich-Rechtlichen einfach nicht aus. Verstehe noch weniger, wie die arbeitende Bevölkerung das ertragen kann. Als Künstler kann man sich noch eine Gegengeschichte entwerfen, aber als hart arbeitender Marktleiter von Aldi? Wahrscheinlich wurde die punitive Dosis seit '45 jeden Monat um ein paar Sendeminuten erhöht. Jede Doku von Guido Knopp ist für mich ein einziger *walk of shame,* ein Spießrutenlauf. Als kreativer Kopf einiger der größten Netzwerkagenturen der Welt ist mir zudem klar, dass diese Sendungen nur eines vermitteln sollen: *Seht her, ihr Besiegten, wir haben eure Geschichte noch immer im Griff.* Es bleibt ein verbrämter Anschiss, eine Vorhaltung mit kleinem Nasenstüber … Doch der deutsche Michel scheint es nicht einmal zu merken! Statt mit Massenprotesten Knopp und Konsorten aus den Sendeanstalten zu jagen, akzeptieren die germanischen Knechte die Botschaft ihrer *american masters: Ihr Krauts seid erledigte Scheiße!*

Vielleicht handelt es sich bei *Endstufe* wirklich um einen Kehraus-Anschlag auf die perverse Erinnerungskultur der Deutschen – oder den unterbewussten Versuch, erlittene mediale Kränkungen mit einer Art künstlerischer Gegenjustiz auf einen Nullwert zu setzen. Hesse hätte mich sicherlich verstanden:

> »Das Unerträgliche muß zu Wort kommen, um vielleicht überstanden zu werden.«[30]

In *Endstufe* ist es zu Wort gekommen, ganz sicher.

17. Juni. Obwohl ich mir geschworen hatte, kein neues Tagebuch zu beginnen, kann es nicht schaden, die Begegnung mit meinem neuen Verleger zumindest sporadisch zu skizzieren. **Alexander Fest** ist wahrscheinlich nicht nur wegen mir aus Reinbek gekommen, sondern hat hier eine Wohnung – ich glaube, er sagte »in Berlin-Kreuzberg, nicht weit von der Bergmannstraße entfernt«.

Auf mich macht er den Eindruck eines in der Wolle gefärbten Reaktionärs, der aus kommerziellen Gründen vor dem Zeitgeist eingeknickt ist. Mein Talent der schriftlichen Darstellung lässt einen solchen Tauchgang in den Gully nicht zu.

Durch meine Agentin drang er förmlich auf dieses Treffen, mir blieb nichts anderes übrig, als mich aufs Fahrrad zu schwingen.

Ich fühle die Reserviertheit, als wir uns im Literatur-Café in der Fasanenstraße zum ersten Mal sehen. Was ist das nur für ein Kartoffelbrei-Blick. Und was für ein Kontrast zu Peter Wilfert, mit

30 Hermann Hesse, *Die Hölle ist überwindbar. Krisis und Wandlung*, Suhrkamp Verlag, 1986.

dem man stundenlang über Krautrock und Udos Panikorchester ablästern konnte! Wie es der Teufel so will, hat Fest eine cognacfarbene Jacke aus sehr dünnem Hirschleder an – ich auch. Selbst der Futterstoff scheint identisch. Der Partnerlook scheint ihm auch aufgefallen zu sein, denn er stutzt für einen Moment … Und ich werde mit jeder verstreichenden Sekunde nervöser! Nun hoffe ich, er wird mich nicht fragen, warum sich die Manuskriptabgabe noch einmal verzögert. Aber ein symphonischer Roman von fast 600 Seiten braucht eben Zeit, es hängt oft an Überarbeitungen, dem quälenden Redigieren, bevor die erste Lektoratsrunde beginnt. Man schreibt irgendwann an allen Seiten gleichzeitig, um die eine Tonart zu halten. Die meine ist Moll, ganz gleich ob das Kapitel *scherzo, stringendo* oder auch nur *allegro moderato* aufspielen wird. Schön, die 200 Seiten, die in Afrika spielen – und in denen sich ein Phrygisches Dur (die »Tonart des Orientalen«, wie es mal bei Gottfried Benn hieß) einstellt – hätte ich eigentlich mitbringen müssen, doch mein Drucker spielte heute Morgen verrückt.

Alles bestens, Fest ist es, der mir ein Manuskript mitgebracht hat – einen Auszug aus meinem Werkstattbericht, so um die hundert Seiten, die ich meinem früheren Lektor Marcel Hartges vor Monaten anvertraut hatte. Wohlgemerkt, all diese Notizen waren locker aus der Hüfte geballert, weder Korrektur gelesen noch redigiert. Fest gesteht mir jedenfalls eine »ernste Verstörung«. Vieles könne hier »missverstanden« oder »böswillig falsch ausgelegt« werden.

– *Nur, wen meint er? Die Presse?* Und wenn – ist es nicht die Aufgabe von Kunst zu verstören? Muss sie nicht als Kontrapunkt gegen eine oft allzu gleichgültige und verständnislose Außenwelt stehen?

Noch stereotyper ist der Hinweis, es könne der Eindruck entstehen, mit dem Roman »von der deutschen Verantwortung für den Zweiten Weltkrieg und dem Judenmord ablenken zu wollen«. Das verstehe, wer will. Der Holocaust spielte schon im Exposé des Romans, das Rowohlt vorliegt, keine Rolle, wieso hätte ich also von etwas ablenken sollen, das für die Handlung unwichtig ist? Nebenbei sei hier an Konrad Adenauers Rede von 1953 erinnert, in der es hieß:

> »Das deutsche Volk hat in seiner überwiegenden Mehrheit die an den Juden begangenen Verbrechen verabscheut und hat sich **nicht an ihnen beteiligt.**«

Doch das fällt mir natürlich im Gespräch nicht ein, sondern erst am Abend. Stattdessen lasse ich mich zu ein paar abgeschmackten Kommentaren über Opferhierarchie, Pflege des deutschen Schuldbewusstseins, Zivilreligion etc. hinreißen. Was gar nicht gut ankommt … Dieser Mensch scheint die biedergesinnte Perspektive des Vaters dermaßen verinnerlicht zu haben, dass ihm künstlerische Freiheit – im Umgang mit dem Dritten Reich – wie ein Sakrileg vorkommen muss. Seine Bedenken lassen sich erst halbwegs zerstreuen, als er erfährt, bei meinem Werkstattbericht handele es sich um impulsiv geäußerte Gedanken, Ideenpartikel, Gedächtnisstützen oder »sprachliche Trockenübungen«, demnach um Rohmaterialien und keine festen Bestandteile des Manuskripts. Die Ideen, die meinen Romanen zugrunde liegen, waren immer Resultate von *Nachforschungen im Geiste* gewesen. Erst danach habe ich angefangen zu schreiben. Und das sage ich ihm. Sicher könne ich mir manche Notiz im Rahmen eines Begleithefts vorstellen. Deshalb hatte ich Marcel Hartges ja die fliegenden Blätter überlassen. Es gehe vor allem um meine Recherchen im Zusammenhang mit den besagten Sachsenwald-Filmen – und nur sekundär um meine Ansichten. Nochmals: Was er gelesen habe, seien **private Notizen,** wie sie sich viele Schriftsteller machen. Meiner Frage, wie dieses Material überhaupt in seine Hände gelangen konnte, weicht er zögerlich aus. Er habe sie »auf dem

Schreibtisch von Hartges gefunden«. Doch scheint er vorerst ein Häkchen hinter die Sache zu setzen.

Damit sind wir auch schon beim nächsten Thema – dem ersten Teil des Manuskripts (»Hinterland«), das zu diesem Zeitpunkt bereits komplett vorliegt. Die Tonart *gefällt ihm.* Es gibt Lob. Er ist vom Aufbau begeistert … Was er vermisst – und er sagt das geradeheraus –, ist »eine positive Figur«. Einen Widerstandskämpfer zum Beispiel. Oder noch besser einen Verfolgten … Einer, der für das Gute stehe. – Kurz, ob es nicht irgendwo eine Szene gebe, in die man einen jüdischen Widerstandskämpfer »einbauen« könne? Die Wendung mag seltsam anmuten, doch selbst in einem germanistischen Proseminar ist vom »Einbau von Figuren« oder »Umbau der Handlung« die Rede. Doch jetzt – so kurz vor Drucklegung – noch ein bestimmtes Kulturmuster anzusprechen – *wenn so, dann so; entweder – oder* –, das kommt reichlich spät. Sicher, in jedem mir bekannten Film, der Hitlers Reich als Kulisse benutzt, gibt es eine Szene, die an die Judenverfolgung erinnert. Es sind immer dieselben Klischees, die dem literarischen Katechismus entsprechen. Mag sein, dass es Rezipienten gibt, die es dann gruselt, für mich ist es nur platte Agitation. Normalerweise würde ich jetzt dazu neigen, laut aufzulachen, doch der besorgte Mensch mir gegenüber ist zufällig mein Verleger … Und sein Kartoffelbrei-Blick wird immer kleistriger. Weiß er nicht, dass ein gut geschriebener Text etwas sehr Gebrechliches ist, dass nur *eine* falsche Note genügt, um die ganze Symphonie zu verderben?

Ich frage also zurück, ob es vielleicht so etwas wie eine *Betroffenheitsvereinbarung in der deutschen Literatur* gebe, von der ich – frisch zugezogen aus Amsterdam – nichts weiß. Da lacht er – nein, die gebe es nicht. Es gehe doch nur darum, »das Ganze runder zu machen« und »keine Angriffsflächen« zu bieten. Bilde ich mir das nur ein, oder geht es bei diesem Gespräch in Wirklichkeit nicht eher darum, die Schere im Kopf zu gebrauchen, eine Meinungsdressur aus Karrieregründen zu akzeptieren? Denn anders gefragt, seit wann müssen in historischen Romanen, die zwischen 1933 und 1945 spielen, immer verfolgte Juden vorkommen? Und wenn, müssen die immer von der Sorte sein, die kein Wässerchen trüben kann? Ist das die katechisierte Regel im Literaturbetrieb – die stillschweigende Übereinkunft, die niemand aussprechen mag?

Schlimmer noch – wie erkläre ich diesem mit der Stimme einer Reformjungfrau sprechenden Mann, dass es im letzten Teil von *Endstufe* einen Halbjuden gibt, der allerdings dank eines von Goebbels ausgestellten »Persilscheins« den Krieg ausgesessen hat? Widerspricht das nicht auch dem offiziellen Kulturmuster, selbst wenn die Biografie der jüdischen Opernsängerin Marianne Zoff hierbei als Inspirationsquelle diente? Siegbert Prag-Zigarr – wie mein »Kopfbewohner« heißt – ist in der Tat eine Art Widerstandskämpfer im Kampf der Geschlechter, doch ich möchte Fest nicht auch noch mit meiner Vorstellungswelt provozieren. In einer Monarchie den König gegen sich zu wissen ist ungemütlich genug, doch den Gehorsam verweigern? *Wenn man vom Juden spricht, halte den Blick gesenkt.* Das kann ich nicht. Aus einem guten Grund, denn Michel Friedman und ich haben dieselbe Schule besucht (Goethe-Gymnasium, Frankfurt a. Main). Und ich erinnere mich, dass die anderen Schüler ihn den *Unfriedman* nannten. Schon deshalb. Würde ich Fests Vorschlag entsprechen, hätte ich das Gefühl, symbolisch einen gebräunten Sitzarsch zu küssen, der mir so gar nicht gefällt. Nein, keine Chance. Ich versichere ihm stattdessen, die Zustände würden an mehreren Stellen im Roman erwähnt. Warum also ein Eingriff in die Dramaturgie?

Er glaubt, deutlicher werden zu müssen. »Und womit glauben Sie sich absichern zu können, mein lieber Herr Kunkel?«

Absichern? *Vor wem?* Werde ich ein Alibi brauchen, wenn dieser Roman in Deutschland erscheint?

Ich fürchte, es ist mir unmöglich zu erklären, dass auch der einzige Jude, den es in *Endstufe* gibt, nicht besser ist als der Rest. Es sind eben Nutznießer, Kriegsgewinnler und Scheinheilige … ganz normale Menschen eben. Und Überlebenskünstler, große und kleine. Sie kennen das Motto des braunen *Circus Maximus* ihrer hundsgemeinen, von Trieben geleiteten Welt:

*Denn wer den **Bestien** seiner Zeit genug getan, der hat **überlebt!***[31]

Es ist die Wahrheit. Und die einzige Lektion, die sich aus der Vergangenheit lernen lässt, denn die Schulbuchgeschichte gleicht vor allem einem Schwarzbuch der Menschheit.

Zwei, drei Stunden später. Das Gespräch hat den toten Punkt überschritten, da hilft auch keine Humordusche mehr. Fest erzählt von seinem früheren Verlag, dem »Fest Verlag«, und irgendwelchen schriftstellernden US-amerikanischen Dozenten, die er offenbar deutschen Autoren vorzieht. Je mehr er redet, umso mehr spüre ich einen dünkelhaften Größenwahn, eine Anmaßung, verurteilen, fördern und verdammen zu dürfen. Etwas ist hier im Anzug – nur was? Es hat einigen moralischen Mut meinerseits gebraucht, um zu *meiner* Version des Dritten Reichs zu stehen. Wenn ich jetzt einknicke, ist es vorbei mit dem Schreiben. Aber umfallen war für mich noch nie eine Option.

Kurz und gut, ich ersuche den neuen Verleger, auf weitere Forderungen nach »Gesinnungsästhetik oder -dramaturgie« zu verzichten, da sämtliche Figuren von moralischer Verantwortung losgelöst seien und dementsprechend agieren. Der Einbau einer moralisch intakten Figur würde sich – ästhetisch gesehen – wie ein Fremdkörper ausnehmen. Er nickt abwägend,

31 Parodie auf Friedrich Schillers 1798 entstandenen Prolog zu *Wallensteins Lager:* »Denn wer den Besten seiner Zeit genug getan, der hat gelebt.«

doch ich bemerke, dass er innerlich ein großes Fragezeichen hinter meine Äußerung setzt. Wahrscheinlich fragt er sich, ob ich ihn auf den Arm nehmen will, denn so weltfremd kann doch keiner sein. Nun ... ja und nein, leider, ich bin es, ich bin es nicht. Verdammte Duplizität.

22. Juni. Natürlich geht mir das Gespräch mit Fest an die Nieren: Will er mich schützen, oder ist es nur die Arroganz des Philisters, der einen Abweichler unter das Diktat der Normalität stellen will, frei nach dem Motto *Quod licet Iovi, non licet bovi*[32]? Ich ahne, dass ich in seinen Augen nur ein Störenfried bin, dabei waren meine Romane stets Sammelbecken des Abseitigen und Unschicklichen. Womöglich leide ich nicht unter einer Wahrnehmungs-, sondern einer *Wertbeimessungsstörung*. Oder ist es noch schlimmer, so wie bei Dr. Jekyll/Mr. Hyde? *Wahnvorstellungen können erhebliche Störungen von sozialen Beziehungen nach sich ziehen* (steht so im Lexikon).

Seit ich an diesem Roman schreibe, je mehr ich Karl Fußmanns Raubmenschentum nachempfinden kann, umso fremdartiger empfinde ich meine eigene Zeit und *dieses gestörte Volk von gelernten Fußabtretern,* dem alle Lebensinstinkte aberzogen wurden. *Endstufe* zelebriert geradezu die tabuisierte Perspektive der Täter. Ging es mir also nur um die Provokation? Ich würde sagen, es geht mir um meine ***e i g e n e*** **Geschichte,** vor allem, wenn man erkannt hat, was für eine klägliche, ideologisch verseuchte Nische aus der deutschen Literatur geworden ist.

Böll, Grass, Johnson, Lenz etc. – alles nur Säulenheilige einer restriktiven Literaturpolitik. Das Gegenteil von bewusstseinserweiternd, eher gesammelte Minus-Erkenntnis, nicht lesenswert,

---

32 Lat., sinngemäß: »Was Jupiter darf, steht dem Ochsen noch lange nicht zu.«

denn: *Du sollst nicht, weil du nicht kannst, deutscher Loser.* Zehn Seiten Böll – ganz gleich welches Buch –, und ich habe Lust, meiner Existenz in ihrer offensichtlichen Daseinsverfehlung ein Ende zu machen. Denn wer als Deutscher geboren ist, dem ist es offenbar bestimmt, sein Leben auf Knien zu leben. Was ist *Billard um halb zehn* da anderes als ein skripturales Kondensat der totalen Entmutigung – mehr kann ich in dieser Langweiler-Literatur eines dunkelroten Muckers nicht sehen.

Robert Gernhardts Gedicht[33] über den hochgeschriebenen Wicht drückte es ganz wunderbar aus:

Der Böll war als Typ wirklich Klasse. /
Da stimmten Gesinnung und Kasse. /
Er wär' überhaupt erste Sahne, /
wären da nicht die Romane.

Tatsächlich sind die wenigsten Romane von Böll ästhetisch gelungen. In ihrem Kern bleiben sie konstruierte Vorwände, um eine auf Gesinnungsapplaus abzielende Schreibe servieren zu können. Eine Etage höher hat man Bölls Romane als Empfehlungsschreiben in eigener Sache gesehen und der dringenden Bitte, ihn mit Amt und Würden zu versorgen, auch entsprochen.

10. Juli. Stadtbücherei Charlottenburg, Otto-Suhr-Allee. Heute nur Bücher gewälzt, wegen szenischer Details. Ohne Augentropfen kaum zu schaffen.

Der Zweite Weltkrieg erscheint mir einmal mehr als publizistische Materialschlacht, die den Deutschen die Alleinschuld anhängen soll.

---

33 Robert Gernhardt: *Gedichte: 1954–1994,* Haffmans Verlag, Zürich 1996.

Stalingrad lässt sich im Kontext meiner Geschichte mit einem einzigen Satz abhandeln. Auschwitz mit zwei. Welche Erzählungen ließen sich dagegen aus »staatlich verordneten fleischlosen Tagen« oder den »Entbehrungen infolge der Eierrationierung« machen?

Die SS-Offiziere in *Endstufe* mögen Film-Noir-Figuren ähneln, sie mögen mit Waffen und Opiumpfeifen hantieren, aber sie sind keine Terminatoren, keine seelenlosen Vollstrecker einer Politik des Todes. Tatsächlich ist ihr Drittes Reich ein perfektes amoralisches Biotop. Es macht hier einfach Spaß, Täter zu sein. In der anglo-amerikanischen Welt ist der Nazi daher längt zur Pop-Ikone geworden, *Time Magazine* konstatierte vor ein paar Jahren sogar eine echte Nazi-Mode-Bewegung in Südkorea[34], die inzwischen auch in Japan Fuß fassen konnte. Das heißt, diese Völker haben den Sexappeal des Dreiklangs begriffen, der die Partitur von *Endstufe* bestimmt:

> »Aber das passte zu ihm – die Gewalt, die Wissenschaft, die Eleganz.«[35]

Eine Frage, die ich hier vorsorglich ansprechen will: Wie groß ist die Wahrscheinlichkeit, dass der Roman in irgendeiner Weise § 130 (»Volksverhetzung«) des Strafgesetzbuches tangiert.

Was mich jedoch viel mehr irritiert als die Möglichkeit, dass man mich wegen »Störung des öffentlichen Friedens« vor Gericht zerren könnte, ist die Frage, wie ein derartiger Totschlagparagraf

---

34 *Time Magazine,* 5.6.2000, MacIntyre, Donald, »They dressed well. A troublesome fascination with Third Reich regalia elevates the Nazi look to what's chic in South Korea.«

35 Thor Kunkel, *Endstufe,* S. 216.

in einem Land, das sich Presse- und Meinungsfreiheit auf die Fahnen geschrieben hat, verabschiedet werden konnte.

Irgendwas stimmt in diesem Land nicht. Ich glaube, es war ein Fehler, hier einen Neustart zu versuchen.

IV.

Die Sachsenwald-Filme als Medienschatz

25. Juli 2003. Hier hat Fest allerdings recht: Durch meine Recherchen wurde ein Kontext hergestellt, der zum Roman gehört.

Als ich anfing, an *Endstufe* zu schreiben, war der pornografische Film des Dritten Reichs ein weißer Flecken auf der filmhistorischen Landkarte. Angeblich hatten deutsche Nazis niemals einen Meter Nacktfilm gedreht, obwohl es in Deutschland damals die meisten »Schmalfilmer« gab. Im Ausland sieht man das wesentlich anders, vor allem in den USA. Schon der Roman *Running Dog* (1978) des »National Book Award«-Gewinners Don DeLillo handelte von einer Pornofilmproduktion in den letzten Tagen des Dritten Reichs. Wie kam DeLillo, ein seriöser, vielfach ausgezeichneter Autor, auf diese Idee?

Vieles, was mir noch vor drei Jahren schleierhaft war, wurde durch meine Recherchen – oder durch neue Publikationen aus dem Ausland – geklärt. Es gibt endlich eine Erklärung für bestimmte subkulturelle Phänomene, die tatsächlich zuerst in den Vereinigten Staaten auftauchten: Seit den Sechzigerjahren wimmelte es in amerikanischen Schmuddelheften von Geschichten über Nazis und Pornografie. In jeder Folterkammer der Gestapo schien die Kamera stets griffbereit gewesen zu sein.

Mit der aus Italien kommenden popkulturellen **Sexualisierung des Faschismus** kam dann die Frage auf, ob es auch echte pornografische Filme aus der Nazizeit gab. Das wenige, von dem man wusste, kursierte in Sammlerkreisen und wurde ausschließlich im Rahmen von Heim- oder Schmuddelkinos gezeigt. Hier kannte man auch die von mir im Roman erwähnten Sachsenwald-Filme. Vor allem der sogenannte »Bananenfilm« war nachweislich bei Landsern bekannt.

Ganz anders das deutsche, von sehr linken Personen geleitete Bundesfilmarchiv. Es weigert sich stoisch, die *Existenz dieser Filme* anzuerkennen. Das könnte bedeuten, dass es sich bei den Sachsenwald-Filmen um Vorbehaltsfilme gehandelt hat. Im Rahmen der Entnazifizierungskampagne landeten die Filme vielleicht 1947 auf der schwarzen Liste der Amerikaner. Filme, die die Militärregierung als »verherrlichend« oder »erbaulich« einstufte, wurden damals aus dem Verkehr gezogen, das heißt, die meisten Kopien wurden verbrannt. Ende Gelände. Zumindest offiziell.

Nur – wer waren die Macher? Während der Zeit des Nationalsozialismus waren die Sachsenwald-Filme nachweislich nicht nur im Milieu, sondern auch in elitären Kreisen bekannt. Hinweise von dem bereits erwähnten Fritz Hippler, dem ehemaligen Reichsfilmintendanten, verweisen in das Umfeld einer privilegierten Gesellschaft, die sich in Berchtesgaden, nicht weit vom Führersperrgebiet, traf und in der Ortschaft unter dem Namen »Die Wochenscheuen« bekannt war. Zu ihnen gehörten wohl viele Adlige, Künstler, Sportler und Schauspieler, die in den Kriegsjahren ein regelrechtes – so Goebbels – »Drohnenleben in Oberbayern« führten. Zumindest hatte einer von ihnen sowohl die Filme als auch einen Projektor in seinem Besitz. Holsten – so der Name des Mannes – war ein Kameramann, der für die TOLIRAG

(Ton-Lichtbild Reklame AG[36]) tätig war, eine Berliner Werbefilmproduktion, die für das »Amt für Reisen, Wandern und Urlaub« arbeitete. Wie er an die Sachsenwald-Filme kam – ob er sie selbst gedreht hat –, lässt sich nicht mehr rekonstruieren, doch mindestens einmal (1942) kam es auf einem »Herrenabend« in Berchtesgaden zur Aufführung. Der mutmaßliche Kameramann, von dem es im Ort einerseits hieß, er sei fahnenflüchtig, andererseits, er habe Hippler gegenüber Interesse an einer Anstellung bei der Kulturfilmabteilung bekundet, führte zwei Filme vor: *Frühlings Erwachen* und *Waldeslust.* Letzterer ist kein Sachsenwald-Film. Er scheint eher in der Nähe eines alpenländischen Sees gedreht worden zu sein. Der Kameramann war kein Reichsbildberichterstatter wie Heinrich Hoffmann, doch Privataufnahmen, die er von der Nazi-Prominenz (Hitler, Göring, Hess) in Berchtesgaden machte, belegen, dass er sich offenbar frei in nächster Nähe des Diktators aufhalten konnte.

Weitere Ergebnisse meiner Recherche: Die beiden Schwarz-Weiß-Filme aus der Sammlung Werner Nekes wurden nach den Aussagen einer Zeitzeugin im Sachsenwald bei Hamburg gedreht. Die drei Darsteller des Films *Der Fallensteller* waren Mitglieder des »Bundes für Leibeszucht«. Der Darsteller Alfred »Ali« Winkler, geb. 1914, soll seit 1933 Mitglied in einem FKK-Verein gewesen sein. Der männliche Darsteller aus *Frühlings Erwachen* wurde von einer Zeitzeugin als Freund von Ali identifiziert. Offenbar gehörte auch er zum alteingesessenen Hamburger Milieu.

Die Sachsenwald-Filme entstanden laut der Zeitzeugin Heidemarie S. (geb. 1923) im Sommer 1941 und im Rahmen eines Picknicks. Während *Frühlings Erwachen* sapphische Liebesspiele

---

36 Es gab eine Ton- und Lichtbildreklame Aktiengesellschaft (TOLIRAG) mit Hauptsitz Kurfürstendamm 236.

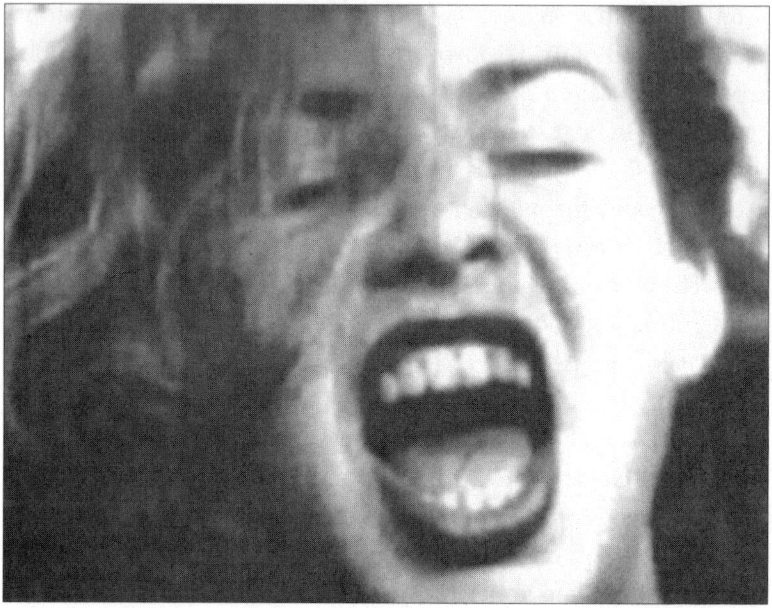

Abb.: Einzelbildaufnahme aus dem Sachsenwald-Film *Der Fallensteller,* 1941.

zeigt, dürfte der *Der Fallensteller* für die damalige Zeit *die* Sensation gewesen sein. Immerhin handelt es sich um »die älteste filmische Darstellung von Flagellantismus und Sodomie«[37]. Der Film *Waldeslust* ist im Besitz eines holländischen Händlers, der ihn von einem Deutschen in Las Vegas gekauft haben will.

Die Sache mit dem Tauschgeschäft – der rote Faden in meinem Roman – ist wesentlich komplizierter: Der Hinweis des Zeitzeugen Horst Scharnbacher auf die Verwicklung des schwedischen Grafen Oxenstierna konnte nicht von anderen Zeugen bestätigt werden. Obwohl erotische Filme in einem Bordell in Bolaget gezeigt wurden, konnten keine Verbindungen zwischen dem

37 Zitat von Prof. Werner Nekes, Medienexperte.

Tauschgeschäft und der im nahe gelegenen Kiruna ansässigen Minengesellschaft LKAB nachgewiesen werden. Eine weitere Spur führt nach Nordafrika, zu den »Mineralölkommandos« des Deutschen Afrika-Korps. Die Aussage eines Zeitzeugen verweist auf das Wehrgeologen-Bataillon 101, dessen Petrologen man als verlängerten Arm der Deutsch-Amerikanischen Petroleum Gesellschaft bezeichnen kann.

Sie entnahmen im Windschatten der Panzerarmee Bodenproben, und da, wo es nach Erdölvorkommen aussah, versuchte man Geschäftsverbindungen zu knüpfen. Hätten Filme der im Sachsenwald hergestellten Art in einem technisch unterentwickelten und von islamischer Verklemmung beherrschten Land als Türöffner dienen können?

Immerhin, es gab in Tunesien der Vierzigerjahre einen Sammler von Weltruf – Muhammad al-Munsif Bey, Bey von Tunis –, der, obwohl er den Beinamen »Beschützer der Juden« trug, mit den Nazis kollaborierte. Es versteht sich von selbst, dass nur privilegierte Kreise – hohe NS-Funktionäre, begüterte Adlige und Vertreter der Kolonialwirtschaft – in der Lage gewesen wären, ein solches Geschäft im Ausland zu tätigen. Dies könnte ein anderer Grund sein, warum die Sachsenwald-Filme für das Bundesfilmarchiv nicht existieren: Wessen Familie damals eine Rolle gespielt hatte und wer heute wieder in einer lukrativen und angesehenen Machtposition sitzt, der möchte nicht von der Vergangenheit eingeholt werden.

V.

Von der Recherche zum Gedankenverbrechen

1. August 2003. Stundenlang redigiert. Es endet mit einer Feststellung, die nach Klappentext klingt:

Die deutsche Geschichte – freigegeben ab 12.

ENDSTUFE: Die deutsche Geschichte – *freigegeben ab 18.*

Schreiben verändert den, der schreibt, selbst wenn er von Anfang an weiß, dass er in einer Welt relativer Wahrheiten lebt. Meine Werkstattberichte aus den Jahren der Recherche lesen sich wie das Protokoll einer Autopsie[38]. Vielleicht wäre es besser gewesen, meine Gedanken zur feststellbaren Verdunkelung der deutschen Geschichte nicht schriftlich zu fixieren. Es liest sich, als ob ich Partei für die Nazis ergreifen wolle, dabei geht es mir nur um das, was verschwiegen wird, damit Verbrecher gut dastehen können.

Ich schämte mich einfach, wenn ich mich in einer öffentlichen Bibliothek durch ein Stück deutscher Holzschnitt-Literatur quälen muss. Keine Differenzierung, keine Nuancen, keine Schattierung, nirgends. Immer in die gleiche stumpfsinnige Kerbe. Im-

38 Autopsie (v. griech. *autos* = selbst, *opsis* = sehen) Selbstbeobachtung, das persönliche Erleben und Durchmachen, das in dichterisch geweiterter Form künstlerische Gestalt gewinnen kann.

mer dieselbe einseitige Schuldzuweisung – als hätten die Deutschen nicht selbst unter den braunen Sozialisten gelitten. Mindestens 56 Prozent der Deutschen hatten die Bande nicht gewählt und nicht »Heil Hitler« gebrüllt. In deutschen Geschichtsbüchern steht es anders; hier sind sie rund um die Uhr mit der Verfolgung und dem Internieren von Juden beschäftigt. Man fragt sich, wie sie im selben Zeitraum ein erstes »Wirtschaftswunder« schaffen konnten, mit sinkender Arbeitslosigkeit und steigender Frauenerwerbstätigkeit.

Es sagt alles über den opportunen deutschen Charakter aus, dass man die Sicht der Sieger nach 1945 dermaßen schamlos verinnerlicht hat. Die Alt-68er sorgten dann, nachdem sie den Marsch durch die Institutionen geschafft hatten, peu à peu für den ideologischen Würgegriff, der die Deutschen hindert, ihre Geschichte objektiv zu betrachten. Doch solche Erkenntnisse behält man in diesem Land besser für sich.

6. August. Im Rowohlt Verlag pfriemeln sie bereits an der Vorschau für den nächsten Katalog. Eine Verlagsmitarbeiterin ruft im Auftrag des Fiction-Chefs an, wie ich das umschreiben würde, worum es geht. Er habe gehört, es ginge »um Nazi-Pornografie«. Ich dementiere, beziehungsweise erkläre, dass es sich beim Plot des Romans um ein recht ungewöhnliches Tauschgeschäft dreht – »Pornofilme gegen Rohstoffe« – und um eine Bespiegelung der utopischen Phantasien des Dritten Reichs vor der Wüstenlandschaft Nordafrikas.

Das wird ihr zu bunt, und sie bittet mich, eine »möglichst knappe« Inhaltsangabe zu schicken.

Wenn ich eines nicht kann, dann sind es knackige Inhaltsangaben. Schon gar nicht bei einem epischen Digressionsroman, von dem ich anfangs nicht wusste, worauf das Ganze hinauslaufen würde. Trotzdem versuche ich es, wobei ich den besten Satz gleich wieder streiche, weil er ein Gespür für Ironie voraussetzt, das nur wenige im deutschen Literaturgeschäft haben: *Das Komplott von Kriegsprofiteuren droht an einem Erotomanen zu scheitern.*

ENDSTUFE oder:
Eine polit-pornografische Tragikomödie in drei Akten

Prämisse

Gegenentwurf zur Schuld-und-Sühne-Literatur der Deutschen:

1. Fokus auf die ungeheure sinnliche und utopische Fülle des III. Reichs, die bis heute – aus wirklich schlimmen Gründen – unterdrückt wird.
2. Kritik an der grundfalschen »Schuldkultur« der Deutschen. Der spezifische deutsche Faschismus war in seinen realen Komponenten nichts anderes als ein von der rohstoffhungrigen Großindustrie vorangetriebener Korporatismus.

   Die Forderung nach dem totalen Krieg war nur die Hypertrophie eines »Werbefeldzugs«, der seine Kosten zuletzt nicht mehr deckte.
3. Das reale Faktum einer Pornofilmproduktion, der sogenannten Sachsenwald-Filme, die zum Spekulationsobjekt von NS-Karrieristen und Kriegsgewinnlerm wurden, verweist im Roman auf eine positiv besetzte, attraktive Erlebniswelt des Dritten Reichs: Das gute Gefühl, Täter zu sein. Um das Nachvollziehen-Können der Euphorie und die Aufbruchsstimmung einer verantwortungslos gestellten Generation von Weltbestimmern. ***Sex'n, drugs & Reich'n Roll,*** **Sieg Geil!**
4. Auch nicht unwichtig: Die Protagonisten leben nicht nur in einer Elite-Nation, sondern auch in der ersten Medienwirklichkeit,

Krieg und Konzentrationslager werden nur am Rande erwähnt. Der Kreis gewohnheitsmäßiger Amoralisten, die nichts unversucht lassen, sich an den chaotischen Zuständen zu bereichern, hat andere Sorgen …

Handlung

Der pragmatische und zynische SS-Offizier Ferfried Graf Gessner, Forschungsreisender der I.G. Farben[39] an der Nordafrika-Front, und sein Freund, der Kameramann Holsten, glauben, sich durch »Tauschgeschäfte mit Berbern« in Libyen bereichern zu können.

Für ihre heimlich gedrehten Pornofilme bieten libysche Scheichs Konzessionen und Bohrrechte an, die Ferrie nach Kriegsende an eine amerikanische Erdölgesellschaft veräußern will. Noch ist das Geschäft nicht in trockenen Tüchern, und die Gestapo ist Ferrie bereits auf den Fersen. Die Lage verkompliziert sich noch mehr, als sich Ferries Assistent, der weltfremde Chemiker Karl Fußmann, in Lotte, eine der Darstellerinnen, verliebt.

Nach einer Nacht mit der statuarisch schönen, aber frigiden Kokotte lässt er seine Verlobung mit der bürgerlichen Johanna sausen und lebt fortan das Leben eines »Laboranten des Eros«, wobei er – überzeugt vom Untergang des Dritten Reichs – seine Ersparnisse mit Lotte verjuxt. Mit der NS-Gesellschaft und ihren Fanatismen hat Fußmann immer weniger zu tun. Stattdessen verliert er sich mehr und mehr im Sog eines selbstzerstörerischen Eros. Immer tiefer wird der Sumpf aus Sex und Sorgen, zwischen Formfetischismus und Erotomanie. Denn in Nazi-Deutschland kriegt Adam seine Eva nicht ohne Schlange – oder vielmehr ohne Schlangengrube.

39 Statt SS-Hygiene-Institut würde ich die I.G. Farben als Arbeitgeber vorschlagen. Sie arbeitete eng mit der SS zusammen. Der Schachzug verhindert, dass wir andauernd unsere »Helden« in SS-Uniform zeigen.

Ein Skandal am renommierten SS-Hygiene-Institut, wo beide Männer arbeiten, bahnt sich an. Dass der *gute*[40] Ferrie, dieses apolitische und nur auf sein Überleben bedachte Chamäleon, ununterbrochen für Fußmanns Fehler und Verfehlungen bezahlen muss, dürfte Liebhaber des schwarzen Humors zu einem Dauerschmunzeln verleiten.

Fußmann selbst fällt im Bewusstsein des Lesers aus seiner Zeit. Er landet bei uns, in der Neuzeit, wo die Saat der Unmenschen erst richtig aufgehen wird.

So schicke ich es ab. Meine persönliche Motivation, diese Geschichte zu Papier zu bringen, ist großes Bedauern, oder wie es der Historiker Fritz Stern einmal formulierte: »Schade, es hätte Deutschlands Jahrhundert werden können.« Die Nazis haben das auf dümmste Weise vergeigt.

Niemand bei Rowohlt würde meine Resignation über den verlorenen Zweiten Weltkrieg verstehen, was ich empfinde, wenn Joey Ramone in *Today Your Love, Tomorrow the World* singt: »Little German boy / Being pushed around / Little German boy / In a German town« … Wieso sollte es einen auch freuen, dass Deutschland seine Rolle als kulturelle Prägemacht der Welt 1945 verlor?

Meine Melancholie muss ich tarnen, den Pulp-Fiction-Clown spielen und hoffen, dass die Leser erkennen, was hinter *Endstufe* steht.

Spaßeshalber scanne ich als Referenz für die Umschlaggestaltung noch das Cover eines Taschenbuchs ein, das ich seit meiner Studentenzeit in San Francisco mit mir herumschleppe: *Mephisto* von Klaus Mann, in der ur-amerikanischen Random-House-Veröffentlichung von 1977. Auf jedem Umzug war das Büchlein dabei.

40 Ferries Haltung – seine Illusionslosigkeit, seine Geldgeilheit, seine Illoyalität – all das macht ihn zu einem von »uns«.

Abb.: Klaus Mann *Mephisto,* (1936). Die Taschenbuchausgabe von 1977, Random House, New York, sieht auf den ersten Blick nicht nach Hochliteratur aus.

Ich hatte das Buch damals nur wegen des Umschlags gekauft und später entdecken müssen, dass Klaus Mann viel besser schreibt als sein alter Herr. Ich hoffe, der Rowohlt-Fiction-Chef wird meinen Cover-Vorschlag als »geschmacklos« empfinden.

Solange die Bande denkt, ich wäre nur ein Tarantino für Arme, umso besser für den Erfolg meiner – notgedrungen – maskierten Literatur.

17. August. Das gesamte Personal des Romans setzt sich aus Hedonisten, Technokraten und Prä-Turbo-Kapitalisten zusammen. Keine moralische Instanz, nirgends.

Vielleicht ein paar »spinnerte« Weltverbesserer und Nutznießer des Fortschritts, das ja: Man war bärenstolz auf seine Toilette mit Wasserspülung, den Fußpuder von Erdal, Volksempfänger und Fernseh AG, die besten Autobahnen der Welt, Volkswagen und »Silberpfeile« und träumte vielleicht heimlich von den »besten Orgasmen der Welt«.

Die Leute, die so dachten, repräsentierten damals den zivilisierten Teil der Welt, die Avantgarde der menschlichen Zivilisation. Und sicher, in diesen Kreisen galt Moral als geistige Schwäche. Mittels der höchstentwickelten Technik brachte man die Massen zu träumen.

Babelsberg war die größte Traumfabrik der Welt, das deutsche »Hollywood« mit den größten Exportzahlen[41] von Lichtbildern »made in Germany«.

Der wirklich nennenswerte Unterschied? Die ganze Welt träumte damals deutsch, heute träumt sie amerikanisch. (Und morgen dürfte sie vielleicht chinesisch träumen, wer weiß?) *Endstufe* schlägt eine Brücke zur Gegenwart.

Denn die wahre Ironie am Untergang Nazi-Deutschlands bleibt doch, dass unsere amerikanischen Freunde die Menschenverachtung des Dritten Reichs *noch perfektionierten.*

Statt einer Germanisierung Europas (Himmlers Schmelztiegel »Reich der Deutschen Nationen«) steht uns heute die Amerikanisierung des gesamten Planeten bevor. Vor diesem Hintergrund ist das deutsche Grundgesetz, das von den Amerikanern wesentlich mitgestaltet wurde, nicht mal das Papier wert, auf dem es steht. Noch wahnwitziger ist es, Deutschland als Demokratie und souveränes Land zu bezeichnen, es ist ein »eingebundenes Land«, in dem demokratisch gewählte Politiker Vorgaben umsetzen, die

---

41 Schon 1921 wurden 156 deutsche Filme in die Staaten verkauft. Quelle: Heinrich Fraenkel *Unsterblicher Film,* München, 1956.

ihnen von ihren transatlantischen Partnern gemacht werden. Und wehe, wenn nicht. Einen wirklichen Kurswechsel hat es – wenn man ehrlich ist – in den zurückliegenden zwanzig, dreißig Jahren nicht mehr gegeben. Noch sieht es nicht so aus, als ob China eines Tages in der Lage sein wird, den neuen Geofaschisten einen Strich durch die Rechnung zu machen. Auch die einst von den Nazis mit kruden Mitteln angestrebte Verbesserung der biologischen Basis des Menschen geschieht heute unter der Schirm-

Abb.: Deutsch zu sein war 1937 noch *sexy:* Stanley McClatchie *Look to Germany – The heart of Europe,* (1937). Die Deutschen erfüllten in den USA lange Zeit Vorbildfunktion. Kein Wunder, dass sich die neue Welt nach Nazi-Germanys Kapitulation berechtigt fühlte, in dessen Fußstapfen zu treten. *Foto: Privatarchiv Thor Kunkel*

herrschaft US-amerikanischer Gentechnologie. Unilaterismus und ein fanatischer Technologieglaube beflügeln seit dem Ende des Zweiten Weltkriegs die aggressivste Nation der Erde, die wirklich glaubt, sie könne tun und lassen, was sie will.

Wie kann man all diese Parallelen übersehen?

23. August. Was sagt Oswald Spengler dazu?

> »Die Weltgeschichte ist das Weltgericht; sie hat immer dem stärkeren, volleren, seiner selbst gewisseren Leben recht gegeben, recht gegeben nämlich auf das Dasein, gleichwohl ob es vor dem Wachsein recht war, und sie hat immer die Wahrheit und Gerechtigkeit der Macht, der Rasse geopfert und Mensch und Völker zum Tode verurteilt, denen die Wahrheit wichtiger war als Taten und Gerechtigkeit wesentlicher als Macht.«[42]

Hitler und seine Neoprimitiven hatten also durchaus gute Chancen. Ein ebenso nüchterner wie instinktgeladener Wirklichkeitssinn, der bald zum vehementesten Angriff auf alles Esoterische führte, mehr brauchte es eigentlich nicht. Weg mit den falschen höheren Welten, alles, was zählt, ist die eine, die wirkliche Welt! Die neuen Entzauberer der Welt überwanden selbst die christliche Zwangsvorstellung von der Seele durch eine Apotheose der *perfekten Körperlichkeit.* Der dunkle Pfad der Exzesse würde schon irgendwie – wie William Blake einmal meinte – »zum Palast der Weisheit« führen. Die Vorstellung vom Menschen als Lenker und Beherrscher seines Schicksals verdrängte den nutzlos gewordenen zeitlosen Gottesbegriff.

---

42 Oswald Spengler, *Der Untergang des Abendlandes,* Verlag C.H. Beck, 1998.

Und während Gottfried Benn – das kalte Schwitzehändchen des Rauschgiftentzugs bereits im Nacken – nichts Schlimmes in der Absicht erkennen konnte, »sich höher zu züchten«, forderte Göring – damals noch im körpereigenen Opiumsaft schwimmend – konkret 120 Millionen Deutsche von den Volksgenossinnen, in denen er – eigenen Aussagen zufolge – ganz vortreffliche »Zuchtstuten« sah. Der *kleine, harte Mann* ist diesem Aufruf gerne gefolgt.

Eine moderate *eugenische* Familienplanung hätte ja auch, wie später in Amerika, in eine positive Bahn gelenkt werden können. Die Amerikaner sahen eben alles nicht ganz so eng: Jeder Staat ist das Ergebnis von Aggression und Unterwerfung, warum sollte das Dritte Reich eine Ausnahme gewesen sein?

Und wenn dann ein Modemacher wie Joop in einer seiner Werbekampagnen mit dem bewährten Riefenstahl-Look kokettierte, dann fragt man sich wirklich, warum es im Frankfurter Filmmuseum noch immer »Vorbehaltsfilme« gibt, die man sich nur ansehen darf, wenn man seinen Personalausweis hinterlegt. Diese doppelbödigen deutschen Moralwächter mit ihrer Blockwart-Mentalität – sie sind offensichtlich noch immer *alive & kickin'*.

27. August. Habe mich das schon mal gefragt: Schreibe ich in Wirklichkeit an einer Autopsie? Ist Karl Fußmann nur *eine verdrängte Wesensmöglichkeit meiner selbst?* Oder entspringt dieser Roman allein meinem Misstrauen in die sauber aufgeräumte Geschichte der Deutschen? Nein, es ist doch mehr ein Unbehagen an *mir selbst,* weil es mir unmöglich ist, in die Geschichte der Nichtswürdigen einzuwilligen, wie es von jedem, der im Kanon der deutschen Literatur mitspielen will, erwartet und vorausgesetzt wird.

Die ausradierten Konturen, die ich in der Geschichte des Dritten Reichs erkenne und nachzeichne – meine Gedankenwelt –, dürften ein weiteres Sich-gesellig-im-linken-Konsens-Suhlen mit all den lieben, guten Menschen verhindern. Ich schreibe nicht wie ein Außenseiter, ich bin ein Außenseiter. Und wenn dieser Roman jemals erscheint, bin ich ein schreibender Toter. Trotzdem führt kein Weg daran vorbei, sonst war alles umsonst. Kein Mensch kann sich vorstellen, dass ich vor zwei Jahren einen 160 000-Gulden-Job an den Nagel gehängt, dass ich sogar auf eine Familie verzichtet habe, allein um zu schreiben. Was ich nicht tun werde, unter keinen Umständen, ist, mein Werk zu verraten. Wie sagte schon mein geistiger Bruder Bruce Lee, der mich durch die Jahre im Frankfurter Ghetto brachte: »Etwas gegen seine Einsicht nicht zu tun ist ein Mangel an Mut.« Vor dem Zeitgeist einzuknicken kommt für mich nicht infrage.

29. August. Meine Protagonisten sind eher *fashion victims* als in der Wolle gefärbte Nazis, das wird mir heute klar – eine furchtbare Feststellung, wenn sie auch auf die real existierenden SS-Offiziere zutreffen sollte. Angesichts der 59 Millionen Toten des Zweiten Weltkriegs wünscht man sich fast, dass es nicht so war und wenigstens ein paar an die menschenverachtende Ideologie glaubten. Der charakteristische Wesenszug des Bösen ist aber seine schreckliche »Banalität«[43]. Menschen werden unter banalen Umständen gezeugt und aus ebenso banalen Gründen um die Ecke gebracht. Schon die »Arisierung« von deutschen Firmen und Marken lässt erahnen, wie eng sich damals das Bösartige mit dem Trivialen vermählte.

Der Anreiz für die breite Masse, die Hitlerei mitzumachen (oder zu tolerieren), war sicherlich nicht der Dienst an der Waffe, sondern ein militarisierter Konsum und Markenfetischismus. HJ, DAF, SA, SS – das waren keine Abkürzungen in Uniformen, sondern Premiummarken der Reichzeugsmeisterei. Die von Hugo Boss entworfene SS-Uniform machte aus jedem »Minus-Krieger«

43 Hannah Arendt.

ein echtes Mannsbild. Nebenbei wurden die Massen durch forcierten Volkssport »entfettet«. *Fit for Fun = Survival of the fittest.* Die Formel besticht offensichtlich durch ihre Zeitlosigkeit; impliziert sie doch, dass sich fitten Mitmenschen mehr sexuelle Gelegenheiten bieten, ihre Gene daher häufiger weitergegeben werden.

Gehen wir also von einer spürbaren Erotisierung des Alltags aus, einer Arbeitswelt, die die Geschlechter in ihren archetypischen Vorzügen und Rollen zu bestätigen wusste – » Superman« und Bienenkönigin. In Veit Harlans sehenswertem Film *Immensee*[44] kommt das an einer Stelle deutlich zur Sprache:

> »Ja, es ist die Zeit, wo sie schwärmen – die hohe Zeit der Bienen – jetzt beginnt der Kampf um die Königin.
> Wer am höchsten mit ihr fliegt – der Stärkste –, der erobert sie. Frei zu sein für den Stärksten, das ist das Recht der Immenkönigin.«

Neben diesen glücklichen Drohnen gab es aber auch einen Überschuss junger, sich zurückgesetzt fühlender Männer, die als Soldaten wie nomadenhafte Jäger über den Kontinent streiften. Die Propaganda des Regimes war zeitweise dermaßen ausgefuchst, dass es für einen einfachen Volksgenossen wahrscheinlich schwierig war, einen Kriegseinsatz in Nordafrika von einem KdF-Urlaub zu unterscheiden. Deutsche Werbefachmänner wie Carl Hundhausen, Hans Domizlaff, Hanns Brose und Egon Juda[45], diese von allen Seiten gerühmten »Schrittmacher der kriegswirtschaftlich organisierten Werbung«, verstanden tatsächlich ihr Handwerk.

---

44 Der 1943 von Veit Harlan gedrehte Ufa-Film *Immensee: Ein deutsches Volkslied* beruhte auf einer Novelle von Theodor Storm.

45 Siehe Egon Juda, *Zur Organisation der geistigen Arbeit des Werbefachmanns,* Lorenz-Verlag, 1936.

Sie waren die Markenpäpste des Deutschen Reichs, das noch lange vor Leo Burnett, John Orr Young und Raymond Rubicam Motivforschung mit seinen Konsumenten betrieb. Freilich ging es auch um die politische Konsumption, das Befürworten verkappter Kriegserklärungen wie *Jeder einmal in Afrika, Jeder einmal in Paris, Jeder einmal in der Taiga* usw. Was man den Leuten verkaufte, war »Krieg als Abenteuerurlaub im ganz großen Stil«. Äußerst talentierte Plakatmacher, Kunstgewerbler und Typografen verpackten diese Ideen in stilvolle Gemeinschaftswerbung »im Dienste der nationalsozialistischen Werbelehre.«[46]

Es hat »Spaß gemacht«, wie meine Großmutter einmal sagte. Nicht nur die ersten drei Jahre.

30. August. Es ist unverkennbar, dass das Dritte Reich nach den Grundlagen der Markentheorie des »Analogikers« Hans Domizlaff ausgebaut wurde. Riefenstahls Olympia-Film steht dem Industriefilm näher als der Dokumentation. Alle intrinsischen Markenwerte des Dritten Reichs werden emotional aufgeladen und massenkompatibel gemacht. Mit der Ideologie hat das gar nichts zu tun.

Wieso wird dieser Hintergrund von Historikern ignoriert? – Weil er das Ideologem zur Nebensache macht? Das Dritte Reich wurde von Medienschaffenden inszeniert, von hoch dotierten Kommunikationswirten und MarKom-Spezialisten!

3. September. Komme gerade von einer Versteigerung nationalsozialistischer Regalia und Papierwaren zurück (wo sonst kann man derlei Relikte aus nächster Nähe studieren?).

Ich muss sagen, was für ein unfassbares *Markenbewusstsein!* Hitler war vielleicht kein großartiger Aquarellist, doch er hatte

---

46 Hans F.J. Kropff, *Totalität der Werbung,* Berlin, 1939.

begriffen, wie Werbung und PR funktionieren. Überall, selbst in den kleinsten *Giveaways* der Partei (»Winterhilfswerk-Merchandising usw.), spürt man die Richtlinien einer Hausgrafik und Corporate Identity des »Großorganismus«, der das Dritte Reich zweifellos war. Domizlaffs Standardwerk *Die Gewinnung des öffentlichen Vertrauens. Ein Lehrbuch der Markentechnik* von 1939 dürfte auch Goebbels Leib-und-Magen-Lektüre gewesen sein. Es ist das heimliche »Handbuch« zum Dritten Reich, die nüchtern geschriebene »Gebrauchsanleitung der Masse«, bar jeden Unsinns und jeder NS-Phraseologie, die sich im April 1945 dann endgültig als Tünche entpuppte. Domizlaffs kometenhafte Karriere begann unter den warmen Fittichen von zwei Reemtsmas (Philipp F. und Hermann F.), die ihm im Mai 1921 die Produktentwicklung ihrer Zigarettenfabrikation anvertraut hatten. Der junge Markentechniker machte aus *R6* und *Gelbe Sorte* in kürzester Zeit die wohl populärsten Glimmstängel der Nation. Als Hauptwerbeleiter von Siemens kam er offenbar auch für Goebbels als »Werbeleiter des Dritten Reiches«[47] (!) infrage. Domizlaff freilich ließ es bei einer unverbindlichen Beratung bewenden.

Ebenso unbeschadet kam Hanns Brose (»Fewa wäscht *neutral*«) durch diese undurchsichtige Zeit. Ihm verdanke ich den herrlichen Ausdruck »Gefolgschaft der Verbraucher«. Was für ein wirklich prägnantes Deutsch dieser Mann schrieb. (Alle Monologe von Kurt Raumer, Doktorvater Karl Fußmanns, sind Broses Klang nachempfunden.)

Schon 1937 nahm Brose leise und bescheiden vorweg, was die Propagandamaschine Goebbels in die Tat umsetzen würde:

47 Dass Goebbels eine derartige Position ernsthaft vorgesehen hatte, belegt, wie wichtig Marketing und Werbung für das Dritte Reich waren.

»Ich denke an eine allgemeine Haltung, an das Verhalten der Markenartikelindustrie gegenüber der deutschen Öffentlichkeit. Jede Begegnung mit der Markenartikelindustrie müsste ein besonderes intensives Erlebnis von Form und Geist bedeuten. Ich gehe noch einen Schritt weiter: Jede Werbung für einen Markenartikel müsste eine Werbung für den Markenartikel schlechthin, für den idealen Markenartikel sein.«[48]

Man ersetze in diesem Text jetzt das Wort Markenartikel durch NSDAP …

Unter dieser Prämisse war auch die Suche nach neuem Lebensraum nur eine verbrauchsgelenkte Kampagne – mit etwas anderen Mitteln.

Dennoch ist es unfassbar, wie wenig Beachtung den wahren Gestaltern des Dritten Reichs von deutschen Historikern geschenkt wird. Ihre für die Akzeptanz des Regimes geleistete Arbeit ist in Deutschland – auch ein halbes Jahrhundert nach dem Ende des Zweiten Weltkriegs – indiskutabel, weil plötzlich der Beweis einer flächendeckenden, medialen Gehirnwäsche in den Raum treten würde und man die Deutschen nicht länger unter Nazi-Verdacht halten könnte.

48 H.W. Brose, Werbewirtschaft und Werbegestaltung. 6 Briefe an Herrn M., Deutscher Betriebswirte-Verlag, Berlin, 1937.

VI.

Abverlangte und verworfene Passagen

18. November 2003. Schwerer Opfergang ins Lektorat: Habe eingewilligt, eine der besten Passagen im letzten Drittel des Romans zu streichen. In diesem Kapitel, das in einem SS-Edelpuff in Berlin-Grunewald spielt, treffen mein süßes Lottchen und Holsten auf Siegbert »Sig« Prag-Zigarr, der die Hauptrolle in einer pornografischen Travestie von *Jud Süß* spielt. Sig ist Jude. Der Verlag meinte, wir sollten vermeiden, »schlafende Hunde zu wecken«, die Sache mit den »russischen Vergewaltigern« sei schlimm genug. Obwohl Sig wie ein bodenständiger Überlebenskünstler beschrieben wird, ja, zu den wenigen Sympathieträgern zählt, hält die Lektorin das ganze Kapitel für »eine Steilvorlage für bestimmte Presseleute, die nur darauf warten«. Dafür ist sie bereit, mir »den Einmarsch der Russen in vollem Umfang« zu lassen. Es ist ein Kuhhandel, ich weiß, aber die *Umkehrung der pornokratischen Verhältnisse* am Ende des Zweiten Weltkriegs erscheint mir wichtiger als eine Groteske, die die Doppelbödigkeit der NS-Gesellschaft einmal mehr und mit obszönen Mitteln verdeutlicht.

19. November. Immerhin liest sich die Vorankündigung des Romans im neuen Programmheft ganz gut, selbst wenn mich der ewig gleich schlecht schreibende Befindlichkeitsliterat Paul

Auster vom Umschlag anstarrt. Auster hat nie etwas geschrieben, das für Nicht-Juden verständlich gewesen wäre. Es ist *jewish gossip,* weiter nichts. Der Werbetext zu *Endstufe* scheint halbwegs durchdacht, was aus meiner bisherigen Erfahrung mit Rowohlt eine Seltenheit ist.

Entgegen der Zusage hat man keinen Programmschwerpunkt aus *Endstufe* gemacht. In Zukunft werde ich mir alles schriftlich geben lassen. Vielleicht hängt es aber nur damit zusammen, dass sich H. von dem Projekt verabschiedet hat. Sehr schade.

Bei meiner neuen Lektorin habe ich inzwischen den Eindruck, dass sie den Roman mechanisch prozessiert. Keine Spur von Be-

Belletristik ■ 2. Quartal 2004 rowohlt

Thor Kunkel «Ein illusionsloser Aufklärer im Kostüm des Entertainers … ein Schriftsteller, dem die Welt eben nicht Pop und piepegal ist.» (Die Zeit)

Thor Kunkel, 1963 geboren, führte nach seinem Studium der bildenden Kunst in Frankfurt und San Francisco zunächst das Leben eines europäischen Nomaden. Seine beiden Romane «Das Schwarzlicht-Terrarium», ausgezeichnet mit dem Ernst-Willner-Preis, und «Ein Brief an Hanny Porter» erschienen 2000 und 2001. Heute lebt er in Berlin.

Pornofilme gegen Rohstoffe – das wohl merkwürdigste Tauschvorhaben im Dritten Reich

Die «Sachsenwald-Filme», wie die in Nazi-Deutschland entstandenen Pornos heißen, sind keine Fiktion. 1940/41 gedreht, sollten sie im Zuge der kriegsbedingten Rohstoffknappheit gegen Rohöl und Eisenerz eingetauscht werden.
Vor diesem Hintergrund erzählt Thor Kunkel von der Verstrickung des jungen SS-Hygienikers Karl Fußmann in die Halbwelt der nationalsozialistischen Elite. Im Auftrag seines Vorgesetzten schmuggelt er Filmmaterial von Berlin nach Berchtesgaden. Bei einer wilden Jagdhütten-Party gerät er in den Bann der geheimnisvollen Loiotte und wird, ahnungslos, zum Darsteller eines pornographischen Streifens. Auch als er nach Tunesien versetzt wird – mitten ins Chaos von Rommels Kapitulation –, begleiten ihn die Filme …
In seinem packenden, minutiös recherchierten Porträt der morbiden Nazi-Gesellschaft vernetzt Thor Kunkel Geschichte und Sexualität, Wissenschaft und Okkultismus und schildert den Untergang des Dritten Reiches als furioses Ende der «technisch überlegenen» Welt von einst.

Lesereise Thor Kunkel
Der Autor geht auf Lesereise.
Nähere Informationen finden Sie im Autorenfolder.

Thor Kunkel
ENDSTUFE
Roman
rowohlt

Roman
512 Seiten. Gebunden
Erstverkaufstag: 19.3.2004
Umschlaggestaltung: any.way

Thor Kunkel
Endstufe
€ 24,90 (D) / sFr. 42,–
ISBN 3-498-03508-8
Warengruppe 1111

12 13

Abb.: Das Buch, das niemals bei Rowohlt erscheinen sollte. Im Katalog 2003 war sogar eine Lesereise für den »illusionslosen Aufklärer im Kostüm des Entertainers« geplant. *Foto: Privatarchiv Thor Kunkel*

geisterung, seitdem ich es abgelehnt habe, den Titel zu ändern. Dass es da irgendwo in Buxtehude angeblich eine braune Kapelle gab, die *Endstufe* heißt – *who the fuck cares?* Kein Mensch hat je von einer Skin-Band namens *Endstufe* gehört.

Die Vermessung – ihr Titelvorschlag – erschließt sich mir nicht. Da war selbst mein alter Arbeitstitel *American Nazi* noch besser. Was soll »Die Vermessung« bedeuten – dass die »Nazis« *vermessen* waren? Im Sinne einer Anmaßung? Dass das Dritte Reich ausradiert wurde, hatte andere Gründe.

Die Elite des Reichs bestand aus wissenschaftsbesessenen Fantasten, die sich – so wie ihre stalinistischen Gegenspieler – an der lebendigen Materie versuchten. Was sind Raschers Menschenversuche in den Eiswasserbecken von Dachau anderes **als *medizynische* Grotesken?** Eine Ratte sieht der anderen Ratte beim Schwimmen zu und wartet, dass sie ertrinkt. Was für eine wunderbare Welt.

21. November. Gedanken einer schlaflosen *Harmesnacht* (Haremsnacht wäre schöner gewesen, aber sollte nicht sein): Man sollte den lieben Mitmenschen immer misstrauen. Vor allem den bodenständigen Bestien, die nur in Geschlechts- oder Nutzgemeinschaften denken und die – sobald es um Literatur, Film oder Musik geht – nur verklärt grinsen: »Wie? Das glaubst du doch selbst nicht, oder?« Denn wie die meisten ihrer sich erwachsen fühlenden Artgenossen sehen sie in Kultur nur ein Begleitgeräusch der notwendigen Fortpflanzungs- und Begattungszeremonien – Masken, die der domestizierte *Homo ludens* erfand, um die rohe Geilheit der frühen Gewaltherrscher für die Untergebenen erträglich zu machen. (Man lese in diesem Zusammenhang nur Shakespeare.) Gerade im sogenannten Kulturbetrieb wimmelt es von schriftstellernden Pfauen und Literatur-Groupies, denen die Lesung nur Anlass ist, sich später den Dringlichkeiten der Erwachsenenwelt zu widmen: Besoffen in irgendeinem Hotelzimmer werden sie für eine Nacht zu primitiven Geschlechtsgenossen. Aus der andauernd Kontra gebenden Muse wird endlich die irdische Möse, die vor Wichtigkeit ständig ausfällig werdende Edelfeder wird zum Durchschnitts-Priapos. Literat und Groupie »bumsen sich aus«, wie es mal ein echter Büchner-Preisträger in meiner Gegenwart nannte.

Gedankensprung: Es ist richtig – auch die Kinder des Dritten Reichs wurden zu Realisten erzogen. Unter dem Deckmäntelchen einer ideologisch gefestigten Interessengemeinschaft ging es um »Erde« und »Vererbungsgesetze«, also Fortbestand und Expansion, oder anders gesagt darum, möglichst viel Nachwuchs zu zeugen und möglichst viel zusammenzuraffen. Das haben die Eliten zu allen Zeiten immer begriffen. Und dieses geheime, grunddreckige Wissen – in Konzernen auch »Führungswissen« genannt – vereint eben diese Eliten über nationale Grenzen hinweg: All die kleinen, protzenden Primaten mit ihren Statussymbolen und selbst ersonnenen Titeln, sie wissen, dass es auf dieser Welt nur darum geht, wer oben ist und wer unten. Es bleibt die große Frage, warum ich bis heute den Eindruck habe, dieses elitäre Geheimwissen wurde von Hitler bewusst mit den unteren, in Halbsklaverei lebenden Schichten geteilt. Für einen Ausgebeuteten war es sicher nicht unangenehm – vom nationalsozialistischen Zeitgeist ermutigt –, den niedrigsten Instinkten zu folgen. **Die neue Ideologie lieferte das perfekte Betriebssystem,** eine Art *Prä-Pax Americana* 1.0. Um die heute als nationalsozialistisch verbrämten, natürlichen Verhaltensmuster abzuschaffen, wird man den Menschen abschaffen müssen. Wobei auffallend ist, dass Uncle Sam die Lebensinstinkte des eigenen Volks nicht unterdrückt. Hier ist die historische Perspektive des Ego-Shooters sogar gewünscht. Die kultivierten und vergeistigten Völker Europas dagegen haben die Abtötung ihrer natürlichen Lebensgeister lieben gelernt.

Deutschland geht hier wieder einmal mit schlechtem Beispiel voran. Es feiert seine intellektuelle Verzwergung, seine politische Infantilität.

Ich halte es im Dunstkreis dieser Knechtsseelen noch weniger aus als unter materialistischen Angebern. **Die Crux meiner Kunst ist und bleibt, dass sie den Täter liebt.**

22. November. Mein Freund, der Literaturwissenschaftler Enno Dünnebier[49], der wie Michael Zöllner[50] zu den Ersten gehörte, denen ich das Manuskript zu einem Vorlektorat anvertraut hatte, rät mir heute *dringend,* meine für »die meinungsbildenden Kreise äußerst problematische, weil *unvoreingenommene* Sichtweise« auf die Dinge phänomenologisch zu nennen. Er sei es zwar gewohnt, mit mir über »coole Nazis« zu plaudern – über den legendären AK-Panzer-Kommandanten Turnschuh-Nolde zum Beispiel, oder die »Rambos von der Gespensterdivision«[51] –, aber er könne sich vorstellen, dass die Leute von der Presse erhebliche Probleme damit hätten. Die Wahrnehmung dieser »Oberstudienräte« wäre begrifflich bis ins Kleinste strukturiert, um ihr kognitives System, in dem fortwährend konforme Überzeugungen gebildet werden müssten, selbst zu manipulieren.

Meine Herangehensweise konterkariere ungewollt die konventionelle Sichtweise derer, die alles »durch die ideologische Brille« betrachten. Sein Kommentar bezieht sich auf eine E-Mail von mir, in der unter anderem Folgendes stand:

---

49 *Hans-Fallada, 1893–1947, eine Bibliografie,* Federchen Verlag, Neubrandenburg 1993.

50 Ehemaliger Gründer des Tropen-Verlags, dann Geschäftsführer von Klett-Cotta.

51 Gemeint ist die »Brandenburger« genannte Spezialeinheit der Wehrmacht.

»Das III. Reich war die erste Hightech-Nation der Welt […]. Angestrebt wurden eine Technologie der Überlegenheit und der Ausbau eines Maschinenparks, dem andere Nationen nichts entgegenzusetzen hatten. Bekanntlich wurde der technische Fortschritt der Menschheit stets mit dem Verlust von ethischen und moralischen Werten bezahlt. […] Das III. war unter seinem ideologischen Tarnanstrich ein reines *Wissenschaftsreich,* seine Eckpfeiler Sozialkybernetik und Hygiene. […] Nie zuvor in der deutschen Geschichte wurden in einer derartig kurzen Zeitspanne so viele bahnbrechende Erfindungen gemacht und gleichzeitig so viele Werte verbrannt. […]«

23. November. Ennos Ansicht wird von Zöllner geteilt, wobei er mich nach dem abschließenden Gespräch »beratungsresistent« schimpft (er darf das, wir sind befreundet). Er sieht schwere *ideologische Verstöße* und kann nicht begreifen, dass dieses Werk in Deutschland gedruckt werden soll. Schon gar nicht von Rowohlt.

Er prophezeit einen Skandal, der mich meinen Platz im Literaturbetrieb kosten kann.

Ideologie: Das Wort ist ein ebenso schwammiges wie *Religion,* vielleicht noch nutzloser. Offensichtlich gehört es aber zur Macke der Deutschen, alles ideologisch (durch eine zerebrale Informationsreuse) zu sehen. Doch seit wann muss sich Wortkunst an ideologischen Vorgaben orientieren? Mir fehlt es offenbar an allem, nur nicht an einem klaren Weltbild, das mit rechts und links nichts zu tun hat.

Noch schlimmer ist das kindische Geschichtsverständnis der Deutschen, das sich den Sieg der Guten über die Bösen zusammenphantasiert hat.

Im Übrigen hatte ich gute Gründe, den Roman so zu schreiben, wie ich es tat: Eine abgesicherte, rückwärtsgewandte Betrachtung der Schulbuchgeschichte reicht nicht aus, um ein »Weltgefühl« (im Buch) zu erzeugen: Wie fühlte es sich *damals* an, ein Deutscher zu sein, Angehöriger eines wesensmächtigen Volkes, einer Art Avantgarde der Menschheit, der die Welt Abertausende von Erfindungen und Kulturgütern verdankt?

Die Menschen in meiner Version der Geschichte sind mittendrin, sie blicken nicht durch den sich lichtenden Nebel zurück, sitzen in keinem »zeitlich entfernten und höher gelegenen Elfenbeinturm«, von dem aus es ein Leichtes ist, das Böse, dass sich hinter KdF-Fahrten, Hochlandlager und Winterhilfswerk verbarg, zu erkennen. Sie versuchen einfach nur, das Beste aus dem ganzen Schlamassel zu machen und irgendwie über die Runden zu kommen.

VII.

Wenn die Rowohlt-Lektorin plötzlich Antifa spielt

24. November 2003. Nichts Lebendes lässt sich von seiner Entstehungsgeschichte trennen, das gilt auch für einen Roman.

Feststellung: Ich habe noch nie in einer Atmosphäre der Angst arbeiten müssen, jetzt ist es so weit. Schon bei meiner ersten Begegnung mit **Ulrike Schieder** (auf einer Verlagsparty in Frankfurt/Main, wo sie mir als »*meine* neue Lektorin« vorgestellt wurde) spürte ich, dass hier etwas nicht stimmt. Sie verkörperte etwas, das zum Motto des ehemaligen Verlagsgründers passt: »kein Gesicht«, doch »tausend Augen«. Ich bin sicher, dass ihr nichts – aber auch gar nichts – entgeht. Oder ist es einfach nur die Ahnung, dass es ihre Aufgabe ist, dieses Buch aus dem Programm zu kippen?

An meinen Recherchen ist sie nicht interessiert, da wir ja »einen Roman und kein Sachbuch« machen. Klare Ansage. Ich schicke ihr trotzdem einen Auszug sowie Bildmaterial zu, um sie einzuweihen oder einzustimmen – zumindest kommt es mir so vor.

25. November. Begreife einfach nicht, warum man nicht schreiben darf, dass sich die Russen '45, nach dem Einmarsch in Berlin, an den Frauen der Besiegten vergingen. Sind doch allseits bekannte Tatsachen. Was wäre eigentlich, wenn die Pogrome in der Ukraine (1919–1920) in dem Roman vorkommen müssten? Müsste ich dann auch mit Scheuklappen schreiben oder das gar noch ausschmücken, weil es sich um jüdische Frauen handelte?

Die Mutter der Schriftstellerin Clarice Lispector wurde damals von russischen Soldaten vergewaltigt und mit Syphilis infiziert. Sie ging erst zehn Jahre später an der Krankheit zugrunde, genauso wie unzählige deutsche Frauen, die nach der Kapitulation zu Kasernenhuren gemacht wurden. Die Stalinisten hatten sogar den Nerv, ihre Opfer auf die Kommandantur zu bestellen, wo sie dann stundenlang in einer improvisierten Bedürfnisanstalt herhalten mussten; abends wurden sie selbstverständlich wieder nach Hause zu ihren Männern geschickt. Ob das wirklich alles aus kalter Rache geschah oder ob es nur einem schwindsüchtigen Zustand des Kommunismus entsprach?

Die *Prawda* schrieb dazu bereits 1933 in einem von Wilhelm Reich zitierten Artikel: »Zwischen Mann und Frau gibt es bei uns nur sexuelle Beziehungen, wir erkennen keine Liebe an, die Liebe ist als etwas Psychologisches zu verachten, bei uns ist nur die Physiologie existenzberechtigt.«[52] Diese Proklamation stellt selbst die Verirrungen von NS-Sexualwissenschaftlern in den Schatten. Reich konkludierte: »Infolge dieser kommunistischen Einstellung ist jede Frau verpflichtet, den sexuellen Trieb des Mannes zu befriedigen. Da das ja doch nicht immer ganz freiwillig geschieht, ist die Vergewaltigung von Frauen in Sowjetrussland zu einer Plage geworden.« Nochmals: Dieser Satz stammt von dem Juden Wilhelm Reich, einem Mitbegründer der sogenannten Frankfurter Schule.

Es ist anzunehmen, dass die meisten Stalinisten einfach aus Gewohnheit handelten, der Gedanke der biblischen Rache (»Auge um Auge …«) lieferte nur einen Vorwand.

52 W. Reich, *Massenpsychologie des Faschismus,* 2. Auflage, S. 167.

Bei den Franzosen liegt die Sache nicht anders. Nach der Schlacht bei Monte Cassino wurden allein in der italienischen Provinz Frosinone mindestens 700 Frauen vergewaltigt. Angeblich auf Weisung des französischen Generals Alphonse Juin. Schon während der Besetzung Siziliens war es zu massenhaften Übergriffen auf weibliche Zivilisten gekommen. Die Männer hatten auch ihr Päckchen zu tragen: Wie üblich bei den alliierten Truppen wurden den Gefangenen die Geschlechtsteile mit dem Messer verstümmelt. Hierzu gibt es Hunderte von ärztlich beglaubigten Aussagen. Angesichts des ewigen Lampenschirms ist es wichtig, hier kurz festzuhalten, dass die Russen, die französischen »Goums«[53] ebenso wie die Amerikaner ihre Gefangenen kastrierten oder verstümmelten. Die Marokkaner vergewaltigten mit Vorliebe auch junge Italiener, was zumindest in Curzio Malapartes Roman *Die Haut* (1949) nicht unerwähnt bleibt. Meine Lektorin hatte davon bisher nur »so am Rande« gehört. Klingt glaubhaft, denn TV-Dokumentationen hat es zu diesem Thema niemals gegeben.

Die als »Marocchinate« in Italien bekannten Orgien der blutrünstigen Sieger – die man lapidar Auftakt der Hölle von Freudenstadt nennen könnte – sind bis heute in Deutschland nur sporadisch literarisch reflektiert worden.[54] Der Mythos von der sauberen Befreiung ist ja Grundlage der deutsch-amerikanischen »Freundschaft«, die Wahrheit wäre für die herrschende Weltanschauung nur ein Störfaktor. Auch die Tatsache, dass Kolonialtruppen, die an kein Kriegsvölkerrecht gebunden waren, auf italienische und deutsche Zivilisten losgelassen wurden, gehört nicht ins kollektive Gedächtnis der Deutschen. Um vergewalti-

53 Einheiten der französischen Streitkräfte, die in Nordafrika, hauptsachlich Marokko, rekrutiert wurden.

54 Alberto Moravia, *Cesira,* Rowohlt, 1977.

Abb.: Ein seltenes Fotodokument aus dem israelischen Yad Vashem-Archiv. (Item Nr. 20850). Es zeigt französische Resistance-Soldaten bei der »Bestrafung einer Frau, die mit den Deutschen kollaboriert hatte«.

gen, foltern und vertreiben zu dürfen, setzten die Siegermächte eben mal schnell die Genfer Konvention außer Kraft. Sicher mag es heute genug wahnhafte Gutmenschen geben, die sich an der Vorstellung ergötzen, die Nazi-Großmama sei »ganz zu Recht vom Schwarzen geschändet« worden, ja, dessen (angeblich) größeres Glied habe sie danach vom Glauben an den weißen Supermann abfallen lassen. Diese Überzeugung würde gut zu den rot lackierten Nazis passen, die heute als »Antifa« an die Traditionsarbeit der SA angeknüpft haben.

In einem Roman sollte man dergleichen nicht aus ideologischen Gründen verschweigen. Ich fürchte allerdings, meine Literatur – als Spielweise der unaufdringlichen Erkenntnis und *Education Sentimentale* – lässt sich mit dem auf Konformität abzielenden Zeitgeist der Bananenrepublik nicht vereinbaren. Und auch nicht mit der Erwartung dieser *taz*-geschulten Lektorin.

Vielleicht hätte ich den ganzen Roman in Tüttelchen setzen sollen, so wie die Presse heute bei jedem Reizthema verfährt. Sie stellt die tabuisierten Begriffe einfach unter interpunktionale Quarantäne, und schon sind sie raus aus dem Schneider. Mir wird vorschlagen, mehr Stellen kursiv zu setzen, damit es keine Missverständnisse gibt.

26. November. Ich habe Ulrike Schieder heute geschrieben. Es ist mein letzter Versuch, sie auf inhaltlicher Ebene zu erreichen.

> »Wenn sich in diesem Roman amerikanische Besatzungssoldaten und Rotarmisten wie Kriminelle verhalten, Gewaltverbrechen begehen und ihre Opfer verhöhnen, dann nur deshalb, weil es den Tatsachen entspricht.
>
> Jede andere Darstellung käme einer Geschichtsfälschung gleich. Notzucht, Raub, Mord, jede Spielart menschlicher Teufelei bestimmte den Alltag im Nachkriegsdeutschland. **Es gab keine heldenhaften Sieger, es gab keine Befreier, nirgends in den Ruinen.** Die in Sachbüchern angeführten Erklärungen, die deutschen Frauen hätten sich »aus Hunger mit den Soldaten eingelassen«, entsprechen einer weiteren perfiden Form der Demütigung durch die Sieger. Im Übrigen entspricht es einer verabscheuungswürdigen Verhaltensnorm der menschlichen Rasse, die Frauen für die verlorenen Kriege der Männer büßen zu lassen.«

Anmerken möchte ich noch: Die Lektoratsarbeit erschöpft sich bislang im Bereinigen von politisch unkorrekten oder (von ihr) als sexistisch empfundenen Stellen, beides Begriffe, die ich für zweischneidig halte. Wenn Frauen über Sex schreiben, ist es »mutig« oder »authentisch«, Männer werden für ähnliche Formulierungen abgemahnt.

Vielleicht bin ich weltfremd, aber ganz früher hatte ich mir unter einem Lektorat eine gemeinsame Suche nach dem richtigen Ausdruck, also um eine auf das Sprachliche abzielende Arbeit erhofft. Nun erscheint es mir, als gehe es um das Einüben eines vorauseilenden Gehorsams. Oder geht es um eine höheren Ortes gewährte Dispens, eine unbekannte, still mitlesende Instanz, deren Erlaubnis ich brauche, um zu denken?

27. November. Wieder ein fruchtloser Nachmittag mit Schieder. Sie will mich offenbar nicht verstehen: Jeder Schriftsteller erhofft sich *ein besseres Ende* der Geschichte – *der eigenen und der Menschheitsgeschichte;* nur hier, in ihrem ganz persönlichen Fall, ist eine Besserung scheinbar unmöglich …

Immerhin hat sie heute einmal den Begriff *Gesamtschuld* erwähnt, den ich gar nicht kannte. Aber natürlich ist damit die Kollektivschuld der Deutschen gemeint, von der ich dachte, dass sie längst als Popanz erkannt und abgewehrt wurde. So zum Beispiel von Konrad Adenauer, der als Kanzler einem »Schuldbekenntnis des gesamten deutschen Volks« eine glasklare Absage erteilte. Er wusste eben aus eigener Erfahrung, dass es auch unzählige Deutsche gab, die den Juden geholfen hatten, die Zeit des Rassenwahns zu überstehen. Die Sieger, die auch die ersten Nachkriegsmedien in das geschlagene Deutschland verpflanzten, ließen trotzdem nicht locker. Angesichts ihrer Verstöße gegen die Menschenrechte[55] war nun die logische Konsequenz, die Deutschen insgesamt

---

55 Gezielter Bombenterror gegen die deutsche Zivilbevölkerung, Massenvertreibung, Zwangsaussiedlungen, vorsätzliche Missachtung der Genfer Konvention, Besetzung Deutschlands auf unbestimmte Zeit, Annexion der ostpreußischen Gebiete, Teilung des Landes.

als »Pariavolk« zu zeichnen und als besiegten Feindstaat zu behandeln. Erst mit dem Kalten Krieg, als man den im Zustand der Demütigung gehaltenen Vasallen wieder an die vorderste Frontlinie schob, mag sich hier auf US-amerikanischer Seite ein Umdenken eingestellt haben. Ich persönlich habe mich nie als »Nachkomme von Tätern« gesehen und nie das Bedürfnis verspürt, »eine besondere Verantwortung zu tragen«, damit sich diese Geschichte nicht wiederholt. Ich sage es hier und heute: Kein Mensch ist in der Lage, Verantwortung für Ereignisse zu übernehmen, die vor seiner Geburt lagen. Nicht in justiziabler und nicht in moralischer Sicht. Meine Welt beginnt mit meinem Geburtstag und wird an meinem Todestag enden. Dass man versuchen sollte, aus der Geschichte zu lernen, steht auf einem anderen Blatt. Der Ausgang des Zweiten Weltkriegs hatte für Deutschlands Zukunft katastrophale Folgen. Das Gefühl, dass Deutschland heute nicht mehr als ein Wirtschaftsaggregat der Neuen Weltordnung ist, dürfte hier begründet liegen. Nun wäre doch zu erwarten gewesen, dass sich nach all der Erinnerungsarbeit der Deutschen ein ausgeglichenes Bild durchsetzen würde, doch das Gegenteil scheint der Fall. Die große geschichtliche Lüge vom Sieg der Guten über die Bösen wurde fest zementiert, junge Deutsche wie Schieder sind fest davon überzeugt, den Keim des Bösen in sich zu tragen. Das Weltbild der Sieger haben sie 1 zu 1 übernommen. Wie war es nur möglich, das Geschichtsbewusstsein der Deutschen so gründlich zu fälschen?

Es wäre halbwegs erklärbar, wenn es nur *eine* globale Informationsquelle gäbe, und diese hätte über Jahrzehnte – ja, über Generationen hinweg – immer dieselben falschen Informationen verbreitet. Nur ein geheimes Meinungsmonopol, das die öffentliche Meinung kontrolliert und jede widersprüchliche Informationsquelle diskreditiert, wäre dazu in der Lage gewesen.

Dass die Sieger ihren Krieg gegen das ausgelieferte deutsche Volk erst nach Kriegsende intensivierten und dass Millionen ihr

Leben durch Vertreibung verloren, – wer von Schieders (und meiner) Generation würde das für möglich halten?

30. November. Ich kann mit dieser Lektorin nicht; es liegt gewiss nicht an meinem guten Willen! Diese *Antifantin* trampelt auf meiner Psyche herum, wahrscheinlich, ohne dass sie es merkt. Die unselige Paarung von linker Meinungsstärke und bodenloser Ahnungslosigkeit macht die Arbeit zu einer regelrechten Tortur. Andauernd blökt sie gegen aus ihrer Sicht bedenkliche Stellen. Sie will von mir nicht mehr und nicht weniger als Propaganda für die guten Alliierten, ihre sogenannten »Befreier vom Nationalsozialismus«, absurd! Selbst der Übervater aller Linken – *Spiegel*-Chefredakteur Rudolf Augstein – hatte den Sachverhalt 1985 in seinem Blatt so formuliert:

> »Das Gespenstische an der Potsdamer Konferenz lag darin, daß hier ein Kriegsverbrechergericht von Siegern beschlossen wurde, die nach den Maßstäben des späteren Nürnberger Prozesses allesamt hätten hängen müssen. Stalin zumindest für Katyn, wenn nicht überhaupt. Truman für die völlig überflüssige Bombardierung von Nagasaki, wenn nicht schon für Hiroshima, und Churchill zumindest als Oberbomber von Dresden, zu einem Zeitpunkt, als Deutschland schon erledigt war. Alle drei hatten sogenannte *Bevölkerungsumsiedlungen* verrückten Ausmaßes beschlossen, alle drei wussten, wie verbrecherisch diese vor sich gingen.«

Als ich ihr diese Stelle vorlese, würgt sie herum; meine Belesenheit ist ihr ein Gräuel, und dass ich – im Unterschied zu ihr – immer gut vorbereitet erscheine. Sie argumentiert – wenn sie argumentiert – immer nur aus dem Bauch heraus … Trotzdem muss auch sie die Faktenlage verstehen: Vergewaltigung ist ein Kriegsverbrechen, weshalb der Internationale Strafgerichtshof erst kürzlich wieder einen serbischen Chetnik[56] zu 28 Jahren verknackte. Sie blinzelt. Ihr sei schon klar, dass Notzucht »etwas ganz Schlimmes« sei, doch »bosnische Musliminnen mit den Frauen der Nazis zu vergleichen«, diesen Vergleich würde sie so nicht ziehen. – Hallo? Ist diese Frau noch normal? Auch meinen Hinweis auf den Roman *Berlin* von Theodor Plievier hat sie mit Unbehagen »zur Kenntnis« genommen. Die Beschreibungen hält sie nicht für realistisch, sondern für »tendenziös«[57]:

»So sollten wir es besser nicht machen.« Um Gottes willen, was ist an Plieviers Beschreibungen tendenziös?

> »Die Rotarmisten tranken und zogen betrunken durch die Straßen. Aus den Kellern, aus den Fenstern gellte hilfloses Schreien. Frauen stürzten sich von Balkonen hinunter auf das Straßenpflaster, andere flohen und wurden im Laufen ergriffen.«

Kurz und gut, sie findet das »übertrieben«. Als ich ihr von meiner Begegnung mit ehemaligen Opfern der Befreiung erzählen will, fragt sie mich, ob ich auch eine Nudelsuppe will. Klare An-

---

56 23.2.2001, Dragoljub Kunarac wurde zu einer Freiheitsstrafe von 28 Jahren verurteilt.

57 Mein Hinweis bezog sich auf folgende Stelle in Plieviers Roman *Berlin*, einem Kurzporträt von »Iwan aus Archangelsk«: »An diesem Festtage vergewaltigte er acht Frauen […] Berlin brüllte – auf hundert und abermal hundert Höfen standen zusammengetriebene Männer, in hundert und abermal hundert Kellern wanden sich Frauen unter den Griffen von aus der Nacht aufgefahrenen Lemuren. […] Brand und Mord, und die Ziehharmonika spielte. […] Es waren [die] Köpfe von [den] Mohnke-Mädchen, die betrunkene Rotarmisten unter den Fenstern des Polizeipräsidiums über die Dircksenstraße kegelten und die auf dem Alexanderplatz in der Gosse liegenblieben.«

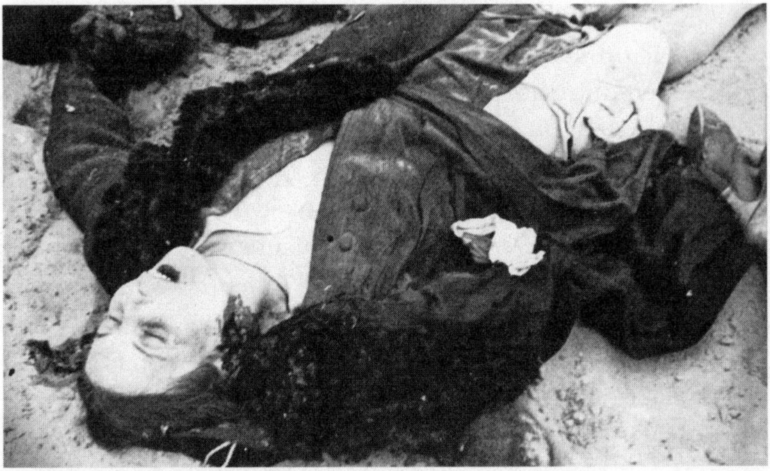

Abb.: Nur ein anderes Opfer der Rotarmisten, die es immer wieder verstanden, ihr Mütchen an minderjährigen Mädchen zu kühlen. *Foto: Privatarchiv Thor Kunkel*

sage, soll wohl heißen, es interessiert sie einen Dreck. Ich kann nachvollziehen, dass das Produkt einer kryptomarxistischen Bildung nicht das geringste Mitleid mit den Opfern empfindet, doch das andere, das Wichtigere, lässt sich nicht leugnen: Das, was sich 1945 in Berlin Bahn brach, war der eigentliche Zivilisationsbruch des Zweiten Weltkriegs, der Tiefstpunkt der Menschheit, denn nach meinem Empfinden wiegt das Töten von Seelen schwerer als das rein physische Töten. Hier aufzurechnen und die Opfer des Holocaust anzuführen, der Gegenüberstellung von Schadensbilanzen zweier Gegenparteien gleich, ist so widerwärtig und so unmenschlich, dass es mir graut. Ich bräuchte ein halbes Jahr – wenn nicht länger –, um ihr zu vermitteln, wie grundfalsch sie denkt.

Es ist auch fraglich, ob sie ihren Horizont erweitern *will*, das Ganze könnte der Karriere eher hinderlich sein. Eine blind*links* geeichte Lifestyle-Ideologie bringt auf jeden Fall weiter und entbindet von der unbequemen Einsicht, dass es zwischen stalinistischen und nationalsozialistischen Bestien keinen Unterschied gab.

Ich schätze, es sind eine Handvoll Dogmen, die sie seit ihrer Studentenzeit verinnerlicht hat und aus der sie ihren, in farblosem Deutsch vorgetragenen Stumpfsinn schöpft. Es ist die Hölle für mich, manchmal habe ich mit Tränen zu kämpfen. Nirgends eine Spur *Élan vital,* nur um offene Parteinahme kreisende Gespräche, in denen ich viel zu viel rede und sie sich Notizen macht. Ich habe immer wieder dumpfe Angstzustände, die ich so nie hatte. Diese Angst – ich weiß es – kann ich nicht konstruktiv überwinden. Man kann eine Klapperschlange, mit der man in einem Käfig eingesperrt ist, nicht konstruktiv überwinden.

Schließlich sage ich: »Du hast recht. Ich habe mir das alles nur ausgedacht. Die Szene mit den Russen soll nur Spannung erzeugen, bevor es den Nazis jetzt an den Kragen geht.«

Versteht sie mich? Die Klapperschlange nickt mir – über ihre Instant-Nudelsuppe hinweg – zu. Aber so ist es angeblich in den Verhörstuben des NKWD auch zugegangen: Man hat dem Verdächtigen freundlich zugehört und ihn dann geknebelt und mit verbundenen Augen in einen der vielen Kleiderschränke gesteckt.

Dort ließ man ihn dann verrotten.

VIII.

Der Super-GAU

Man muß an Napoleon mit Sympathie denken:
Er hat einen deutschen Verleger erschießen lassen.
Kurt Tucholsky (1890–1935)

14. Januar 2004. Die Dinge, die uns wirklich erschüttern, sehen wir selten kommen: Das Jahr beginnt jedenfalls mit einer Katastrophe. Es ist das Ende meiner Schonzeit im Literaturreservat.

Heute Morgen erreichte mich ein Einschreiben des Rowohlt-Verlegers Alexander Fest, in dem er mir mitteilt, der Verlag habe beschlossen, sich von mir zu trennen. Diese Ankündigung erreicht mich in der allerletzten Phase des Lektorats. Meine Frau, die unsere finanzielle Situation kennt, bekommt zu Recht die Krise. Ich kann ihr nicht erklären, was passiert ist. Ich kann es mir selbst nicht erklären. Was könnte einen derartig drastischen Schritt seitens des Verlags rechtfertigen? Doch nicht etwa die Meinungsverschiedenheit mit der Antifa-Lektorin über den von mir in *Endstufe* geschilderten Einmarsch der Roten Armee in Berlin? *Zehn* von fünfhundert Seiten – das kann es nicht gewesen sein. Zuletzt hatte die Lektorin am Rand einer Manuskriptseite schriftlich bemerkt, die Alliierten kämen »schlecht weg«. Stimmt. Ich habe nur den Schrecken der Befreiung beschrieben, und zwar aus der vor Jahren gewählten Erzählperspektive des Romans, der den Untergang des Dritten Reichs aus der Sicht der Täter beschreibt.

Nun ist die Leistung des Lektors für andere, außerhalb der Verlagsbranche stehende Menschen schwer nachzuvollziehen, doch wenn ich schreibe, dass das Berufsbild nicht mehr den Vorstellungen der Reichsschrifttumskammer mit ihren »Tempelhütern des nationalsozialistischen Schrifttums« entspricht, ist das die Wahrheit.

Ihren Fähigkeiten nach zählen Lektoren zum Kreis der im Verlagswesen schöpferischen Menschen. Unser gemeinsames Medium ist Sprache und Phantasie. Gute Lektoren wissen das. Sie sind oft genug erste und letzte Leser eines Romans, weil viele von ihnen auch leidenschaftliche Literaturschaffende sind. Manche sind sogar die besseren Schriftsteller. Schieder gehörte zu keiner der oben genannten Kategorien. Selbst das Wort Aufpasserin greift zu kurz. Heute erscheint sie mir wie eine *Abwürgerin* »durch ihr Dasein« (Wolfgang Koeppen[58]). Und ja, man kann andere allein durch sein Dasein drosseln, beschweren, ersticken.

Im Grunde hätte ich es bereits nach einem Monat wissen müssen: In einem guten Lektorat geht es um einen sinnvollen Anbau des geschriebenen Worts, nicht um das Pochen auf Selbstzensur. Während es normalerweise um stilistische Änderungen geht, ging es hier von Anfang an nur um *meine geheime Gesinnung.* Die Gestaltung – das Schleifen und Dehydrieren der Sprache – war innerhalb von zwei Monaten zu einer Nebensache verkommen.

Beim Betreten von Schieders Büro im Berliner Rowohlt Verlag beschlich mich bald der Verdacht, es liege nicht weit entfernt von »Raum 101«, jener Verhörzelle, die Orwell in *1984* so trefflich beschreibt. Jede Sitzung ähnelte mehr und mehr einem subtilen Verhör. Und ehrlich, so ganz zuletzt konnte ich Schieders *Unbehagen an meiner Geschichte verstehen* … Ja, sie hatte mich fast so weit,

---

58 Koeppen hatte seinen Verleger Siegfried Unseld »Hervorlocker durch sein Dasein« genannt.

den großen, roten Bruder zu lieben. Stattdessen schreckte ich Narr vor so viel Güte und Liebe zurück. Andererseits, man wird nicht Schriftsteller, um in der Kunst der Selbstverleugnung zu reüssieren. Sie mag das anders sehen, doch war es kein gelungener literarischer Ansatz, den Untergang des Dritten Reichs einmal aus der Sicht von »Tätern« (womit auch die alliierten Kriegsverbrecher gemeint sind) zu schildern? Die Beschreibungen dessen, was sich im Schuttbett der Straßen Berlins nach der Kapitulation abgespielt haben muss, waren mir weniger von Sachbüchern als von menschlichen Erschütterungen aufgedrängt worden. Wäre meine eigene Großmutter (mütterlicherseits) nicht selbst eines der Opfer gewesen (sie wurde in der Nähe von Rostock vergewaltigt und halb totgeschlagen), und hätte ich in Berlin nicht ein halbes Dutzend Zeitzeugen gesprochen, die sich mir zuliebe an die schlimmste Zeit ihres Lebens zurückerinnerten, ich hätte den angeschlagenen Ton des Tragikomikers – wie er im ersten Teil überwiegt – vielleicht durchhalten können. Doch es ging einfach nicht.

Wie schrieb der Insel-Lektor Friedrich Michel schon Anfang der Sechzigerjahre:

> »Der Lektor muß das, was er liest, was er prüft, mit Liebe ansehen – einer Liebe, die gewiss nicht blind sein darf für die Mängel, die aber immer von dem Wunsch getrieben wird, dem Autor gerecht zu werden und seinem Werk das Beste abzugewinnen.«

Ich glaube heute, Schieder hatte den Auftrag, in diesem Roman nur nach meiner wahren Gesinnung zu fahnden.

Davon ist in dem dreiseitigen Brief des Verlegers allerdings mit keiner Zeile die Rede.

Die Feststellung, dass er mir »einen betrüblichen Brief« schreiben müsse, ist die Untertreibung des Jahres.

»Die Sache ist«, so heißt es darin, »ich kann mich mit Ihrem Roman, so glänzend ich ihn ästhetisch und literarisch in vieler Hinsicht finde, nicht anfreunden, und zwar in einem Grade, der es mir nicht erlaubt, ihn zu veröffentlichen.« Dabei ginge es nicht »um kleinlichen Streit, persönliches Dafürhalten, Meinungen, sondern um diesen Verlag. Kann der Verlag von Tucholsky, Ossietzky, Nabokov und Rühmkorf die *Endstufe*, wie sie jetzt vorliegt, hervorbringen? Nein.«

Meinen Roman und »dieses [Rowohlt-]Programm, das sich allen möglichen intellektuellen Richtungen und Strömungen immer ziemlich unverschlossen gezeigt hat, farbig war, plastisch sozusagen, widerspruchsvoll mit Absicht, trennen dennoch Welten, und ich weiß nicht, wie ich Ihr Buch als Verleger vertreten könnte, ohne die Tradition Rowohlts in Zweifel zu ziehen«.

Die Gründe dafür nennt Fest »vielfältig«. Da sein Brief »nicht alle nennen« könne, versuche er es am Beispiel einiger grundlegender Punkte.

»Die Figuren Ihres Buches, vor allem Fußmann, aber genau genommen auch alle anderen, vertreten einen brachialen materiellen und biologischen Determinismus. Geschichtliche oder kulturelle Vorgänge sind für sie Analogien oder letzte Ausformungen von evolutionären Abläufen, und die Evolution, wie Fußmann einmal schreibt, ist ›immer über Leichen‹ gegangen. Das Bewusstsein und alles, was zu ihm gehört, Entscheidungsfreiheit, Wille, Moral, Gewissen, sind in dieser Sicht bloße subjektive Vorgaukelungen und als solche Teil des evolutionären Programms; ›in Wahrheit‹ gibt es sie nicht. In Wahrheit gibt es nur triebhaftes Protoplasma, dem es um nichts geht als Fortpflanzung und Selbsterhalt, anders, das heißt mit den Worten der Romanfiguren gesagt, um Sex und Geld.«

Nun seien »solche Anschauungen seit dem Ende des 19. Jahrhunderts im Schwange gewesen« und hätten »in den zwanziger und dreißiger Jahren auf die ekelhafteste Weise eine starke Verbreitung gehabt«. Er konstatiert: »Sie entsprechen auch dem Personal, das sie schildern, all diesen wissenschaftlichen und quasiwissenschaftlichen und diplomatischen Opportunisten des III. Reiches. Aber während Romane, seitdem es sie als Gattung gibt, immer eine Form ausgetragener Konflikte gewesen sind, in denen sich die Ansichten der auftretenden Figuren gegenseitig beschränken oder relativieren, findet sich bei Ihnen keine einzige Figur, von der sich sagen ließe, dass sie andere Überzeugungen habe: Es ist ein konfliktfreier Großroman. Das macht Sie – wenn ich Ihnen das sagen darf, meiner Einschätzung nach sehr angreifbar.«

Noch angreifbarer aber erscheine, »daß, vor allem im letzten Teil, auch bestimmte auktoriale Passagen den Biologismus der Protagonisten aufnehmen, und zwar ohne ein Fünkchen Ironie oder sonst welche Distanz. Und das, offen gestanden, lässt mich ratlos zurück. Ich weiß nicht, was Sie sich dabei denken.«

Offenbar bewegt, versucht er auf der nächsten Seite seine »Meinung noch klarer zu machen«.

Zitat: »Literarische Versuche, Menschengeschichte in Natur zu verwandeln oder, anders ausgedrückt, beides zu verquicken, zu analogisieren oder perspektivisch zusammenzuziehen, hat es immer wieder gegeben, und manchmal ist Erstaunliches dabei herausgekommen. Ein Beispiel bei Rowohlt dürfte Céline sein, eines aus der jüngsten deutschen Literatur Sebald. Aber an diese beiden zu denken, an Céline und Sebald, macht mir zugleich die Unterschiede deutlich und auch, warum ich mit der Lektüre Ihres Buches die fatalen Schwierigkeiten habe, die ich hier beschreibe. Célines Amoralismus kam (ganz abgesehen davon, dass er vor den nationalsozialistischen Schrecken entstanden ist) aus tiefer Erbitterung, Verzweiflung, allseitiger Verwundung, während bei Sebald, so wie ich ihn verstehe, der naturgeschichtliche Blick vor allem darauf gerichtet, Einsichten in eine allgemeine namenlose

Vernichtung zu gewinnen. Nichts entsprechendes findet sich in *Endstufe.* Ja, ich entdecke einen eher wohlgemuten, mitunter schwelgerischen Amoralismus. Von Rowohlt ist das weiter entfernt, als ich ausdrücken kann.«

Das Fazit all dieser Überlegungen »ist, daß ich Ihr Buch nicht bringen kann und [...] eine Auflösung des Vertrags besprechen werde. Wenn man noch einmal unsere Gespräche vom letzten Frühjahr ins Auge faßt, auch das Lektorat und die Bemühungen, eine vernünftige Pressearbeit auf die Beine zu stellen, kann man sagen: Wir haben es versucht. Aber es geht nicht.«

Schockierend dann der apologetische Verweis auf die Meinungsfreiheit:

»Die Meinungen in diesem Land, lieber Herr Kunkel, sind frei. Jeder kann äußern, was ihm passt, nur nicht an jedem Ort, und daher hat Ihr Roman bei Rowohlt keinen Platz. Er ist aber so gut, so kraftvoll, so farbig geschrieben und komponiert, dass Sie einen anderen Verleger finden werden. Sie sollen mich richtig verstehen: Ich kann Ihnen Ihre literarische Arbeit nicht beschneiden oder zensieren, um sie passend für Rowohlt zu machen, weil das weder für Sie noch für mich ein gutes Ende nähme. Und so ist es besser, sich zu trennen.«

Kann man verstehen, dass ich nach diesem Schreiben einen klitzekleinen Nervenzusammenbruch habe? Vier Jahre habe ich an diesem Roman geschrieben, und nun schickt man mich, aufgrund der **Ranküne durch eine »antifaschistische« Lektorin,** in die Wüste.

Zwei Erkenntnisse ziehe ich aus diesem Schreiben.

1. *Die Denunziation ist die kleine Schwester der moralischen Selbstüberhöhung.*
2. *Der Verleger hat den Roman tatsächlich kapiert und findet ihn in ästhetischer und literarischer Hinsicht »glänzend«.*

WARUM MACHT ER IHN DANN NICHT?

Schieder hat gewonnen, sie sitzt am längeren Hebel, lässt sich daher von nun an am Telefon offen verleugnen.

Zu meiner Entschuldigung kann ich nur sagen: Mir hat die unschätzbar wertvolle Fähigkeit, im Kampf ums Überleben die eigene Individualität verschwinden zu lassen, leider schon immer gefehlt. Ich kann einfach nur der sein, der ich bin.

IX.

In Erwartung fürsorglicher Nachstellungen

15. Januar 2004. Karin G., meine ansonsten ziemlich faule Agentin, ruft mich gegen 8 Uhr 30 an. Verdammt früh für ihre Alt-68er-Verhältnisse. Es gebe ein Treffen mit Fest, meine Anwesenheit sei nicht nötig. Man werde gemeinsam am »Wortlaut einer Trennungsvereinbarung« arbeiten. Sie will nicht einmal wissen, was vorgefallen ist. Es gehe jetzt nur noch darum, mich vor den »fürsorglichen Nachstellungen der Hauptstadtpresse« zu schützen. Es sei gut möglich, dass da »einige herumschnüffeln« würden.

Meine Forderung nach einer Gegenüberstellung mit Schieder weist sie zurück: Dazu sei es zu spät.

Wieso?

Keine Antwort. Stattdessen eine Gegenfrage: Ob mir klar sei, das Schieder mit einem Enkel des NS-Historikers Theodor Schieder liiert ist?

Nein, war mir nicht. Und was hat das mit einem Lektorat zu tun?

Was sie noch weiß, behält sie für sich, denn sie ist mit Fest dick befreundet, man trifft sich einmal die Woche zum *Power Lunch,* wie es bei der Berliner Second-Hand-Schickeria neuerdings heißt.

Was in diesem Moment in mir vorgeht, wie viel in diesen Minuten in mir zerbricht, kann nur der verstehen, dem schon einmal eine Ernte verloren gegangen ist. Ich stehe finanziell mit dem

Rücken zur Wand, und meine sogenannte Agentin hat nichts Besseres zu tun, als an einem aalglatten Lügentext für die Presse zu basteln. Meine Versuche, ihr klarzumachen, dass mich diese Antifa-Lektorin auf übelste Weise abgelinkt hat, werden von ihr übergangen. Was einem Angeklagten vor jedem Buschgericht zusteht, sich zu den Vorwürfen zu äußern oder den argumentativen Austausch zu suchen, dieses Recht gesteht mir die Meute offensichtlich nicht zu.

Da ich noch immer glaube, das Blatt wenden zu können, schreibe ich Fest meine Antwort auf seine indirekten Anschuldigungen.

19.1.2004

Sehr geehrter Herr Fest,

wie Sie wissen, gibt es keine moralischen und amoralischen Romane, es gibt nur gute und schlecht geschriebene. Vor knapp vierzehn Tagen lobte Ihre Lektorin den Roman *Endstufe* noch in höchsten Tönen als »großes erzählerisches Werk«. Jetzt dieses Desaster? Was ist passiert?

Da ich zu dem Tribunal vom letzten Freitag nicht eingeladen war, möchte ich Ihnen auf diesem Wege antworten:

Ihr Schreiben trifft mich tief. Es fiel dem Bildungsbürgertum schon immer leicht, eigensinnige, schöpferische Menschen als »amoralisch« oder »entartet« abzustempeln. Zu einem Verleger von Skandal-Autoren wie Henry Miller, Nabokov oder Céline passt Ihre Haltung – wenn Sie mir diesen Hinweis erlauben – allerdings nicht.

In Ihrem Schreiben reduzieren Sie mein vielschichtiges erzählerisches Werk auf ein plumpes sozialdarwinistisches Pamphlet. Dabei lösen Sie einen einzigen Gedanken aus dem reichen geistigen Kontext zur Untermauerung einer einseitigen gefährlichen These.

Dass die »(R) Evolution immer über Leichen geht«, dieser Gedanke – so isoliert, wie Sie ihn zitieren – stammt jedenfalls von Robespierre, nicht von einem Nazi-Ideologen. Schon Büchner verarbeitete Robespierres Brandrede in »Dantons Tod«.

Ich zweifele inzwischen, ob Ihnen die Vielzahl der intertextuellen Bezüge überhaupt bewusst ist. Dem Kapitel »Die Ordnung der Schatten« ist sogar ein Zitat von Goethe vorangestellt, um auszuschließen, dass man das, was da folgt, missverstehen könnte.

> »Jede Revolution geht auf den Naturzustand hinaus,
> Gesetz- und Schamlosigkeit.«

Warum nehmen Sie – wenn Sie mir diese Frage gestatten – ausgerechnet Fußmanns anfängliches Sinnieren als Ausgangspunkt Ihrer Argumentation?

Warum nicht Folgendes?

> »Was soll oder was sollte der Geist? Welche Macht besaß er, da ein solches Blutbad entstehen konnte? Wie war es möglich, dass der Geist nicht das Massensterben und die Not verhindern konnte?«

Auch die Reflektion stammt aus *Endstufe.* Die Sinnlosigkeit des nationalsozialistischen Krieges wird an unzähligen Stellen durch Zwiegespräche der Protagonisten bekräftigt, ja, Fußmann überwindet im Laufe der Erzählung die »Terrorie« des Evolutions-Nazis Raumer. Da steht schwarz auf weiß auf S. 511.:

> »Sie sehen das falsch, Professor. Nicht die Todesangst, sondern die Lust zu leben ist der Antriebsmotor der Evolution. Das Schönste, zu dem die Schöpfung fähig war, ist die Liebe.«

»Die was? Also wirklich, Fußmann.« Der Rollstuhl fiepte wie eine Ratte, der jemand auf den Schwanz getreten hat. »Dieses Flittchen scheint Ihnen den Kopf verdreht zu haben. Oder sind Sie jetzt Freudianer geworden? Das Lustprinzip – ist es das, worauf Sie hinauswollen? Ich bitte Sie, halten Sie sich an messbare Daten …«

»Das, wovon ich rede, lässt sich nicht messen.«

»Ach ja? Haben Sie die Transzendenz neu entdeckt? Die Physik des Tischerückens? Sie leiden an Dystrophie, das ist alles … «

»Es gibt eine Transzendenz der Materie.« Fußmann ließ sich nicht beirren. »Ihre Terrorie, Professor, ist überholt. Das Leben braucht keinen vernünftigen Schmerz.«

Besser lässt sich Ihr Vorwurf, dass ich durch meinen Haupthelden brachialen biologischen Determinismus predige, kaum widerlegen. Er macht eine lange Entwicklung durch, das stimmt. Der techno-esoterische Schluss des Romans deutet sogar eine Transzendenz der Materie an (durch den Sexus). Man muss aber nicht Teilhard de Chardins »Vom Geist der Materie« kennen oder Kirkegards Schriften über den Sexus oder Neo-Gnostiker sein, um die Liebe und Plastizität nachzuempfinden, mit der ich all meine in sich gebrochenen Figuren, meine Verblendeten und halb Verblendeten, meine Triebgesteuerten und gegen den Trieb Rebellierenden auf ihrer Reise ins Licht verewigt habe.

Was lasten Sie mir also an? Was rechtfertigt Ihren drastischen Schritt? Ulrike S.s unterbewusstes Intrigieren –, weil sie mit dem Roman schlichtweg überfordert ist? Meine von Schopenhauer geprägte biologische Weltsicht vielleicht? Ihr sogenannter »Gutachter«

sollte den Unterschied zum primitiven Biologismus der NS-Eugeniker kennen! Entschuldigen Sie, aber seit wann wird man in Deutschland dafür bestraft, dass man alltägliche Begebenheit unter biologischem Blickwinkel beschreibt? Dann wären Desmond Harris und Konrad Lorenz auch verdächtig.

An keiner Stelle in *Endstufe* wird der Nationalsozialismus verherrlicht, das Kriegsgeschehen beschönigt oder werden geschichtliche Fakten verdreht. Fast alle Protagonisten distanzieren sich schon bei ihrer Einführung durch Zynismen von der nationalsozialistischen Ideologie, das kommt immer wieder an Dutzenden von Stellen zum Ausdruck. Eine der Hauptfiguren ist ein fahnenflüchtiger Kameramann, der von der Gestapo gesucht wird. Diese wiederum – personifiziert durch Bacher und Görtz – wird als Mörderbande geschildert. Politisch so korrekt, wie es nur irgendwie geht. Dasselbe trifft auf den eigentlichen Gegenspieler Fußmanns – Lottes Verlobten Detsen – zu. Was haben wir also? Ein klassisches modernes Rollenspiel wie bei Tarantino: Es gibt Böse, weniger Böse und solche, die eigentlich gute Anlagen haben, aber sich mit der Schlechtigkeit der Welt, die dieselbe bleibt, ganz gleich, wer regiert, arrangieren müssen.

Und wegen dieser Klage gegen die Unmenschlichkeit des Menschen werfen Sie ein »glänzend« geschriebenes Stück Literatur in den Papierkorb? Wieso? Steht Alexa Henning von Lange Céline näher als ich?

Es mag nicht Ihre Sicht von der Welt sein, aber angesichts von 2000 Jahren Krieg und Terror gibt es genügend Menschen, die ebenso tief in ihrer Seele verwundet sind und meine Ansichten durchaus teilen.

»Wohlgemutes Schwelgen im Amoralischen« – das geht zu weit, das habe ich auch angesichts der vielen den Text zierenden philosophischen Diskurse nicht verdient. Wenn Sie die Erotomanie Fußmanns meinen: dass erotische Phantasien vor allem dann explodieren, wenn es in der wirklichen Welt nicht mehr auszuhalten ist, diese Tatsache ist schon seit Freud bekannt. Ich fand es durchaus originell, so einen Ansatz zu wählen: Nacktphantome von Lotte geistern durch das Institut, durch diese Dunkelkammern der Wissenschaft – der Orgasmus als Fluchtweg aus einer bedrückenden Lebenssituation. Fußmann ist einer, der – auch das steht auf Seite 3 – »sein Leben in Bahnen lenkte, die ihm eher missfielen«.

In der Eröffnungsszene in der Kantine des SS-Hygiene-Instituts gibt es viele Reflexionen über die seelische Verödung der Technokraten, die sich an Tiefgang – mit aller Bescheidenheit formuliert – kaum überbieten lassen. Schon ein Satz wie »Ist der Mensch erst einmal ins Lager der Geräte desertiert, läuft alles wie geschmiert« verdeutlicht doch, wie er sich wirklich fühlt. Aber es ist eben eine feine Ironie, die dem flüchtigen Leser entgehen mag.

Mein Haupteinwand: Warum ignorieren Sie das – durch die Sachsenwald-Filme symbolisierte – zentrale Thema des Romans? Pornografie hat – ihrer Natur gemäß – zwar kaum kulturhistorische Bedeutung, dennoch gibt es einen klaren Zusammenhang zwischen Pornografie, Technik und Zensur. Unter diesem Aspekt hatte ich recherchiert und unzählige interessante *fait-divers* und Geschichten aus den Tagen des III. Reiches zusammengetragen. Schon das Tauschvorhaben in Nordafrika verdeutlicht doch den Freiraum korrupter Gedanken. Es gibt eine klare Symmetrie zwischen Fortschritt und dem Verlust moralischer und ethischer Werte, das zeigt der Roman sehr deutlich.

In der von Hygienewahn und Wissenschaftsgläubigkeit geprägten Entourage, die ich beschreibe, wird der durch die Nazis verursachte »Modernisierungsschub« der 30er- und 40er-Jahre zum ersten Mal ernsthaft hinterfragt, ja, anhand des technologischen Fortschritts der Untergang des Abendlands nachgezeichnet. (Es gibt sogar einen wissenschaftlichen Vorwand, die Pornofilme zu drehen!) Mein zentrales Thema bespiele ich immer wieder höchst einfallsreich aus allen möglichen Perspektiven. So platt, wie Sie schreiben – es gehe nur »um Sex und Geld« –, ist die Handlung nicht. Der Roman hat eine Temperatur, die Sie scheinbar nicht nachempfinden können. Schade eigentlich.

Ich vermute allerdings, dass Ulrike S.s Ranküne mit Ihrer Entscheidung mehr zu tun hat als die von Ihnen zu Papier gebrachten Einwände, die ich sachlich entkräften kann. Mit mir hat sie den Kontakt abgebrochen, ohne jedes Wort der Erklärung. Wir haben über zwei Monate gut zusammengearbeitet, das dachte ich zumindest. Nach einer kleinen Meinungsverschiedenheit – die es in jedem Lektorat geben sollte – ist sie mir – wie es aussieht – in den Rücken gefallen.

So weit zum Guten im Menschen.
T.K.

21. Januar. Was jetzt? Tatsächlich komme ich mir wie ein Heimatvertriebener vor. Ich muss zu meiner Schande gestehen, ich hatte mich bei Rowohlt zu Hause gefühlt. Der Umzug von Amsterdam nach Berlin … alles für die Katz. Ich hatte geglaubt, ich müsse nach achtzehn Jahren Ausland nach Deutschland zurück, in den »Hafen der Sprache«, in der ich lebe und arbeite.

Liegt es an mir? War ich zu lange fort und habe irgendeine neue Variante der Umerziehung verpasst? Oder hat es vielleicht etwas mit der Wiedervereinigung (besser *Widervereinigung*) und den Leuten von drüben zu tun?

X.

Mein erster Gesinnungscheck in der FAS

22. Januar 2004. Natürlich hat sich mein Rausschmiss bei Rowohlt in der Szene herumgesprochen. Der Literaturbetrieb ist Dorf und Bordell. Ich komme mir bereits wie ein Brunnenvergifter vor, der jetzt ausgesetzt oder aufgeknüpft wird. Allen ist übrigens klar, dass mich ein furchtbares Unglück getroffen hat, etwa vergleichbar mit einem Lotteriegewinn in Millionenhöhe, der einem wegen einer Nichtigkeit aberkannt wird. Was mich jetzt erwartet, ist ein steiniger, elender Weg.

Über Theodor Schieder weiß ich inzwischen, dass er als »Vordenker der nationalsozialistischen Vernichtungspolitik« gilt. Er habe zum Beispiel für eine »Entjudung Polens« plädiert. Also ein ganz schlimmer Finger. Zu meiner Überraschung lese ich, dass Schieder bei einem gewissen Kurt von Raumer habilitierte. Kurt Raumer (ohne »von«) ist im Roman der Doktorvater meines Protagonisten! Ich ging davon aus, dass ich mir diesen Namen ausgedacht hatte. Jetzt gibt es also einen echten Kurt Raumer. *Wäre es nicht normal gewesen, dass Schieder diesen Zufall mir gegenüber erwähnt?* Aber dann hätte sie ihre offensichtliche Befangenheit verraten müssen, und das wollte sie nicht. Sie wollte schaden.

25. Januar. Der ehemalige *taz*-Journalist **Volker Weidermann,** der kürzlich zur FAS überlief, bietet mir an, über den »unerhörten Vorgang« zu berichten, falls ich ihm das Manuskript »ohne Abstriche« zusenden würde. Er will die Rohschrift sehen, keine »bereinigte Fassung«. Ich wüsste wirklich nicht, was es zu bereinigen gebe. Weidermanns spürbares Interesse an Literatur scheint mir Garant genug, das Angebot anzunehmen.

26. Januar. Heute, am 26. Jänner, bringe ich persönlich einen Ausdruck in die FAS-Redaktion. Noch einmal lege ich Weidermann ans Herz, das Manuskript *Endstufe* einfach als Prequel zum *Schwarzlicht-Terrarium* (1999), meinen ersten Roman, zu verstehen. Auch hier gibt es einen Karl Fußmann, der im Dunstkreis von G.I.s sein selbst gebrautes LSD unter die Leute bringt und mit menschlichen Meerschweinchen experimentiert.

Bei dem Karl Fußmann in *Endstufe* handelt es sich um den Großvater, der im *SL-T,* Seite 52, folgendermaßen erwähnt wird:

> Eine andere Ausnahmeerscheinung war Fußmanns Großvater väterlicherseits, Karl I., begnadeter Biochemiker der IG Farben und Hobby-Magnetiseur, der 1942 in Tunesien auftauchte, um Rommels Wüstenfüchse mit einer neu-entwickelten Malaria-Prophylaxe zu impfen.

Dass er in Wirklichkeit SS-Offizier war, hatte Fußmanns Großmutter Johanna dem Enkel natürlich verschwiegen. Ich sehe beide Romane in einem Zusammenhang. Weidermann scheint sich nicht wirklich für meine referenztheoretischen Zusammenhänge zu interessieren, er macht unser **Gespräch zum Gesinnungscheck.** Ich muss immer wieder beteuern, dass es im Roman darum geht, die Nazis als Monstren erscheinen zu lassen. »Richtig teuflisch und pervers, sagst du? Dann ist ja alles gut.«

Das ihm überlassene Manuskript ist nur mehr Beweismittel, dass ich in seinen Augen »unschuldig« bin. *Welche Schuld könnte ich haben?* Ich habe – laut Verleger – »ein ästhetisch und literarisch glänzendes Manuskript« abgeliefert. Zum ersten Mal dämmert mir, dass sich Deutschland in den zurückliegenden zwölf Jahren, in denen ich in Amsterdam lebte, offenbar grundlegend verändert hat. Ist es wieder so weit, dass Künstlern **Publikationsverbot** – freilich inoffiziell – erteilt werden kann?

Nach dem Gesinnungscheck delegiert mich Weidermann an einen kalt lächelnden Hof-Fotografen der FAZ. Offenbar hat man bereits eine Story mit farbigem Aufmacher geplant. Ich habe den Eindruck, dieser Fotograf hält einfach drauf. Mir ist kalt, und irgendwie ist mir schlecht. Als ich mich von Weidermann verabschieden will, wird mir mitgeteilt, er sei bereits am Lesen. Man komplimentiert mich hinaus.

27. Januar. Ein glücklicher Zufall – ein Team von *Titel Thesen Temperamente* ist in der Stadt. Durch einen Freund vom HR hat eine Redakteurin namens **Gitta Severloh** von meinem Exit bei Rowohlt erfahren. Sie ruft mich an. Der Kollege Manfred Behrens soll mich für TTT interviewen, eine Möglichkeit, die wohl jeder in meiner Situation nicht hätte ausschlagen können. Ich stehe mit meinem Buch auf der Straße und suche nach einem neuen Verlag. Doch so einfach, wie Fest sich das vorgestellt hat, ist das alles nicht. Die Klüngel der Literaturszene sind fast hermetisch abgegrenzte Gebilde. Jeder hasst jeden, missgönnt ihm die privilegierte Existenz. Da ich gerade aus Amsterdam zugezogen bin, habe ich noch kein Network, geschweige denn Connections zu renommierten Kollegen, die für mich ein gutes Wort einlegen könnten. Ich stehe in einer Eiswüste mit dem Rücken zur Wand, ein ziemlich ungemütliches Bild. Unter Umständen kann es Jahre dauern, einen neuen Verlag zu finden. Ein Fernsehbericht könnte die Suche abkürzen.

Zu Hause wartet auf mich eine fast fürsorglich klingende E-Mail von meinem »Henker« Alexander Fest. Es sieht auf den ersten Blick so aus, als habe er vor, die sozial-menschliche Verantwortung für meinen unverdienten Rausschmiss zu tragen.

Er müsse sich, »so absurd es klingt«, für meine Mail »eigentlich bedanken, denn ich habe Ihnen einen schweren Tort angetan, und Sie haben für Ihre Antwort darauf einen Tonfall gefunden, der mir nur Respekt abfordern kann: so besonnen und kontrolliert und maßvoll. Ich las die Zeilen fast mit Bewunderung.«

Auf den Inhalt meines Briefs, der »an sich natürlich nachdenkenswert« sei, werde er aber nicht eingehen wollen. »Vielleicht finden wir später, wenn wir auf diese ganze Geschichte als auf etwas Vergangenes zurückgucken können, noch einmal Zeit dazu.«

Worum es jetzt ginge, »und zwar klar und deutlich auch mir«, sei »vor allem eine gewisse Schadensabwendung von Ihnen. Ich schreibe ›eine gewisse‹, weil klar ist, dass weder Sie noch ich ganz ohne Schaden aus der Situation herauskommen werden.« Aber da ein Verlag mit öffentlichen Schwierigkeiten immer leichter fertig werde »als ein Autor, der allein ist, auf sich gestellt, bin ich bereit, das mir Mögliche zu tun, weitere Ärgernisse von Ihnen abzuwenden«.

Und weiter: »Sie können deshalb sicher sein, dass ich den Fall nicht unter die Leute bringen werde, und falls man, wie gestern Volker Weidermann, umgekehrt auf mich zugehen sollte, werde ich sagen, was ich Herrn Weidermann gesagt habe: dass ich mich zu all dem nicht äußern könne, weil ich mich dann kritisch zu einem unserer Autoren verhalten müßte. Das jedoch wäre das Äußerste; mehr wird es von meiner Seite nicht geben.«

Abenteuerlich wird das Schreiben an der Stelle, an der Fest insinuiert, er hoffe, dass auch mir »daran gelegen ist, die Angelegenheit klein zu halten«. Und er fügt hinzu: »Ich sage das nicht beschwörend, bloß konstatierend, und könnte es Ihnen kaum übelnehmen, wenn Ihnen die dazu nötige Selbstunterdrückung nicht gelänge. Aber gut wäre das nicht, aus den oben genannten Gründen und weil ich auch jetzt noch, wie schon bei unseren Gesprächen im letzten Frühjahr, befürchte, dass Sie allenfalls ahnen, wie angreifbar Sie in mancherlei Hinsicht sind und mit welcher Wucht dieser Angriff unter Umständen kommen kann.

Das Gutachten, das Ihnen Marcel Hartges gezeigt hat, wäre da nur ein ganz milder, zurückgenommener Auftakt. So jedenfalls kommt es mir vor.

Aber wie dem auch sei, die Sätze, die ich in meinem Brief über die erzählerischen und literarischen Seiten Ihres Buchs geschrieben habe, waren ohne Abstriche ernst gemeint, und ich kann Ihnen schon deshalb nur das Beste wünschen, wenn auch – wenigstens für dieses Buch – ohne Rowohlt.«

Die Veröffentlichung von *Endstufe* wird also auf meinen publizistischen Selbstmord hinauslaufen. Denkt er. Dass das Ganze nach einer versteckten Drohung klingt, ist wahrscheinlich auch einkalkuliert. Im Übrigen kann ich mich an kein Gutachten erinnern. Von wem?

Was hat dieser Sprössling eines Hitler-Biografen eigentlich vor?

XI.

Erste Scharmützel der Platzhirsche im Blätterwald

1. Februar 2004. Weidermanns Vorbesprechung erschien heute unter dem Titel »Die Nackten und die Toten«. Warum **ein Titel von Norman Mailer?** Mailers Roman ist – nebenbei bemerkt – Dreck, aber vielleicht geht es um einen Brückenschlag zu dem, was man bei Rowohlt amerikanische *Fiction* nennt. Hat Weidermann mit dem Titel eine Fährte gelegt? Die Wege des FAS-Feuilletons sind mir unergründlich.

Der Artikel ist völlig abstrus. Die Tatsache, dass ich mit Parallelfiguren arbeite (ein Fußmann 1979, ein Fußmann 1941), die sich über eine zeitliche Entfernung von einem halben Jahrhundert berühren, bleibt unerwähnt.

Obwohl Weidermann große Distanz zu meiner sprachlichen Form der Darstellung eines von den Utopien eines Korporatismus geleiteten Reichs hält, kommt er zuletzt zu folgender Schlussfolgerung:

> »Ein Roman der Dekadenz, der Wollust und der chemischen Weltverbesserungsfreuden, ein Roman von oft tarantinoartiger Grausamkeit, von Körperfreude, Körperekel und Witz am Rande des Weltuntergangs […] Jedenfalls liegt hier ein glänzend geschriebenes, ungeheuer interessantes Manu-

> skript von einem der besten deutschen Autoren der jüngeren Generation vor.«

Auf dem Foto, das Christian Thiel von mir an einem kalten Wintertag gemacht hat, sehe ich aus wie ein Berg-Ötzi, mit Schal und Wollmütze, der sich an eine uralte Aktentasche klammert. Ich ärgere mich im Nachhinein, dass mir meine Gesundheit wichtiger war als mein Image. Wäre ich doch nur im seriösen Anzug erschienen, hornbebrillt und geschniegelt. Wenn ich doch ganz genau weiß, dass es in diesem Geschäft zu mindestens 50 Prozent um geckenhaftes Auftreten geht, wieso präsentiere ich mich wie ein Waldschrat?

Gegen Abend kommt ein kurzer Beitrag von Titel *Thesen Temperamente.* Es wundert mich aber, dass die Redaktion ein komplettes, offenbar unredigiertes Manuskript vorliegen hat. Wie kann das sein? Die zitierten Stellen sollen bizarr klingen – und antisemitisch. Auch **Volker Weidermann** kam offenbar nicht um einen Kniefall herum.

> WEIDERMANN: »Der **Holocaust kommt in *Endstufe* praktisch nicht vor.** Er ist dem Leser aber gerade durch seine Auslassung auf besonders beunruhigende Weise immer präsent.«

Nun werden Konzentrationslager und Menschenversuche aber erwähnt, die Opfer spielen ansonsten keine Rolle in diesem Roman. Nur wieso sollten sie automatisch erwähnenswert sein?

2. Februar. Nun hat sich auch die BILD meines Romans angenommen. Aus einem fünfminütigen Blitzgespräch mit einer Frau, die sich als Mitarbeiterin der B. Z. (ebenfalls *Springer*) vorstellte, werde ich falsch zitiert:

> »Die Filmer waren Nazis der mittleren Führungsebene – junge Adlige und Söhne von Großindustriellen«, sagt der Schriftsteller Thor Kunkel (40), »die Filme wurden heimlich produziert, um sie in Nordafrika gegen Ölborrechte, in Schweden gegen Eisenerz einzutauschen. Die Filmemacher wollten mit den – damals sensationellen – Filmen reich werden.«

Das ist – grob gesagt – der Plot, der sich aus der Fiktionalisierung von Fundstücken ergeben hat. Es *könnte* sich so zugetragen haben, aber wie es in Wirklichkeit war, dürfte sich nach 60 Jahren wohl kaum rekonstruieren lassen. Mein Roman erhebt auch nicht den Anspruch, hier Fakten zu schaffen. Ich beschwere mich bei einem

Drehten die Nazis heimlich Pornofilme?

Deftige Lustszenen, brutale Fessel-Spiele – Ausschnitte aus dem Nazi-Porno „Der Fallensteller". (30 Minuten lang, 1941 gedreht). Hauptdarsteller: eine junge Frau aus Quickborn, ihr Freund und ihre Schwester

DAS BILD WETTER

Für Dienstag 3. Februar 2004

DAS BERLIN-BRANDENBURG-WETTER

DIE AUSSICHTEN FÜR DIE KOMMENDEN TAGE

Von ULLA BOHN

Die blonde Frau ist nackt an einen Baum gefesselt. Tief schneidet der Strick in ihre Brust. Dann vergewaltigt ihr Peiniger sie.

Eine Szene aus „Der Fallensteller", einem brutalen Pornofilm, gedreht 1941 in Deutschland! Betrieben die Nazis eine geheime Pornofilm-Industrie?

Heute existieren noch zwei weitere so genannte „Sachsenwald"-Filme (so werden die Sex-Filme nach ihrem Entstehungsort genannt). **Die geheimen Pornos, von denen kaum jemand wusste, wer hat sie gedreht?**

„Die Filmer waren Nazis der mittleren Führungsebene – junge Adelige und Söhne von Großindustriellen", sagt der Schriftsteller Thor Kunkel (40), „die Filme wurden heimlich produziert, um sie in Nordafrika gegen Ölbohr-Rechte, in Schweden gegen Eisenerz einzutauschen. Die Filmemacher wollten mit den – damals sensationellen –Filmen reich werden!"

Drei Jahre lang hat Kunkel das Thema recherchiert: „Ich habe mit vielen ehemaligen Soldaten des Afrika-Korps gesprochen, bei denen diese Filme kursierten." Er machte auch eine „Hauptdarstellerin" in einem Altenheim bei Hamburg ausfindig: „Sie erzählte mir, dass zwei freundliche Männer in Zivil sie auf der Reeperbahn angesprochen hätten. Ihr Honorar betrug 220 Reichsmark – das war das Monatsgehalt einer Sekretärin!" Die Frau ist heute 83.

Die Geschichte der „Sachsenwald-Filme" wollte Thor Kunkel nicht zu einem Sachbuch verarbeiten, sondern zu einem Roman – mit abgeänderten Namen: „Auf eindringlichen Rat meines Anwalts. Denn unter den Filmern waren sehr prominente Leute!"

Eigentlich sollte das Buch bei Rowohlt erscheinen – doch nun zog der Verlag es überraschend zurück. War der Inhalt zu brisant?

Was wusste er? Hitlers Reichsmarschall Hermann Göring (1893-1946)

Abb.: Eine ganze halbe Seite in BILD. Der Roman war noch gar nicht erschienen, aber das BILD-Nazi-Department wusste bereits Bescheid.

Mitarbeiter der Redaktion, aber spüre bereits, dass der Mensch mir nur aus Höflichkeit zuhört. Zum Schluss sagt er: »Es tut mir leid, dass das so gelaufen ist. Wenn Sie wollen, können Sie uns natürlich verklagen … Aber was soll das bringen? Sie haben doch Ihre PR.«

3. Februar. Inzwischen liegt das Manuskript bei Eichborn Berlin und Kiepenheuer & Witsch. Beide Verlage haben Interesse bekundet.

Schließlich überzeugt mich **Wolfgang Hörner,** der Chef von Eichborn, dass der Roman bei Eichborn, einem traditionell linken Verlag, am besten **abgesichert** ist.

(Dass ich hier und heute von einer Absicherung schreibe, zeigt bereits, wie es um meine Nerven steht.)

4. Februar. Die Retourkutsche der *Süddeutschen* auf Weidermanns Story folgt auf dem Fuß. Die Alpha-Journalisten schaukeln sich hoch. Der selbstverliebte Großkritiker **Thomas Steinfeld** klingt verschnupft. Er ist es gewohnt, den Hype um ein Buch mitvorzubereiten, um dann die Offenbarung des Besonderen großsprecherisch zu orchestrieren.

Mein Name ist für den Ex-Werbetexter aus unerfindlichen Gründen ein rotes Tuch. Tatsächlich weiß bis heute niemand in Bayern, dass ich einer der Bachmann-Preisträger von 1999 bin. Zu verdanken ist das auch Thomas Steinfeld, der es schaffte, meinen Namen komplett aus der Berichterstattung zu halten. (Ja, Journalisten können das, wenn sie nur wollen!) Ich habe schon öfter miterlebt, dass ehemalige Werbekünstler andere Personen, die ebenfalls den Absprung aus der Werbung geschafft haben, aus unerfindlichen Gründen wie Aufschneider behandeln.

Am 4. Februar – also drei Wochen vor dem offiziellen Erscheinen des Romans – stellt Steinfelds links-bajuwarische Prawda die literaturpolitischen Weichen, die zu meiner Vorverurteilung führen. Unter dem Aufmacher »Alle zwei Wochen neu: Das obszöne Buch und sein Verlag« schimpft er mich einen »manischen Spekulanten auf den Zeitgeist«. Wörtlich:

> »Das moderne Trüffelschwein forscht die Skandalpotenziale der Gesellschaft mit großer Sorgfalt und Beflissenheit aus, es drängt mit Macht in jeden dunklen Winkel, und was dabei herauskommt, verhalten noch bei Maxim Biller, deutlicher bei Alban Nikolai Herbst, in brutaler Aufdringlichkeit bei Thor Kunkel, gehorcht vor allem dem Diktat des Widerlichen und des Spektakulären.«

Als Steinfeld diese Spekulationen anstellt, hat er das Buch, über das er sich so sprachgewaltig auslässt, nicht vorliegen. *Oder doch?* Auf meine Anfragen bei der *Süddeutschen* erhalte ich keine Auskunft. Die freie Presse darf ihre Quellen verheimlichen. Sie darf das in Deutschland, so wie sie hier auch das Recht auf üble Nachrede hat.

Wesentlich unparteiischer steht heute in der *Welt* (»Lehrreiche Literaturskandale« von **Eckhard Fuhr**):

> »Bei dem Buch von Thor Kunkel [...] handelt sich nicht um ein Sachbuch, sondern um einen Roman, der einen historischen Stoff verarbeitet. An der Nahtstelle zwischen Faktizität und Fiktion scheint sich ein unüberbrückbarer Dissens zwischen Autor und Verlag aufgetan zu haben. [...] Kunkel sitzt zwischen Baum und Borke. Er kann entscheiden, ob eine mögliche literarische oder moralische Fragwürdigkeit seines Werkes dem historischen Gegenstand oder seiner dichterischen Phantasie zuzurechnen ist. Das Publikum ist ziemlich ratlos.«

Das einzig Merkwürdige an Fuhrs Rezension: Der Roman ist noch gar nicht erschienen. Das Publikum, das er erwähnt, existiert nur in seiner Phantasie. Wovon redet dieser Mensch? Oder ist das selbstreferenziell gemeint?

6. Februar. Als an diesem späten Nachmittag das Telefon klingelt, habe ich überraschenderweise die mit Alexander Fest befreundete Rowohlt-Autorin **Jana Hensel** im Ohr. Der Name sagt mir zunächst nichts, da ich keine Memoiren von schriftstellernden Journalistinnen lese. Doch dann fällt der Groschen – *ach, die Zonen-Tante …* Sie rufe im Auftrag von einem gewissen **Henryk M. Broder** an. *Who the fuck …?* Der *Spiegel* hätte mein Manuskript vorliegen und nun »so einige Fragen« an mich. Sie sagt das in einem so süffisanten Ton, dass ich unwillkürlich an diese Stasi-Schweine denken muss, die einem Verhafteten Unannehmlichkeiten in Aussicht stellten. Ich antworte, ich hätte dem *Spiegel* mein Manuskript nicht geschickt.

Sehr richtig, das hätte ich auch nicht, bestätigt Hensel.

Stille.

– *Okay. Der Spiegel hat also ein unveröffentlichtes Manuskript, für das der Eichborn Verlag gerade eine fünfstellige Summe bezahlt hat, vorliegen? Ist das richtig?*

»So ist es.«

Ich frage Hensel, ob sie das persönlich nicht merkwürdig finde.

Keine Antwort.

– *Aber es würde mich schon interessieren, woher sie mein Manuskript hat.*

Das dürfe sie mir leider nicht sagen.

Wieder Stille.

Auch gut. Ich weise Hensel darauf hin, dass sie sich als Mitwisserin eines Datendiebstahls gerade strafbar macht.

Ihre Antwort? »Sie wollen sich doch nicht ernsthaft mit dem *Spiegel* anlegen, oder?«

Nicht schlecht, der Satz, aber da, wo sie herkommt, hieß es früher tatsächlich immer: »Sie wollen sich doch nicht ernsthaft mit der Stasi anlegen, oder?«

Tatsächlich ist sie natürlich keine Stasi-Agentin, sondern nur Teilnehmerin einer antifaschistischen Aktion, mit der ein verkappter Rechter ans Licht der Öffentlichkeit gezerrt werden soll. Das wird mir klar, als sie mich »auffordert«, am nächsten Morgen im Büro der *Spiegel*-Redaktion zu erscheinen. Morgen ist aber Samstag. Da mich schon der Tonfall dieser Zwangsvorladung irritiert, nenne ich einen Alternativtermin (Montag um die Mittagszeit), aber darauf geht sie nicht ein. Wahrscheinlich liegt das fertig gedruckte Heft schon vor ihr auf dem Tisch.

Zwei Stunden später. Inzwischen weiß ich, wer Broder ist – ein gewohnheitsmäßiger Skandalist.

Weidermann, den ich kurz von dem Anruf informiere, hält ihn weder für einen echten Literaturkritiker noch für einen politischen Journalisten. Er warnt: »Vorsicht, Arschloch-Faktor einhundert!« – *Na dann.*

Als ich Wolfgang Hörner von dem Anruf erzähle – und dass der *Spiegel* offensichtlich ein Manuskript vorliegen hat, das seit ein paar Tagen Eichborn gehört –, ist er ebenfalls ratlos. In der Industrie würde man von einem Datenklau sprechen. Aber im Eichborn Verlag »sitzt mit Sicherheit keine Ratte«.

Kurzum: Er kann sich nicht vorstellen, dass ein Mitarbeiter mein Manuskript »an einen Spinner wie Broder« weitergegeben hat. Der Mann sei »nicht ganz zurechnungsfähig und krankhaft ehrgeizig«.

Porn und Drang

The latest novel of Germany's hot young writer Thor Kunkel exposes the Nazis' previously unknown trade in pornographic films. Sounds like a guaranteed bestseller. So why has the book's publisher cancelled it and kicked up a literary storm? **Luke Harding** investigates

He is one of Germany's hottest young novelists. And, until last week, few in Germany's literary world doubted that Thor Kunkel's latest novel, Final Stage, was going to be anything but a rip-roaring success. The novel had all the right ingredients – sex, a lot of sex, Nazis, more Nazis, and a spectacular romantic finale. Furthermore, the book was based on original research carried out by Kunkel into one of the Third Reich's best-kept secrets – a series of pornographic films shot by the Nazis in the woods around Hamburg.

Last week, however, Kunkel returned from a holiday in Amsterdam to discover that his publishing house had abruptly decided to cancel his novel two months before its scheduled release. Kunkel's publisher, Alexander Fest, said that he had shelved the novel at the last minute because of what he said were "aesthetic" and "content" differences with its feted 40-year-old author.

Fest did not elaborate. The affair has dominated the literary pages of Germany's broadsheets for more than a week, with most observers believing that Kunkel's real crime was something else – he had made the characters in the novel, who work for a fictional SS Hygiene Institute in Berlin, appear far too glamorous. And he had downplayed the Holocaust.

"This is totally ridiculous. It's outrageous," says Kunkel, whose debut novel, The Black Light Terrarium, won the Ernst-Willner, one of Germany's top literary prizes. "What I've tried to do in my book is modernise one of the darkest chapters in German history. My novel takes place in 1941 when not a single bomb was falling on Germany. It starts at the turning point in the war, when Germany invaded Russia. The book is about the morbid leisure society of the Third Reich. It's not that I'm trying to ignore the Holocaust, it's merely that it's totally passé as a theme. Who does Fest think he is?"

Before submitting his manuscript to his publisher last summer, Kunkel had researched long and hard into one of the most subterranean aspects of the Nazi era – a series of erotic home movies known as the Sachsenwald films, shot secretly in 1941. Officially, pornography was forbidden under the Nazis; in reality, however, the films were not only screened privately for the amusement of senior Nazi figures, but were also traded in north Africa for insect repellent and other commodities.

Kunkel discovered two of the black and white films – the pastoral Desire in the Woods and The Trapper. In one of them, a man ties a naked woman to a tree. Incredibly, Kunkel tracked down the actress some 60 years after her woodland nude scene, living in an old people's home outside Hamburg. "I found her via a photographer who had known her since she was 14, when she posed for nude photographs," Kunkel says.

The 83-year-old was slightly taken aback by the novelist's visit, but agreed to help. She could recall only two "polite, charming men" who approached her outside a tobacconist's kiosk in Berlin. The men had driven her and her sister in a black Opel Admiral – the saloon car favoured by the Gestapo – to the woods outside Hamburg. There she had disrobed.

"She told me she and her sister had had a threesome with a man. I found this a bit surprising," Kunkel says. The novelist never did discover who the director of the film was, but he used the movies as the framework for his 622-page manuscript, which his publisher, Rowohlt, had originally lauded as a "packed, minutely researched portrait of morbid Nazi society ... and the demise of the Third Reich."

Kunkel also interviewed 57 elderly German soldiers who had served with Erwin Rommel in north Africa, where much of the novel is set. They confirmed what he already suspected – that during the second world war, the German military traded Nazi pornography with the locals. The Sachsenwald films even ended up in the hands of the Bey of Tunis, a regent with a legendary collection of pornography. "It was the thing the locals were most interested in. In return, the soldiers got food, water and supplies," Kunkel says.

So far, the row over Rowohlt's decision to axe Kunkel's book appears to have done him no harm. Three other publishers have offered to take on Final Stage, while Kunkel has been the subject of sympathetic pieces in the literary sections of the German press. In a long essay, the Frankfurter Allgemeine Zeitung said the novel ought to have been "the book of the season". The unpublished manuscript was full of "Tarantino-esque gruesomeness", as well as "decadence, lust, chemical pleasures, bodily joys, bodily revulsion and humour". It needed editing, but should be published, the newspaper said.

The films were not only screened privately for the amusement of senior Nazis, but were traded in north Africa for commodities

Other literary editors, however, have passed less flattering judgment. "He's read too much Thomas Pynchon and has overestimated his artistic possibilities," one grumbled. He added: "There are several other German writers from his generation who are a lot better. Kunkel is an author who has a great desire to provoke."

Meanwhile, the row escalated even further when Der Spiegel printed private emails from Kunkel's former editor. The editor, Ulrike Schieder, complained that Kunkel had depicted the allies as "bloodthirsty animals" and the Germans as the second world war's "sole victims". The book was "pure revisionism" and trivialised the Nazis by portraying them as little more than a "leisure society," the magazine said. Kunkel reacted furiously. In an open letter, he accused Der Spiegel of trying to "murder my reputation". He said that "like any half-sensible person" he condemned the horrors of the Nazi era, especially the Holocaust.

Kunkel says none of the problems surrounding his book would have arisen if it had been published in Britain or America, rather than in Germany. "I'm an Anglophile German. The problem is that a lot of my writing exhibits black humour. Fest doesn't appear to share my sense of humour."

Born in Frankfurt in 1963, Kunkel spent five years in the late 80s working as an advertising copywriter in London, before moving to Holland for a decade, and then to Berlin. The Black Light Terrarium, published in 2000, about the drug-fuelled world of a 19-year-old parking attendant, was an instant success. Kunkel compares himself to Will Self. "Of course the Nazi regime in Germany should never be forgotten, but we need new angles," he says. He had "worked like an idiot" on his new novel and the decision to axe it had left him "on the brink of a nervous breakdown".

Friends of Fest, meanwhile, have pointed out that the 44-year-old publisher has a good reputation – and that his stable includes heavyweights such as Jonathan Franzen and Jeffrey Eugenides. "The problem is that there was nothing in Kunkel's book worth saving," one friend says. Either way, the saga appears to confirm that there is no such thing as bad publicity. Kunkel has already acquired a new publisher, Eichborn Berlin; his novel will now appear in April.

Secrets of the Third Reich ... Kunkel (left); and (below) scenes from one of the Nazis' porn films

Quel nazismo è scorretto: troppo soft

Un romanzo sui pornofilm nazisti. Bloccato perché «sorvola sui crimini del Terzo Reich». «Ma non è un libro di storia», ribatte l'autore. Chi ha ragione?

Una cineteca molto speciale Thor Kunkel fra le bobine dei vecchi film porno nazisti (al centro della pagina due fotogrammi) che hanno ispirato il suo romanzo

Sachsenwald Film, film della foresta sassone – che alcuni iscritti al partito nazista si divertivano a girare per poi farli circolare in festini privati o addirittura scambiarli con i signori nordafricani di Tunisi e Algeri in cambio di petrolio e materie preziose (su quest'ultima circostanza, Kunkel non è riuscito a raccogliere prove certe, ma soltanto la testimonianza di un'attrice dell'epoca, oggi settantenne, preziosa «memoria storica» di ciò che accadeva dietro le quinte dei Sachsenwald Film).

Atmosfere decadenti, scenari morbosi, passioni carnali consumate con distrazione mentre il mondo andava a rotoli. All'istituto di Igiene delle SS di Berlino, dove il romanzo di Kunkel è ambientato, non si fa la grande politica del Terzo Reich. «Non è un saggio storiografico, ma un romanzo», ci spiega l'autore. «A me interessava raccontare la psicologia di piccoli scienziati in carriera, non l'avventura del nazismo. La pornografia è solo una metafora per descrivere la perdita di pudore e la perversione che si respirava in quegli ambienti».

Tutto pronto dunque per il gran successo in libreria? Non proprio: all'ultimo il patron della casa editrice Rowohlt Alexander Fest ha detto no: «Il libro non si pubblica, non con noi». Dopo la prima comunicazione ufficiale («Si decide la sospensione della pubblicazione di *Endstufe* a causa di divergenze estetiche e contenutistiche tra l'autore e la casa editrice») le posizioni delle controparti si sono irrigidite e lo scandalo è dilagato.

Intervista dopo intervista Kunkel è diventato per alcuni un revisionista, per altri un incompreso Houellebecq (l'autore francese di *Le particelle elementari*, accusato di cinismo nichilista), e Alexander Fest un editore coraggioso o un pavido pieno di pregiudizi. Frattanto l'editore Eichborn di Berlino s'è fatto avanti e ha presentato il titolo alla fiera del libro di Lipsia, il 25 marzo scorso. La polemica è destinata a continuare, perché *Endstufe* (che già nel titolo gioca con l'assonanza con «Endlösung», soluzione finale) è in effetti un libro controverso.

«Fossi stato uno scrittore americano», sostiene Kunkel, «la critica avrebbe parlato di un progetto coraggioso, ma siccome sono un tedesco non mi è permesso oltrepassare certi limiti». Ha ribattuto Alexander Fest sullo *Spiegel*: «Il libro di Kunkel pecca di autocompiaciuta amoralità». Non solo: la descrizione insistita delle violenze sessuali perpetrate dall'Armata Rossa sulle donne tedesche, a fronte dell'omissione dei crimini nazisti nei campi di sterminio, si presta al rischio di gravi fraintendimenti. Un'accusa ingiusta, secondo Kunkel: «Non sono una camicia bruna, sono uno scrittore di 40 anni che conosce bene la storia. Semplicemente il mio non è un romanzo sull'Olocausto».

Ma la questione è un'altra: si può scrivere, in Germania, un libro sul nazismo sorvolando sulla Shoah? Volker Weidermann, critico letterario del quotidiano conservatore *Frankfurter Allgemeine Zeitung*, conosce bene Thor Kunkel e il suo contestato romanzo: «Sono certo che Kunkel non ha nessuna affinità con l'ideologia nazista e che in nessun modo possa essere accusato di revisionismo, ma devo riconoscere che ci sono dei passi, nel libro, che giustificano la decisione della casa editrice di non pubblicarlo». ■■■ F.S.

Abb.: Auch die Auslandspresse hatte bereits Wind von der Sache bekommen: Oben *The Guardian* vom 12.2.2004, unten die italienische *La Stampa* 16.2. 2004. *Quelle: Privatarchiv Thor Kunkel*

XII.

Das LitLeak – Henryk M. Broder vergleicht meinen Roman *Endstufe* mit den gefälschten Hitler-Tagebüchern

Wessen geistiges Fundament
man nicht erfassen kann,
den denunziert man politisch.
Gottfried Benn (1886–1956)

8. Februar 2004. Es ist Sonntagnachmittag, als das Telefon klingelt. Eichborn-Chef Wolfgang Hörner warnt mich vor einem Schock.

> »Was im neuen *Spiegel* steht, ist einfach unglaublich. Die wollen dich fertigmachen … Da müssen wir gut überlegen, wie wir damit umgehen.«

Der Artikel »Steckrüben der Stalinisten« (eine Formulierung von mir) ist eine Melange aus wahren und falschen Partikeln, die sich zu einer spektakulären Entlarvung eines neuen Rechten (wer wohl?) verdichten. Im Großen und Ganzen unterstellt mir der Reporter-Populist »Revisionismus pur«, was er mit Auszügen aus meinem Werkstattbericht belegt. Offenbar hat Fest ihm zu diesen Zitaten verholfen, der Artikel erwähnt sogar das Datum, an dem Schieder ihren ersten »Rattenschnack« mit Fest hatte.

Der dreiseitige, reich bebilderte Artikel kommt schnell zur Sache – wieder »sorgt ein Buch für Aufregung, das noch nicht erschienen ist«. Der vierzigjährige Autor träume »von einem makabren Paradigmenwechsel«.

Wenn schon die zwischen Bildungshuberei und Süffisanz schwankende Sprache eine Zumutung ist, Broders Ratschläge sind auch vom Feinsten. »Fests Verhalten hat gewiss schon deshalb Kritik verdient, weil er eine alte Lehre nicht beherzigte: Nötige Grausamkeiten müssen möglichst am Anfang einer Krise begangen werden, und Verlage handeln unverantwortlich, wenn sie von vornherein als heikel erkennbare Bücher ins Programm nehmen, bevor diese zu Ende geschrieben und lektoriert worden sind.«

Schon beim Lesen läuft es mir kalt über den Rücken: Ist das nicht ein klarer Aufruf dazu, Literatur zu zensieren – nach Maßstäben, die der wirtschaftlich Stärkere setzt? Doch weiter geht's im munteren Ton des Gesinnungswächters, der peu à peu schmuddelige, aus dem Unreinen gefischte Kleinodien seinem Alt-68er-Publikum unterbreitet: »Inzwischen ist Fest, der Autor und Buch von seinem Vorgänger Peter Wilfert geerbt hat, klüger geworden: *Ich habe einen Fehler gemacht, ich hätte das Buch gleich aus dem Programm nehmen sollen, nachdem ich es gelesen hatte.* Das war im Juni vorigen Jahres. Damals schrieb er in einem Vermerk, der dem *Spiegel* vorliegt, an seine Mitarbeiter, Kunkel sei zwar »sprachlich begabt«, aber er [Kunkel] pflege ein »verschrobenes Geschichtsbild« mit »viel Revisionismus und blanken Hintern«, das Buch sei »berechenbare, billige Agitation«.

Dieser Vermerk – sollte er nicht erfunden sein – würde ein sehr unschönes Licht auf unser Treffen im Berliner Literatur-Café am 17. Juni 2003 werfen. Es würde im Grunde bedeuten, dass Fests Forderung nach einer »positiven Nebenfigur« (einem Juden oder Widerstandskämpfer) nur Geplänkel war, um mich aus der Reserve zu locken. Demnach stand sein Urteil zu diesem Zeitpunkt schon fest.

Broders Artikel überspringt dann fast 7 Monate der Arbeit am Manuskript und nimmt den Faden erst wieder im Januar 2004 auf, an einem Tag, an dem der wohlmeinende Verleger eine »Notiz« seiner treuen Lektorin Ulrike Schieder erhält, »die ihn von ihrer anhaltenden Sorge informiert, der Autor stelle die Deutschen einzig und allein als Opfer dar und die Alliierten als blutrünstige, triebhafte Tiere«. Sie habe schon – so zitiert Broder meine Lektorin – »so manches Zweifelhafte aus dem Buch rauskicken können«, sei aber nun »an eine Grenze gestoßen«. Infolgedessen habe Fest dann einen »betrüblichen Brief« an Thor Kunkel geschrieben: »Wir haben es versucht, aber es geht nicht.« Wohlgemut zitiert Broder dann jene Stellen des Romans, die von Alexander Fest als »ästhetisch und literarisch glänzend« empfunden wurden. Da hieße es zum Beispiel über die auf Berlin vorrückenden sowjetischen Soldaten: »Über zweieinhalb Millionen halbsteifer und stets steifer werdender Schniedel bewegten sich in diesen letzten Wochen wie der Pfeilregen eines tollwütigen Amors auf die Reichshauptstadt zu [...] Die deutsche Möse, struppig oder nach der Entlausung rasiert, ist das einzige Übrigbleibsel vom Dritten Reich, das noch zahlt. Ohne diese begehrte Naturalie wäre es den Besiegten noch dreckiger ergangen.« Mit der Verdichtung von zwei auseinanderliegenden situativen Beschreibungen will Broder unterstreichen, wie vulgär der Roman ist. Wobei er es mit dem Zitieren nicht so genau nimmt, denn der erste Satz lautet im Original:

Wie der Pfeilregen eines tollwütigen Eros ergießen sie sich nun über die Flüchtlingstrecks und ostpreußischen Dörfer, Goebbels Presse schlachtet die »Greueltaten der innerasiatischen Wüstlinge« zwar aus, doch den Frauen hilft das nicht.

Broders Variante mit den »Millionen halbsteifer und stets steifer werdenden Schniedel« ist natürlich deftiger und mag sich aus einer schlecht kaschierten Begeisterung für die Idee der Notzucht erklären, die er freilich mir unterstellt. »Kunkel beschreibt die sexuellen Exzesse der Soldateska [...] vor allem mit viel Phantasie, wobei er auch Details enthüllt, die bislang eher unbekannt waren: ›Manche der Opfer werden gezwungen, die Internationale zu singen, während es ihnen, Ironie des Schicksals, von Soldaten mehrerer Nationen besorgt wird.‹ Die Rotarmisten bringen ihren ›eigenen Mikrokosmos‹ mit nach Deutschland, ›auf den verdreckten Steckrüben der Stalinisten reisen blinde Passagiere, die im feuchtwarmen Klima einer wunden Möse aussteigen. Schon bald grassiert eine hartnäckige, asiatische Abart der Syphilis.‹« Da hat er endlich einmal richtig zitiert, und ich erinnere mich noch an den Abend, als ich in Amsterdam in meinem Rosengarten saß, und diese herrlichen Zeilen zu Papier gebracht hatte, und wie ich mir dabei die Visagen von Sigrid Löffler, Elke Heidenreich oder Iris Radisch vorstellte – dieser bleiche Flor eines Frostwinds auf ihren teigigen, aber lieben Gesichtchen, wenn sie lesen würden ... Begreift doch endlich, ich komme aus einer Welt außerhalb eures Literaturreservats, und bitte versteht, dass ich dieses Leben, an dem ihr so hängt, schon als Kind als tiefe Kränkung empfand.

Broder versteht es leider auch nicht, zwischen den Zeilen zu lesen:

»Wenig später lässt Kunkel seinen Protagonisten Karl Fußmann darüber räsonieren, warum die US-Amerikaner prädisponiert seien, ›unser Erbe anzutreten‹, also die Arbeit weiterzuführen, welche die Nazis abbrechen mussten, weil ihnen ›der Strom abgestellt wurde‹.« Auch um diesen Satz (aus einem Brief Fußmanns an seine ehemalige Verlobte) kommt Broder nicht herum: »Am Ende der genetischen Gleichschaltung steht ein milchkaffeebrauner Plebejer mit platter Nase und blondem Kraushaar, das Produkt zionistischer Politik: weiße Kohle eben. Genau das Richtige zum Verheizen, denn die Amerikanisierung des Planeten wird noch blutiger und langwieriger verlaufen als der Zweite Weltkrieg.«

Im Folgenden arbeitet sich Broder an meinem Protagonisten regelrecht ab, man könnte sagen, er hat an meinem SS-Chemiker, dessen größte Interessen chromgegerbte Reitstiefel, Opiumpastillen und Schlüssellochfilme sind, einen Narren gefressen:

»Dieser Fußmann, Biologe an einem SS-Hygiene-Institut, das es in der Wirklichkeit so nicht gegeben hat, ist ein echter Idealist. Er sagt: ›Kein Wunder, dass wir den Krieg verloren haben. Amerika ist die erste nicht-menschliche Zivilisation‹, gibt aber die Hoffnung auf eine bessere Welt nicht auf. ›Der biologische Wert wird sich doch gegen das Geld durchsetzen. Es werden Menschen entstehen, die nicht mehr käuflich sind. Vielleicht werden wir es nicht mehr erleben, aber eines Tages wird es ein Leben ohne Geld geben.‹ Das klingt obskur und irre, nach braun gefärbtem Herrenmenschentum – aber muss ein Schriftsteller, der die barbarischen Ideale der Nazis anschaulich machen will, nicht genau solche Sätze schreiben?

Das ist keine Rollenprosa, sagt Fest, *das ist Originalton Kunkel, er meint es so, wie er es sagt.* Kunkel sei *ein Rasender,* einerseits, *völlig ahnungslos,* anderseits *sehr von sich angetan – die Wiedergeburt Parzifals als rechter Schläger.* Nirgends im Roman gebe es eine Distanzierung von den Protagonisten oder eine Ironisierung des Nazi-Vokabulars, es fehle eine zweite Ebene, der Nationalsozialismus werde letztlich als *Spaßgesellschaft* dargestellt.«

Angesichts solcher Zitate von meinem Verleger möchte man einmal mehr an der Falschheit des Menschen verzweifeln, aber worum es hier in Wirklichkeit geht, ist eigentlich nur meine öffentliche Brandmarkung als »Wiedergeburt Parzivals als rechter Schläger«, damit die eigentliche Anklagschrift ausgepackt werden kann:

»Fest stützt sich bei seinem Urteil nicht nur auf das Buch-Manuskript, das von ursprünglich 1200 Seiten auf rund 700 Seiten gekürzt wurde, sondern auch auf einen über 100 Seiten langen Werkstattbericht des Autors. Darin dokumentiert er seine aufwendigen Recherchen, die er begann, nachdem er Mitte der Neunziger Jahre in einem *Playboy*-Heft aus den siebziger Jahren gelesen hatte, im Dritten Reich seien Pornofilme unter dem obskuren Logo ›Sachsenwald‹ produziert worden. Kunkel stieß durch Zufall auf einen älteren Holländer, der vor vielen Jahren bei seiner Hochzeitsreise durch Nevada ebenfalls durch Zufall mitten in der Wüste einen Einsiedler fand, der in seinem Wohnwagen einen Koffer voller Nazi-Pornofilme hatte. Der Rechercheberich t erinnert fatal an die labyrinthische Mühsal des *Stern*-Reporters Heidemann bei der Beschaffung der so genannten Hitler-Tagebücher. Doch die *Beischrift,* wie Fest das Konvolut nennt, das er nicht aus der Hand gibt, wenn er daraus vorliest, enthält noch wichtigere Informationen.«

Bevor wir zu diesen kommen, sei hier kurz angemerkt, dass es sich bei Broders »älterem Holländer« um den in Fachkreisen bekannten, 61jährigen Melle D. handelte, einen Verleiher von Vintage-Pornofilmen, der seit den 1980er-Jahren den Versandhandel »The P.I.G.«, kurz für »The porn is green«, unterhielt. Ich hatte Melle am 16. Oktober 2000 zu Hause in Enschede interviewt. Aufgrund der Tatsache, dass die Unterredung auf Niederländisch stattfand, räume ich ein, dass es sich bei den im Werkstattbericht notierten Aussagen um grobe Übersetzungen handelt, die jedoch inhaltlich stimmen. Melle hatte Anfang der Siebzigerjahre erstmals von dem Tauschgeschäft »Pornos gegen Eisenerz« gehört. Auf seiner Hochzeitsreise mit seiner ersten Frau Rebecca hatte er sich nachts am Stadtrand von Las Vegas verfahren. Dabei hatte er ein illegales »Caravan Cinema« entdeckt. Mit dem Besitzer habe er sich dann die halbe Nacht »fachlich ausgetauscht«, dabei seien sie auch auf »Hitlers Pornos« zu sprechen gekommen. Der Mann, dessen Name Melle vergessen hatte, kannte auch die Bezeichnung Sachsenwald-Filme. Die Amis hätten »nach dem Krieg förmlich Jagd auf die Filme« gemacht. Der Grund? Der Kameramann sei kein anderer als Hans Ertl gewesen, also der Kameramann, der Riefenstahls Olympia-Film gedreht hatte. Melles Abenteuer endete dann mit dem Kauf von drei 16-Millimeter-Filmen, zwei 35-Millimeter-Negativen, einem 35-Millimeter-Farbnegativ und etwa hundert Nacktfotos (von merkwürdigen Varieté-Nummern). In meinem Werkstattbericht merkte ich übrigens auch kritische Zweifel an: »Den Namen Hans Ertl halte ich für Namedropping, denn jeder kennt den Kameramann der Riefenstahl-Werke.«

Hört sich das vielleicht nach einem zweiten Hitler-Tagebuch an?

Damit kommen wir dann endlich zu Broders »wichtigeren Informationen«. Fast genüsslich präsentiert er nun seinem zwischen Schaudern und Verachtung hin und her gerissenem Publikum meine entscheidenden Sätze:

»›Wie oft hat Deutschland schon der Verbrechen des Nationalsozialismus gedacht? Es macht nicht den Anschein, als hätten die Juden vor zu vergeben […] Eine Nation, die dem Kindergarten entwachsen ist, lässt sich nicht von Gräuelmärchen erschrecken.‹ Für solche Sätze kann die Unschuldsvermutung nicht gelten. Der Subtext wird zum Klartext. Kunkel spricht von den ›Amerikanern‹, die ›ihre Devisen wie Geschlechtskrankheiten in gesunde Volksgemeinschaften einschleppen‹, behauptet, die Amerikaner und die Briten hätten Hitler so lange herausgefordert, ›bis es krachte‹, und klagt darüber, dass den Deutschen nach dem Ende des Zweiten Weltkrieges ›eine gesalzene Gasrechnung präsentiert wurde‹.« Daraus folgert der ebenso wütende wie biedere *Spiegel*-Autor: »Revisionismus pur. Die Suche nach den verschwundenen Pornofilmen der Nazis dient ihm [Kunkel] nur als Alibi für seine unsäglichen Ressentiments. Zwischendurch äußert er ›Nachtgedanken‹, die sich so anhören, als hätte er das Kopfkissen mit Martin Walser geteilt: ›Deutschland hat keine Gestapo mehr, dafür eine Gedankenpolizei, ironischerweise freiwillige Selbstkontrolle genannt. (Wehe mir, da ich diese Zeilen zu Papier bringe …) Mit verbalen Brandzeichen wie *politisch korrekt, rassistisch* und *antisemitisch* steht heute ein ganzes Arsenal der polemischen Unterdrückungs-Instrumentarien bereit …‹«

Ja, wehe mir … Nun würde ich behaupten wollen, dass spöttische Formulierungen trauriger Tatsachen der apotropäischen Kulturtechnik des Menschen entsprechen, die Dämonen – innen wie außen – zu bannen. Doch wenn es schon bemerkenswert ist, dass Broder nicht merkt, dass er mit seinem Artikel all meine Prämissen »beweist«, dann weiß ich an dieser Stelle bereits, dass jetzt der Moment kommen muss, an dem Broder endlich die Kurve zum Holocaust kriegt – und so ist es. 19 Zeilen vor dem Ende lässt er die Katze, um die es ihm letztlich geht, aus dem Sack:

»An eine Diskussion mit Kunkel erinnert sich Schieder besonders gut. Er habe gesagt: ›Was den deutschen Frauen durch die Alliierten, vor allem die Russen widerfuhr, sei das Schlimmste gewesen, was während des Zweiten Weltkriegs geschehen sei.‹« Schieder, die Ärmste, habe immer wieder bibbernd gefragt: »›Das Schlimmste? Aber die Juden …‹ Kunkel habe gemeint, der Tod in der Gaskammer sei der Vergewaltigung durch Russen vorzuziehen. Wer das erlebt habe, müsse damit ein Leben lang umgehen, was den Juden ›erspart‹ geblieben sei.«

Wenn es schon ein zwiespältiges Gefühl ist, eine Zeitung aufzuschlagen und dort eine Anklageschrift aus mir zugeschriebenen Aussagen zu finden, dann gehen einem doch gleichzeitig Gegenmaßnahmen durch den Kopf: Weder Alexander Fest noch der *Spiegel* hatte an meinem Werkstattbericht die Urheberrechte. Schlimmer noch – hatte sich Fest, der dem *Spiegel* meine Notas zuspielte, nicht einer »Verletzung der Vertraulichkeit des Wortes«, § 201 StGB, schuldig gemacht? Dass dennoch ganze Passagen abgedruckt wurden und dass die Verantwortlichen glaubten, damit durchzukommen, liegt wohl an der Überzeugung der Redaktion, die öffentliche Überführung eines bis dato *unerkannten Rechten aus der Hochliteratur* wäre mit der »Wahrnehmung überragender öffentlicher Interessen« im Einklang. Ist mein »verschrobenes Weltbild« (Zitat: Fest) wirklich so fremd, dass es an Rechtsextremismus grenzt? Ich muss an das Stasi-Stuben-Lektorat mit Schieder zurückdenken, an ihr permanentes Gejammer, »die Alliierten würden in *Endstufe* schlecht wegkommen«.

Doch wieso sollte ich die Tatsachen verdrehen? Selbstverständlich waren die Alliierten nicht als Befreier gekommen. Sie waren in erster Linie angetreten, um ein kriegsmüdes Volk zu kolonisieren und seine Erfindungen zu stehlen.

Ist Broder wirklich so dumm? Nein, der Mensch will einfach seinen Skandal. Wo solche Existenzen nicht weiterkommen, wo ihr Verstand nicht ausreicht, da entkorken sie einfach den **»Jodocaust-Vaporisator«**, und dieses Giftgasgemisch sprühen sie dem unbotsamen Goi wie Pfefferspray ins Gesicht. Und so endet sein Artikel wie folgt:

»Kunkel wollte mit dem *Spiegel* über all das nicht reden, aber gegenüber dem Verlag hat er unverhohlen eingeräumt, dass es ihm um einen ›**seit Langem überfälligen Paradigmenwechsel** in Deutschland‹ geht. […] Am Ende der Widmungen [in *Endstufe*] stand die Aufforderung: ›**He, ihr Wachhunde von der Gedan-**

kenpolizei: Lest und verzweifelt.‹ Vergangenen Freitag wurde bekannt, dass der Eichborn Verlag Kunkels *Endstufe* publizieren wolle. Hallo Eichborn-Lektoren! Lest und verzweifelt!«[59]

9. Februar. Nach einer ersten Durchsicht gemeinsam mit dem Eichborn-Anwalt finden wir 16 Stellen mit bedeutsamen Unwahrheiten, falschen Zitaten und Falschdarstellungen, die der Reporter-Populist zu einer unentwirrbaren *hystorischen* Brühe zusammengerührt hat: Statt »Steckrüben der Stalinisten« hätte er das Ganze besser »Wie ich mir selbst eine antisemitische Ofenkartoffel briet und an dem Gestank eine fünfstellige Summe verdiente« genannt. Denn der Kernsatz des Ganzen ist natürlich Schieders Behauptung: »Kunkel habe gemeint, der Tod in der Gaskammer sei der Vergewaltigung vorzuziehen.« Das geht nicht. Es darf nichts Schlimmeres geben, weil sonst alles auf den Kopf gestellt werden wird. Eine Menge »guter Macher«, die heute einfach davon leben, Jude zu sein, würden dann Titel, Ansehen und Fixum[60] verlieren. Doch selbst diese zwischen den Zeilen zornig aufstampfende Indignation kann Broders Mist[61] nicht den Anschein eines seriösen Artikels verleihen. Es ist die gedruckte jour-

59 »Steckrüben der Stalinisten«, *Der Spiegel,* Nr. 7/2004, Seite 156.

60 Festes Entgelt für eine berufliche Tätigkeit.

61 **ANMERKUNG 2020:** Broder selbst sprach 2018 von »nicht einem meiner besten Texte«, die Untertreibung des Jahres für einen »Bericht«, der an Unseriosität mit den Stories des Fälschers Claas Relotius mithalten kann. Vor allem widerspricht der Text dem *Spiegel*-Statut, das für alle Mitarbeiter gilt: »Alle im *Spiegel* verarbeiteten und verzeichneten Nachrichten, Informationen, Tatsachen müssen unbedingt zutreffen. Und in Zweifelsfällen ist eher auf eine Information zu verzichten, als die Gefahr einer falschen Berichterstattung zu laufen.« Broder hingegen erfand »Informationen«, die sich weder in meinem Werkstattbericht noch im Roman finden. Broders Bericht ist daher – in Abschnitten – eine journalistische Fälschung.

nalistische Verantwortungslosigkeit, das ist dieser Artikel. Zwischen den Zeilen der »geile Grimm«, wie es bei De Sade einmal hieß, angereichert durch die trüben Sekrete eines urdeutschen Charakters: Hass auf Andersdenkende, Größenwahn und die Häme des Ewig-zu-Kurz-Gekommenen, der sich in dem zweifelhaften Ruhm sonnen will, einen echten Schriftsteller zur Strecke gebracht zu haben. Wenn Broder Pole und Jude ist, dann bin ich Eskimo und Marsianer.

Das irrste Zitat, dass das Broder-Potpourri aufbietet, ist allerdings echt: Alexander Fest, der sich als Briefeschreiber bisher so verständnisvoll zeigte, hat die Maske endlich fallen gelassen und beschimpft mich als »die Wiedergeburt Parzivals als rechter Schläger«. Öffentlich.

Ich biete Hörner noch am selben Abend eine Auflösung des Vertrages und Rückzahlung des Vorschusses an. Doch er will nicht. Stattdessen fragt er mich, ob ich *das mit der Gaskammer wirklich so sähe.* Ich frage zurück, ob er wirklich glaubt, dass es auf diesem Planeten nichts Schlimmeres gibt? Noch einmal fragt er nach, jetzt im Tonfall eines Büßermönchs, der einen gefallenen Bruder wieder aufrichten will. Er meint es ernst. Diesmal antworte ich ihm, dass ich einen derartigen Vergleich für amoralisch halte, weil er offenbar nur der Etablierung eines geldwerten Vorteils dient und keinen Erkenntniswert bringt. Das akzeptiert er als Antwort und bittet mich, eine Art Dementi zu schreiben, das er dem *Spiegel* zuschicken will. Es gäbe in dem Magazin ja den »Rückspiegel« – »ganz hinten, letzte Seite, aber besser als nichts«. Der Broder-Artikel habe auch seine »guten Seiten«, das Buch sei jetzt im Gespräch. Also schreibe ich einen offenen Brief an den *Spiegel,* der wenig später online erscheint.

Sehr geehrte Herausgeber!

Ihr Artikel »Steckrüben der Stalinisten« liefert ein völlig verzerrtes Bild meiner Person und meiner schriftstellerischen Tätigkeit. Der Beitrag von Henryk Broder entbehrt jeder gesicherten Textgrundlage und entpuppt sich als schludrigste Form des Journalismus. Wie ist es möglich, dass Sie so etwas drucken?

Den SPIEGEL-Lesern werden unautorisierte Textpassagen aus längst verworfenen Manuskript-Stadien zitiert. Mein Angebot, eine von mir autorisierte Interimsfassung des Romans zu Verfügung zu stellen, wurde letzten Donnerstag abgelehnt. Man habe schon genug, so die Antwort von SPIEGEL-Mitarbeiterin (und Rowohlt-Autorin) Jana Hensel. Eine Interview-Anfrage seitens des SPIEGEL gab es nicht.

Angesichts dieser Art von Journalismus, fällt es mir schwer, den Inhalt Ihrer Reportage zu kommentieren. Herr Fest, mein ehemaliger Verleger, bezieht sich in seinen Ausfällen – anscheinend – auf einen »Werkstattbericht«, aus dem Broder genüsslich zitiert: Soundbites pur, verbale Elektroschocks. Durch eine nicht ungeschickte Textmontage wird der Eindruck erweckt, es handele sich um meine persönlichen Bekenntnisse, die ich Fest – ausgerechnet dem – anvertraut hätte. Unfug.

In Wirklichkeit handelt es sich um eine von mir Mitte 2002 geschriebene Rahmenhandlung von »Endstufe« – die Geschichte einer abwegigen Recherche, also Prosa in Reinkultur!

Der Text sollte eine eigene Ebene des Romans bilden, der die drei voluminösen Teile sozusagen »klammert«. Erst später, Anfang 2003, wurden diese »Zwischenschnitte« aus dem auf 1000 Seiten ausgeuferten Roman herausgelöst und als »Materialsammlung« zur Vorbereitung eines möglichen »Endstufe«-begleitenden Sachbuchs zusammengefasst.

Es sollte ein geplantes Spiel mit Fiktion und Wirklichkeit werden, ganz so wie »Blair Witch Projekt« oder »The House of Leaves«. Es erschreckt mich zutiefst, wenn ich jetzt lese, dass Fest aus diesem als

»groteskes Protokoll einer Gewissenkrise« angelegten, fiktiven Text Sätze zitiert, die beweisen sollen, dass ich »die Wiedergeburt Parzivals als rechter Schläger« bin.

Das passt allerdings bestens zu Broders Pandämonium von Halbwahrheiten und Gruselbildern: Mehr als einmal insinuiert Broder, ich sei Auschwitzleugner und Revisionist. Zur Klarstellung: Als deutscher Europäer, mit polnisch-französischen Wurzeln, verheiratet mit einer Holländerin, deren Vater Widerstandskämpfer war, verurteile ich die Gräuel des Nazi-Regimes, so wie jeder halbwegs vernunftbegabte Mitmensch. Ich leugne weder Auschwitz, noch pflege ich irgendeine Art des Revanchismus.

Hauptberuflich bin ich Schriftsteller. Schriftsteller, der seine Leser mit Texten zutiefst berührt – oder provoziert, das will ich gar nicht in Abrede stellen. Und so sei es auch weiterhin. Denn Literatur muß Denkanstöße geben, sonst hat sie versagt.

Ein Roman ist kein Sachbuch, schon gar kein Mittel der Konformität. In Broders Report hat man den Eindruck, Fest hätte ein »Sachbuch« abgelehnt.

Das war nie der Fall. Ich betone es noch einmal: »Endstufe« ist ein Roman. Beim Schreiben habe ich bewusst auf alle hinlänglich bekannten Klischees des »Genres« verzichtet, um endlich – ENDLICH – die subtilere Form des Bösen hinter dem braunen Kolorit sichtbar zu machen. Der Roman vermittelt Einblicke in eine bis heute kaum bekannte Seite des III. Reiches, beschreibt neben den zeitgeistlichen Strömungen auch die »geistige Wirklichkeit« von Techno-Hedonisten, die sich durch Tauschgeschäfte von Pornofilmen in Kriegszeiten bereicherten. »Endstufe« beschreibt auch – und das ist der Meta-Plot des Romans –, wie im moralfreien Milieu des III. Reiches ein entfesselter Fortschrittsglaube Gestalt annehmen konnte, der nach Kriegsende 1945 vor allem in den USA einen neuen »Nährboden« fand. »Endstufe« endet 1959 in Las Vegas, im Umfeld des Versuchsgeländes der Atomforschungsbehörde.

Von all dem, was in »Endstufe« wirklich steht, findet sich leider nichts in Broders Bericht. Stattdessen die erwartungsgemäßen Anspielungen, abgeschmackte Worthülsen und brutale Diffamierungen wie die angebliche Aussage meiner früheren Lektorin, ich *hielte die Vergewaltigung deutscher Frauen für schlimmer als den Massenmord an den Juden.* Man muss psychisch krank sein, um auch nur anzunehmen, dass es eine solche Vergleichsmöglichkeit gäbe. Mir käme sie jedenfalls nicht in den Sinn.

Insgesamt kann ich zu ihrem Artikel nur sagen: Die Art und Weise, wie Ihr Reporter aus unautorisiertem Material zitiert, es verzerrt, entstellt und mich als verkappten Rechten und Revisionisten darstellt, ist Rufmord in Reinkultur. Das – und das sage ich hier in aller Deutlichkeit – verbitte ich mir.

Mit Herrn Broders heißem Tipp, es gäbe eine in Bremen bekannte »rechtsextreme« Rockgruppe namens Endstufe, kann ich ebenfalls nichts anfangen.

Wir hören anscheinend nicht dieselbe Musik.

Mit freundlichen Grüßen, Thor Kunkel

Dem Schreiben an die Redaktion füge ich auch eine Szene der später verworfenen Rahmenhandlung bei, um zu zeigen, wie sich aus Recherchematerial Fiktionen ergeben haben.

Im Nachhinein fällt mir auf, dass dieses Entgegenkommen wahrscheinlich ein Fehler war, da sich die *Spiegel*-Fatzken – viele Alt-68er – nach dieser Beschreibung wahrscheinlich verhöhnt vorkommen müssen.

XIII.

Die Geburtsstunde eines Schandwerks

10. Februar 2004. In Berliner Schriftstellerkreise heißt es, ich hätte diesen Skandal provoziert, aber auch Fests Integrität als Verleger wird infrage gestellt. Kein anständiger Verlagschef würde seinen Autor denunzieren. Das ist auch den Presse-Fatzken nun klar. Im Übrigen waren – und das ist das Absurde – die Texte, die er Broder zur Verfügung gestellt hat, *nicht* Bestandteil des Manuskripts. Es waren *private* Arbeitsnotizen, die ich meinem ersten Lektor Marcel Hartges im Vertrauen zur Verfügung gestellt hatte. *Reichte Rowohlt das für einen intern durchgeführten Gesinnungscheck aus?* Aus irgendeinem Grund zog sich Hartges, der das Exposé des Romans abgenickt hatte, zurück. Nochmals: Eine *Veröffentlichung* des Werkstattberichts stand bei Rowohlt nie zur Debatte, weder gab es einen Vertrag, noch waren die zitierten Passagen von mir autorisiert. *Welches Recht hatte also Fest, meine privaten Notizen zur Publikation freizugeben?* Entweder ist Fest ein besonders falscher oder ein besonders hochmütiger Narr, der nun in die Grube fällt, die mir seine antifaschistische Lektorin gegraben hat.

Marcel Hartges hat es bislang geschafft, aus der Schusslinie zu bleiben. Seine grundsätzliche Rivalität mit Fest, dem er den fett bezahlten Job neidet, aus dem einfachen Grund, dass er, Hartges, ja das meiste Geld im Verlag erwirtschaften würde, hindert ihn jetzt daran, das Missverständnis auszuräumen. Ich glaube, er hofft, dass der Skandal Fest beschädigt, auf dass dieser Federn lassen werde. Ich würde diesen Menschen, der mir jahrelang eine Freundschaft vorgaukelte, als größte Enttäuschung meines Lebens bezeichnen.

11. Februar. Eines ist klar: Wer in diesem Deutschland, das in meiner zehnjährigen Abwesenheit entstanden ist, gegen den Zeitgeist opponiert, wird von *den unteren Ebenen* sofort in Schutzhaft genommen. Es scheint, als ob es hier eine neue aggressive Lumpen-Intelligenzija gibt, die nur darauf wartet, irgendeinen, der aus der Reihe tanzt, zu zerfetzen. Diese Linken sind tatsächlich *dreckige (*soll heißen *»ungewaschene«) Spießer.* Die alten Spießer hatten noch nach Kernseife und Haaröl gerochen, die neuen Spießer riechen leicht süßlich, nach Kebab, Fast Food, verschwitzten Klamotten und fehlender – wie heißt es noch – Intimhygiene. Ihr ungepflegtes Äußeres scheint tatsächlich einer inneren Verwahrlosung zu entsprechen. Da die meisten bis zur Halskrause in der Kreide stehen oder Stütze beziehen, ist ihr einziger Besitzstand das sogenannte Sozialkapital, die Eintrittskarte ins Business von Kultur und Meinungsmache. Dieses ideologische Inventar wird gehegt und gepflegt, weil es einen ernährt. Meine Geschichte dürften viele als Bedrohung empfinden. Ich habe alles an historischen Lügen kurz und klein geschlagen, was es gibt, und das dürfte diesen Shareholdern einer linken Weltsicht wenig gefallen.

Nach dem *Spiegel*-Artikel bricht bei Eichborn die Hölle los. Anrufe, »gut gemeinte Warnungen« (W. Hörner) von linken Gruppen und empörten *taz*-Journalisten. Ein neues Hakenkreuz-Graffito am Eichborn-Briefkasten belegt das Interesse der Antifa an meinem Fall.

Der schriftstellernde Ex-DKPler **Sven Regener,** ein Autor, der auf dem intellektuellen Niveau von Sat.1 Berliner Milieustudien schreibt, droht Hörner mit Verlagswechsel, falls mein Roman bei Eichborn erscheine. Der Verlagschef wünscht Regener daher viel Glück, weil er weiß, dass Regener nur blufft: Als Trompeter gab der norddeutsche Sven ja noch eine passable Witzfigur ab, als Schreiberling – mit schwarzer Hornbrille »intellektuell maskiert« – bewegt sich der Musiker, dem jedes Gefühl für Sprache abgeht, dagegen auf Quark-mit-Sülze-Niveau.

Auch andere literarische Hinterlader wie **Roger Willemsen**[62] intrigieren bei Hörner – natürlich ohne den Roman gelesen zu haben. Offenbar hat Broders Tatsachenphantasie im *Spiegel* gereicht, Willemsens Kammerjägermentalität anzustacheln.

Interessant ist, dass es immer dieselben erpresserischen Forderungen sind, die Hörner zu hören bekommt: Sollte »der Kunkel-Roman« bei Eichborn erscheinen, wird mit »ernsten Konsequenzen« gedroht. Zum ersten Mal dämmert mir, wer hier wirklich für all den Gegenwind sorgt – es sind die etablierten Opportunisten, die sich bei ihrem Kulturhegemon lieb Kind machen wollen. Broder kann sich auf diese Ratten verlassen, denn für sie ist es etwas anderes, wenn ein Bart-Jude »anschlägt«, sobald er den braunen Werwolf wittert. Dann hat die Stunde der historischen Verpflichtung geschlagen, und die Bande schreitet zur Tat in der Hoffnung, dass sich der Zentralrat, dessen Macht sie für grenzenlos halten, ihre Namen wohlwollend notiert.

62 Über den 2016 verstorbenen Willemsen nur so viel: Er war kein Literat, sondern gilt als Verfasser von Promi-Klatsch-Büchern wie *Gute Tage* (S. Fischer Verlag), in denen er sich folgendermaßen brüstet: »Roger Willemsen hatte das Glück, einigen großen Persönlichkeiten der Zeitgeschichte an einem Wendepunkt ihres Lebens zu begegnen, und er hatte das Privileg, manchmal Tage, sogar Wochen mit ihnen zu verbringen.« (Zum Beispiel mit dem »großen« Harald Schmidt.)

Am Abend nichts Neues. Unterstützung von Kollegen gibt es so gut wie keine, und wenn, dann sieht sie so aus wie die von Michael Lentz in der *Süddeutschen* von heute.

»Der Schriftsteller K hat einen Roman geschrieben. Dieser Roman ist nicht brav. Er sei moralisch gewissenlos und (deshalb?) ästhetisch unzumutbar. Heißt es. Nachdem der Verlag den werbewirksam angekündigten Roman nun doch nicht hat erscheinen lassen. Tauschbörse klemmt. […] Mit so einem Vorfall in der Tasche kann ein Kommentator schon mal mit dem Notstandsartikel winken, der aus dem Vorfall den Generalzustand der Literatur abliest (siehe Thomas Steinfeld[63] in der SZ vom 4. Februar) […] Wie das Leben, so nicht die Literatur, lautet die Keulenschlagmaxime. […] Kann Literatur noch unmoralischer sein als ihre vermeintliche Vorlage? Wie eigentlich soll das gehen, das richtige Leben abschreiben?

[…] Wer also macht den Skandal? Der Autor? Unterliegt Literatur als eine geschlossene betriebliche Anstalt nicht dem Prinzip der Selbstinduktion? Literatur ist gefährlich. Heute wie gestern. Sie ist der Versuch zu erobern, zu erstürmen. Kann ihr irgendein Thema tabu sein? Ist h i e r z u l a n d e *irgend*ein Thema tabu? Sollte es das sein? Brauchen wir eine (neue) Tabupolizei? Brauchen wir ernsthaft ein moralisches Richten über Kunst? Dann kann es nur heißen: Lieber Skandal als Restauration und Reaktion.«

---

63 Den Namen Steinfeld schreibt L. natürlich aus. Damit bestätigt er, dass Steinfeld dazu gehört, zur Wohlfühl- und Siegergemeinschaft in der Deutschen Literatur. Meinen Namen dagegen kürzt der Medienprofi ab, um mir nicht versehentlich zu einer größeren Bekanntheit zu verhelfen.

Lentz hat völlig recht, schade, dass er sich durch die Abkürzung meines Namens von mir distanziert. Könnte wohl der eigenen Karriere schaden, denn Lentz hat gute Chancen, den Präsidenten der »Freien Akademie der Künste zu Leipzig« zu spielen. Von allen schriftstellernden Existenzen, die sich mit mir messen wollen, zeichnete Lentz eine gewisse Ehrlichkeit aus. Für seine vom Links-Establishment konstruierte Karriere kann der selbst ernannte »Lautpoet« nichts; einem echten Dichter wie Gottfried Benn dürfte er trotzdem nie das Wasser reichen können.

13. Februar. Inzwischen kursieren mehrere Dateien von *Endstufe* im Netz! Jede deutsche Tageszeitung scheint aus einer anderen Vorfassung oder »unbereinigten« Fassung zu zitieren. Selbst in der *Schweizer Sonntagszeitung* wird der Roman schon besprochen.

> »In den besten Abschnitten erinnert das an Thomas Pynchons Roman *Gravity's Rainbow* [...] Wenn der Roman erscheint, dürfte er einen erstklassigen Debattenstoff abgeben. Und das ist nicht das Schlechteste, was einem literarischen Werk passieren kann.«

Schon jetzt ist klar: Objekt und Inhalt meiner Fiktion haben die in Deutschland akzeptierten Grundlagen des politisch korrekten Denkens an neuralgischen Punkten berührt. Und zwar empfindlich.

XIV.

Krimineller Journalismus – der »Johnson-Einbrecher« zeigt, was er kann

14. Februar 2004. Wolfgang Hörner ruft mich an. Ob ich schon mal von Tilman Jens gehört hätte?

– *Nope. Wer ist Jens?*

– Ein »Borderliner«, der vor Jahren mal unter die Räder gekommen sei. Jens bereite einen Beitrag für *Aspekte* vor. »Vielleicht hilft uns das wieder *aus der Ecke* heraus.«

Abends telefoniere ich kurz mit Jens. Er redet kaum über den Roman, nur über Broders »dumme Masche, mit Skandalen Kohle« zu machen. Schon hier spürbar – eine unterschwellige Falschheit und Arroganz; unser Telefonat mündet in einen Monolog der intellektuellen Selbstüberhöhung seinerseits. Scheinbar rechnet er sich zu den »Top-Intellektuellen« Deutschlands. Dabei hat er nichts vorzuweisen außer einem Vaterkomplex. Sein alter Herr ist dieser Altphilologe mit der Tarzan-Frisur, ein Ehemaliger der Gruppe 47, in gewissen Kreisen geradezu ein Idol. Tilmans Meriten dagegen sind weniger imposant. Er gilt als journalistischer Hasardeuer, einer, der davon lebt, »andere zu beschädigen«. Den Beinamen »der Johnson-Einbrecher« verdankt er seinem real begangenen Einbruch in das Gartenhaus des verstorbenen Schriftstellers. (Das erfahre ich allerdings nicht von ihm.) Es heißt auch, er habe versucht den großen **Marcel Reich-Ranicki,** Chefinquisitor des *Literarischen Quartetts,* durch üble Nachrede vom Sockel[64] zu stoßen. Der *Spiegel* schlug damals in Reich-Ranickis Namen mit der Auschwitz-Keule zurück. »Einem Ex-Einbrecher« habe »der Westdeutsche Rundfunk gestattet, das Ansehen eines Juden zu beschädigen, der in den Konzentrationslagern der Nazis fast seine ganze Familie verlor«. Während *Die Welt* in Jens' Vorgehen nur »juvenilen Fürwitz« entdeckte, beschuldigte die Reich-Ranicki-Kommandozentrale FAZ Jens »skrupelloser Methoden«[65].

Wie Jens zugibt, hat er meinen Roman nicht gelesen, was wohl seinen primär-narzisstischen Zielen zuwidergelaufen wäre. Ich denke, dieser Mann ist kein Journalist, sondern eher ein verkrachter Autor und Rosinenpicker, der gelegentlich aus der Versenkung auftaucht, um seine Machwerke ins Gespräch zu bringen. Defizitäre, von Ehrgeiz getriebene Talente sind in der Regel mit Vorsicht zu genießen, doch Hörner beruhigt mich. Jens sei mit Sicherheit »auf unserer Seite«.

Na dann.

15. Februar. Meine öffentliche Gegendarstellung im »Rückspiegel« hat nichts gebracht. Im Gegenteil: Sämtliche schriftstellernden Loser und Negaholiker fühlen sich jetzt erst recht animiert, an mir ihre Frustration abzubauen. Das meiste, was man im Internet liest, klingt nach Abkotzen auf Bestellung. Jeder abgebrochene Germanist versucht auf diese Weise, sich irgendeinem Me-

---

64 In einem Report für den *Kulturweltspiegel* des WDR hatte Jens 2002 mit den Mitteln der assoziativen und optischen Unterstellung nahegelegt, dass Reich-Ranicki als polnischer Konsul in London Exilpolen in ihre Heimat gelockt habe, die daraufhin in Lagern der Geheimpolizei UB *(Urzad Bezpieczenstwa)* verschwanden.

65 Quelle: epd medien Nr. 67, 28.8.2002.

dium indirekt zu empfehlen. In keinem, wirklich keinem einzigen Artikel komme ich gut weg, und niemand springt mir auch nur halbherzig zur Seite. Im Grunde hab ich nichts anderes erwartet. Ich war – soweit ich mich erinnern kann – immer allein.

16. Februar. *Eichmann ante portas.* In der Nacht klopft es an die Tür unserer Wohnung. Auf Nachfragen meiner Frau, wer draußen sei, antwortet eine Stimme: »Eichmann.« Wohlgemerkt, die Person, die das sagt, steht im dunklen Treppenhaus, direkt vor unserer Tür. *Ist der Lichtschalter mal wieder defekt?* Sie fragt erneut und glaubt diesmal das Wort *Eichborn* zu verstehen. Natürlich denkt sie an einen Kurier vom Verlag, doch als sie die Tür öffnen will, ergreift der späte Besucher die Flucht. Im dunklen Treppenhaus höre ich noch, wie der Unbekannte ganze Absätze runterspringt. Offenbar hat ihn die Anwesenheit einer Frau irritiert. Woher hatte diese Person meine Adresse?

Mehr und mehr Hassmails trudeln ein. Die Greifkommandos der Berliner Antifa kündigen sich an. Man empfiehlt mir, ein Hakenkreuz auf meine Homepage zu setzen, schimpft mich »Hitlers Schäferhund« und »Drecksau-Nazi-Phonograf« [sic]. Andere spenden mir schon mal »Herzliches Beileid zu deinem baldigen Ableben, Schwein. Wir erwischen dich und dann bist du fällig.« Manche werden noch direkter und prophezeien mir das Schicksal eines Pim Fortyun – »Kopfschüsse aus nächster Nähe«. Tatsächlich habe ich irgendwann Hemmungen, E-Mails zu öffnen, deren Absender mir nichts sagen.

Ob Alexander Fest eine Vorstellung davon hat, was eine Familie unter »Rechtsverdacht« im schönen, neuen, antifaschistischen Deutschland mitmachen muss?

Als »Eichmann« zum wiederholten Male nachts klingelt, telefoniere ich mit der Polizei. Unten im Treppenhaus hatte jemand vor Tagen versucht, aus zwei zusammengeschobenen Kinderwagen, einer Zeitung und zerbröckelten Grillanzündern ein kleines Lagerfeuer zu machen – ob es da einen Zusammenhang gibt? Was ich vorbringe, reicht den Beamten nicht aus, um unser Haus zu bewachen. (»Wissense, es muss erst wat passieren.«) Der Mann am Telefon empfiehlt mir, die Klingel ein paar Tage abzustellen. Und vor jedem Gang außer Haus einen kurzen Blick durch den Türspion zu werfen. Okay, wäre ich der Besitzer des jüdischen Delis in der Mommsen Straße und vor meinem Ladengeschäft würde regelmäßig ein Typ namens Eichmann herumlungern, hätten die Beamten wohl gleich ein Überfallkommando geschickt.

In einem Baumarkt auf dem Kurfürstendamm besorge ich mir ein Teppichmesser. Besser als nichts.

Da es nun auch tagsüber häufiger Telefonterror gibt, beschließt meine Frau, zu ihrer Mutter nach Holland zu fahren. Es ist keine Flucht, eher eine Art Fronturlaub, den ich ihr gönne. Zum Abschied fragt sie mich noch, ob ich mich nicht gekränkt fühlen würde wegen dem, was die Zeitungen über mich schreiben. Ich kann nicht antworten, weil ich spüre, dass sie gekränkter ist als ich.

17. Februar. Alexander Fests Äußerungen, geeignet, jeden »Kulturschaffenden« in Deutschland zu ruinieren, haben mich heute veranlasst, gerichtliche Schritte einzuleiten. Das Mindeste, was ich will, ist eine Unterlassungserklärung, damit dem Pöbel eine klare Linie aufgezeigt wird.

Fest meldet sich am selben Tag telefonisch, entschuldigt sich aber nicht für den unsäglichen Anwurf, sondern für seine Entgleisung. Es täte ihm leid, dass es ihm rausgerutscht ist. Schon klar, denn es wird ihn Geld kosten.

Infolge dieses Prozesses erscheint es meinem Anwalt Christian Schertz auch ratsam, den *Spiegel* abzumahnen. Die Justiziarin wirkt am Telefon, als hätte sie den Anruf schon erwartet. »Unterlassungserklärung? Machen wir doch …«

Es ist klar, dass man die Kosten aus der Portokasse bezahlt.

Das »seriöse Nachrichtenmagazin« genießt schon lange den Ruf, seine sinkende Auflage durch deftige Enthüllungen über Nazis – große wie kleine – zu steigern. Dabei reproduzieren sich antigermanische Stereotype und werden fast 80 Jahre nach Max Schelers *Die Ursachen des Deutschenhasses*[66] in den Köpfen der Deutschen fest zementiert. Im Grunde habe ich jetzt das Sturmgeschütz der Antideutschen am Hals, die Hassbrigaden von der Ericusspitze.

20. Februar. Thomas Böhm, Programmleiter des »Literaturhauses Köln«, rät mir, die Denunzierung »offensiv« anzugehen. »Ich an deiner Stelle würde tagsüber an der Uni und abends im Bordell lesen.«

Das klingt nach Ablenkungsmanöver und Rückzug ins Narren-Department. Der FAtZke und der Steinbock von der *Süddeutschen* könnten dann noch mal Gnade vor Recht ergehen lassen und meine heroische Tat als kleinen Ausrutscher abwatschen.

Doch diesen Gefallen werde ich der Bande nicht tun. Dieser Fight geht über volle zehn Runden, selbst wenn ich am Ende wie ein bluttriefendes Flickenbündel aussehen sollte.

Eine Einladung spricht Böhm, der linke Karrierist, übrigens nicht aus. Er ist ja nicht blöd.

24. Februar. Ein Fotograf, der früher mal Günter Zint von den *St. Pauli-Nachrichten* assistierte, erläutert mir heute, wer Henryk M. Broder ist: ein »Kostümjude«.

Als ich frage, was das sein soll, antwortet er: »Einer, der nur so tut und die Tora für eine Ische hält.«

Welches Interesse könnte so einer an meinem Roman haben?

---

66 Leipzig, 1917.

Die Antwort ist: »Pornografie.«

Offenbar drehte sich schon Broders erste Publikation (*Wer hat Angst vor Pornografie?*, 1970, Abi Melzer Verlag) um sein heimliches Interessengebiet.

Immerhin, das Buch zeugt von Sachverstand (ich habe es mir antiquarisch besorgt), er ist »vom Fach«, hatte in jungen Jahren vermutlich Schwielen an Daumen und Zeigefinger. Folgerichtig scheint es ihn zu den *St. Pauli-Nachrichten*, einem Erotikblatt, verschlagen zu haben.

Leider sind Pornografen sehr schüchtern. Dass er eine Volontärin vorschicken musste, um mit mir über meinen vermeintlichen »Nazi-Porno« zu sprechen, sagt mehr als genug. Seine journalistische Tatsachenphantasie rührt wohl am wenigsten von einer politisch korrekten Leseart her, sie zeugt einfach von seinem Charakterdefekt. Im Grunde spintisierte sich hier das Produkt einer komplett danebengegangenen sexuellen Befreiung ein literarisches Amygdala-Hijacking zusammen. Weidermann meinte noch, der Deutsch-Pole würde sich selbst als Alpha-Journalist sehen, sei aber eher ein journalistischer Raritätenhändler; unter den wichtigen Redakteuren der Hauptstadtpresse gelte er als »Werkzeug fürs Grobe«. Mich würde er wohl zum Establishment zählen und daher hassen.

Nebenbei bemerkt: In seinem 1938 entstandenen Essay *Bruder Hitler* gelang Thomas Mann die aufschlussreiche Charakterstudie eines *anderen* Ewig-zu-Kurz-Gekommenen, der glaubte, er müsse sich rächen. Er schreibt:

> »Wie viele Künstler fühlte sich er zu etwas Höherem (etwas Undefinierbares) berufen, hinzu kam sein schlechtes Gewissen, Schuldgefühle und blinde Wut auf die Welt, ein revolutionärer Instinkt und die stampfende Entschlossenheit, sich zu beweisen«.

Thomas Mann bezog sich zwar auf Hitler, aber diese Charakterisierung dürfte auch ganz gut auf Henryk »Modest« Broder zutreffen. Selbst wenn ich ihm hiermit eine unverdiente Ehre erweise, muss ich doch an das Gedicht vom »Größentöter« denken, das ich während meiner Recherche in irgendeinem SS-Leitheft (wahrscheinlich in der Ausgabe »Fröhliche Gaben«) las und mir notierte:

Und ungestraft und ungefährdet
Beginnt er die Zerstörungswerke. –
Was Andere mit Götterstärke
Vollbracht, mit einem Wort entwertet
Der Wundermann die ganze Pracht.
Er mäht sie hin in einer Nacht
Die Blüten eines vollen Lebens
Er bricht die Frucht des reinsten Strebens,
Und ruft: Sie ist im Kerne faul!
Und schmeißt das Köstlichste zum – Kehricht –
Der Pöbel war ja immer töricht.

Es würde erklären, dass dieser Größentöter von trauriger Gestalt auch unter Rechten eine kleine Fangemeinde hat. Was mich aber wirklich erstaunt, ist, wie dieses Gedicht, das ich schon fast vergessen hatte, jetzt wie die maßgeschneiderte Beschreibung und Ankündigung eines Charakters wirkt, der meine Karriere verwüstet hat. Dass er angeblich Jude ist, ist keine Entschuldigung; sein ekelhaftes Geschreibsel hätte selbst aus Jesus einen Antisemiten gemacht. Ich höre hier wirklich auf, denn es hat keinen Stil, einer intellektuellen Nullität auf der abschüssigen Rampe in Richtung Altersarmut noch einen Stoß zu versetzen.

25. Februar. Das Treffen mit dem Feuilleton-Redakteur des *Tagesspiegels* Bodo Mrozek bezieht sich auf die Sachsenwald-Filme. Ich beantworte alle Fragen so gut ich kann. Von allen Interviewpartnern bleibt Mrozek am sachlichsten, vielleicht, weil er tatsächlich studierter Historiker ist. (Später erfahre ich, dass er sogar Vorstandsmitglied der linken Informationsstelle »Jugend unterm Hakenkreuz« ist.) Dass er auch in Amsterdam studiert hat, löst für ein paar Minuten die Spannung. Er meint, auch beim *Tagesspiegel* habe man inzwischen »Relativierungstendenzen« in *Endstufe* entdeckt. Mehr will er dazu nicht sagen. Die offensichtlich »manischen Emotionalperturbationen« der Kollegen erklärt er sich so, dass ich vor einigen Jahren als »deutsche Antwort auf Pulp Fiction« in die deutsche Literatur eingeführt wurde, eine Position, um die mich niemand beneide – weil sie von Anfang an nach »Eintagsfliege« geklungen habe. Mit *Endstufe* hätte sich das geändert. Das Dritte Reich sei in Deutschland ein von akademischen Würdenträgern überwachtes Gebiet. Ich dagegen sei ein Niemand. Schon aus diesem Grund könne es nicht sein, dass ein Namenloser ohne Doktortitel und Amt plötzlich die Lösung für alles aus dem Hut zaubert.

»Aus Ihrem Roman erschließt sich doch, dass Sie mehr oder weniger alles für falsch halten, was in Deutschland als gesicherte Erkenntnis zum Nationalsozialismus gilt.«

So hatte ich das noch gar nicht gesehen. Demnach haben all die gut von der Erinnerungsarbeit lebenden Wächter meine Version der Geschichte als Ehrenbeleidigung aufgefasst.

Ein Gedanke von Mrozek bleibt auch bei mir hängen, sinngemäß etwa – es sei gewiss schlau zu erkennen, dass etwas mit der deutschen Geschichte nicht stimmt, aber noch schlauer, darüber den Mund zu halten, weil sich daraus mehr Nachteile als Vorteile ergeben.

So kann man es sehen.

Bevor er sich verabschiedet, fragt mich Mrozek noch kurz, wie ich auf die Tätowierung »Sieg Geil!« (bei meiner Protagonistin) gekommen sei. Tatsächlich sei das Wort »Geil« im Althochdeutschen nicht sexuell konnotiert. Es habe so viel wie Leichtsinn bedeutet, in Kombination mit »Sieg« sei das natürlich interessant, weil Hitler ja Deutschlands Zukunft verspielt habe.

26. Februar. Tilman Jens' Auftraggeber, der ZDF-Journalist Christhard Läpple, ruft mich an. Langes Rumgewürge am Telefon: Zunächst erklärt er mir, er habe herausgefunden, dass einer meiner Zeitzeugen (Herr Hermann) zwischenzeitlich verstorben sei. Was mich nicht sonderlich überrascht. Die meisten Personen, mit denen ich sprach, waren schon 1999 hochbetagt.

Doch das war nur der Auftakt: Das ZDF biete mir für den von Broder im *Spiegel* zitierten Werkstattbericht 2500 Euro, »vorausgesetzt, es handelt sich um das gesamte Material Ihrer Recherche«. Höflich wie ich in solchen Situationen bin, danke ich ihm für das »Angebot, mit dem ich meine Telefon- und Reisekosten halbwegs kompensieren« könne. Mein Gegenvorschlag: *Wie wäre es mit einer Koproduktion?*

Er lehnt ab, da der Journalistendarsteller Jens offenbar neben ihm sitzt. Noch immer höflich, versuche ich ihm schonend beizubringen, dass ich den Preis einer Sendeminute kenne und den Wert meines Materials allein vom Umfang her auf mindestens 20 000 Euro schätze. Gerne würde ich das Material für eine branchenübliche Vergütung an das ZDF oder eine Produktionsfirma abtreten.

Jens schaltet sich plötzlich zu: Falls ich mein Material nicht aushändige, »müsse er selbst recherchieren«.

Ich wünsche ihm viel Glück und verabschiede die beiden Herren.

Jens ist offenbar wirklich der »leichenfleddernde Schnüffler«, den Wolf Biermann in ihm sah. Und er bestätigt Dickensens Vermutung, dass man »mit Lügen leichter Geld verdienen kann als mit der Wahrheit«.

2. März. Der durchgeknallte Herostrat[67] Jens hat es immer noch auf meine Quellen abgesehen. In einem Telefongespräch fordert er mich noch einmal auf, ihm sämtliche Telefonnummern und Adressen meiner »Zeugen« zu nennen. Ich frage mich allmählich, ob er völlig durchgedreht ist: Erstens sind es nicht »meine« Zeugen, sondern Zeitzeugen, deren persönliche Aussagen ich fiktionalisiert habe. Zweitens: Sollte das ZDF eine Dokumentation über die Sachsenwald-Filme planen wollen, wäre ich nur an einer Koproduktion interessiert. Letztendlich habe ich mich – im Unterschied zu ihm – vier Jahre lang mit dem Thema auseinandergesetzt.

Doch drittens: Angesichts des von Jens stammenden Satzes »Bei ihm riecht der Holocaust nicht nach Gas, sondern nach Sperma« ist eine vertrauensvolle Zusammenarbeit ohnehin undenkbar geworden. Das Gespräch endet mit einem höhnischen Gelächter des Irren. Heute wird offenbar von jedem erwartet, dass er sich auf Kommando nach außen stülpt. Dass er jedem, der sich als Journalist ausgibt, sein Innerstes preisgibt und sich die Därme zählen lässt. Was für eine bodenlose Unverschämtheit.

3. März. Pech, die erstklassige Journalistin **Christine Daum** sagt ab. *Aspekte* wolle nach dem Erscheinen des Buches nichts mehr machen. O-Ton: »Die können Ihr Thema nicht weiter behandeln, *ohne Sie aufzuwerten,* das ist das Problem. Sie haben sich ja nichts zuschulden kommen lassen, im Gegenteil, Sie haben ordentlich recherchiert. Was man von Jens nicht sagen kann.«

67 Nach Plutarch: Verbrecher aus Ruhmsucht.

Verstehe: Ab- und aufwerten, nur darum ist es bisher in der Presse gegangen. Wer Kumpane in medialen Machtpositionen hat, ist auf der sicheren Seite – wer nur Loser kennt, ist geliefert.

In diesem Kontext kann das ZDF, das mich fertigmachen will, keine objektive Journalistin gebrauchen. Eine abschließende Bemerkung habe ich mir auch noch notiert: »Die sind eh der Ansicht, dass Sie fertig sind. Und da Sie niemals die Chance haben werden, zurückzuschlagen, ist die Sache für die erledigt.«

Das nenne ich mal eine ehrliche Analyse meiner Situation!

XV.

Von Public Shaming zu digitaler Lynchjustiz

Neid herrscht natürlich auch im Offizierscorps, aber
doch nicht im Entferntesten ein solcher Neid
und Neidhass wie in der geehrten Schriftstellerwelt.
Im Ganzen ist es eine unendlich ruppige Bande.
Von Kameradschaft keine Spur.
Detlev von Liliencron (1844–1909)

7. März 2004. Montags Dachau, mittwochs Stalingrad, freitags Auschwitz, dreimal wöchentlich vermieft die *Hystorische Wiederverwertungsküche* von Meisterkoch Guido Knopp das Wohnzimmer des deutschen Michels. Ah lecker, Leichen! (Habe spaßeshalber eine Strichliste geführt und selbst gestaunt, wie oft dem Zuschauer von den Öffentlich-Rechtlichen tote Juden aufgetischt werden.) Alles vorgetragen im Ton einer dummfrechen Schuldzuweisung – »Ihr habt es nicht verhindert!« Als wären die Schafe vor der Glotze jemals in der Lage gewesen, irgendetwas am Schicksal anderer Schafe zu ändern oder sich selbst vor der Schlachtbank zu drücken. Sicher, meine Großeltern hätten Hitlers Karotten vergiften können. Oder seinen Kindesersatz – diesen Schäferhund – kidnappen. Das haben sie nachweislich nicht getan, und deshalb sind jetzt alle Nachgeborenen bis in alle Ewigkeit schuld. Ich fürchte eher, an dieser von den Medien insinuierten Kollektivschuld stoßen sich bis heute Hunderte von dubiosen Organisationen gesund. Um deren faulen Lenz nicht zu gefährden, darf sich am Geschichtsbild der Deutschen nichts ändern.

9. März. Was ich mir in aller Bescheidenheit von *Endstufe* erhoffe, ist eine ikonische Wende, um die historische Bewusstseinsfehlbildung der Deutschen – ihr fremdbestimmtes Geschichtsbild – und das negative Symbolsystem zu positivieren, bevor es zur Ausbildung einer Zivilreligion kommen kann, in der wir Deutschen das absolute Böse verkörpern. Diese Gefahr ist gegeben. Schon jetzt gibt es Anzeichen dafür, dass sich viele Deutsche schwertun, Deutsche zu sein. Vor allem im europäischen Ausland wird ein Deutscher in einer Konfliktsituation ganz schnell als »Nazi« beschimpft. Die Medien sorgen dafür, dass die halbe Welt denkt, Deutsche und »Nazis« seien ein und dasselbe.

11. März. In meinem Interview mit der *Financial Times* verfalle ich in einen theatralisch wirkenden Ernst. Bedauerlich! Die komischen Aspekte des Romans treten mehr und mehr in den Hintergrund, es geht jetzt um das Ausräuchern von Ruchbarkeiten, die der linke Meinungsterror in den Gazetten pausenlos insinuiert. Der FT-Journalist Alain Benoit meint, was mit mir gemacht werde, sei aus seiner Sicht »nicht mehr normal«. Er habe dergleichen »noch nie erlebt«. Beispielsweise habe er gehört, Henryk M. Broder telefoniere in der Gegend herum und verbreite das Gerücht, ich sei ein »international gesuchter Nazi«. Er kenne jemanden von der *New York Times,* der nun meinte, »einem Rechten dürfe man unter keinen Umständen ein Podium bieten«. Falls ich gegen den Rufmörder aus Berlin vorgehen wolle, würde er eine Aussage machen.

Nachmittag: Christian Schertz, mein Anwalt, ist der Ansicht, dass eine Klage nichts bringt. Broder genieße eine Art Narrenfreiheit bei deutschen Gerichten. Insgeheim fänden es viele gut, dass Broder »Rechte einmachen« würde. Selbst wenn Benoit aussagen wird, würde es zuletzt wohl auf einen Vergleich hinauslaufen. Es würde mich also Geld kosten.

Ich begreife erstmals, dass in den zehn Jahren, in denen ich in Amsterdam gelebt habe, eine Menge in Deutschland schiefgelaufen ist. Aus dem US-amerikanischen Mündelstaat meiner Jugend ist ein antifaschistisches Staatsgebilde geworden, eine Mediendemokratie, in der eine journalistische Gedankenpolizei als Stasi fungiert.

Abends: Meine Frau ist aus Holland zurück, und sie bringt durchwachsene Nachrichten mit. Selbst in den Niederlanden stehe ich nun als »Revisionist« in der Presse. Meine Schwiegermutter und meine Schwägerin, die mich kennen, verstehen nicht, was dieser Artikel soll. Weiter heißt es aber auch:

> »Thor Kunkel geldt als een van Duitslands grote literaire talenten.«[68]

Das war einmal, denn die deutschen Medien sind schwer damit beschäftigt, das ungeschehen zu machen. Meine Amsterdamer Freunde lassen mich trotzdem nicht im Regen stehen. Broder nennen sie einen »klootzak[69]«, von dem es heißt, dass er mit Leon de Winter, einem anderen »klootzak«, befreundet ist.

16. März. Die Neidkrittler und Kakerlaken des Berliner Literaturreservats fallen jetzt über mich her. Und jeder Loser, jede Netzwerk-Emanze, jeder zu Unrecht vergessene Parteiendichter

---

68 *Het Parool,* holländische Tageszeitung, 11.3.2004: »Thor Kunkel gilt als eines von Deutschlands größten literarischen Talenten.«

69 Ndrl.: Arschloch.

der ehemaligen DDR – alle möchten ihren Beitrag leisten, damit ich ja wieder in der Versenkung verschwinde.

Unter dem Titel »Der Unterwäscheschnüffler« stellt mir ein linksextremer Kleinstverleger namens Klaus Bittermann nach. (Ein fast sprechender Name, wenn man sich den eitlen Tropf mit seinem Glatzenabdecker ansieht.) Sein Text liest sich wie ein misslungener Abiturientenaufsatz aus den Achtzigerjahren, eine Art Affektbündelung, die eine Erregungsgemeinschaft bedienen will. Einige seiner Ausdrücke sind ganz drollig, und ich frage mich, ob er in seiner Freizeit vielleicht Dackelromane liest? Schluss jetzt, das reicht – auch ein Zyniker zuckt vor einem Mann im geistigen Rollstuhl zurück, vor allem wenn der sich in seiner Einsamkeit einen Internet-Pranger zusammengeschrieben hat, an dem er Schriftsteller und Künstler zu peinlichen »Persönlichkeiten« erklärt und abstraft. Nicht mit der Peitsche – sondern mit einem **Staubwedel abgedroschener Phrasen** … Was er an ihnen auszusetzen hat, ist dagegen kristallklar: Sie alle sind erfolgreicher als »Bittermännchen«.

Klar wird mir heute auch: Die deutsche Literaturszene ist das exakte Spiegelbild der grünlinken Spießergesellschaft, die sich in ihrem blödsinnigen Wir!-Gefühl suhlt. Die Klügeren machen sich über mich keinen Kopf, weil es doch keinen Schwanz interessiert, was ein deutscher Schriftsteller denkt oder schreibt. Das sieht man an dem Kleingeld, das US-amerikanische Agenten für deutsche Bestseller zahlen. Der Deutsche ist nun mal aus ihrer Sicht Angehöriger eines *gewesenen* Volkes. Darüber hinaus ist seine Weltsicht eh uninteressant, da ihm das klare Denken, das wahre Literatur auszeichnet, verboten ist; allein wenn er vom Holocaust sabbert, loben sie ihn wie einen apportierenden Hund.

25. März. Werner Nekes ruft mich an. Er ist stinksauer. Eine Briefkastenfirma, die irgendetwas mit Dolly Buster zu tun hat,

Abb.: Auch der renommierte Medienexperte und Sammler Werner Nekes wurde durch die Rufmordkampagne von Tilman Jens diskreditiert. *Foto: N. Guthier*

vertreibt Raubkopien der Sachsenwald-Filme auf einer DVD. Titel: *Das Sexte Reich*[70].

Er erinnert mich daran, dass wir Tilman Jens erlaubt hatten, die Sachsenwald-Filme von meinem Laptop abzufilmen. Schon damals beschlich mich ein ungutes Gefühl. Und nun tauchen Raubkopien dieser Filme auf … Sehr schlechte digitale Kopien wohlgemerkt. »Er hat uns reingelegt«, stellt Nekes abschließend fest. Ich weiß genau, wen er meint.

---

70 Der Text auf einer DVD lautet: »German porn 1941. No claims of quality. One of the legends of the 3rd Reich says that the Nazis were shooting porn for the leaders of the state, in which as actors used slaves, prisoners of war. Movies filmed on specially created for this top secret film studio *Sachsenwald Studios.*« Da die Server in den Staaten stehen, ist es unmöglich, den Handel zu unterbinden.

26. März. Ich fahre mit gemischten Gefühlen zur Leipziger Buchmesse. Vor dem Westin-Hotel wartet ein nervöses NDR-Team auf mich. Eine Frau Nagel meint, sie habe eine größere Gruppe von »nach Antifa aussehenden Typen« gesehen. Ihr Kameramann schlägt vor, in die Stadt zu fahren und an einem »sicheren Ort zu drehen, der denen unbekannt ist«. *Ob er sich hier auskennt?* Natürlich nicht.

Stundenlang fahren wir ziellos durch die Stadt für ein zehnminütiges Interview. Das hat zur Folge, dass ich fast zu meiner Lesung im »Congress Center« der Messe zu spät komme. Schon als ich den Raum betrete, in dem gefühlt sämtliche Kritiker der tonangebende Gazetten und Sender versammelt sind, kann ich mich des Eindrucks nicht erwehren, dass hier *jemand beigesetzt* werden soll. Eisige Atmosphäre, ganz anders als bei meinen früheren Lesungen, wo ich manchmal mit Applaus empfangen wurde.

Im *Leipziger Almanach,* einem Online-Feuilleton, liest sich das später dann so:

> 14.00 Uhr, Ortstermin Congress Center. Die ersten Kameras werden aufgebaut, das bundesdeutsche Feuilleton erscheint versammelt zur Besichtigung eines literarischen Skandals und seines Urhebers. Der Schriftsteller und Filmemacher Thor Kunkel hat einen Roman geschrieben. »Na und, wer ist Thor Kunkel?«, hätten die Literaturressorts noch zu Beginn des Jahres gefragt, wenn nicht Alexander Fest gewesen wäre. Fest, Chef der Rowohlt Verlage und geschäftsführendes Wunderkind der deutschen Verlagswirtschaft, ließ im Februar verlauten, man werde Kunkels neuen Roman *Endstufe,* eine literarische Auseinandersetzung mit während des 3. Reichs produzierten Pornofilmen, aus »ästhetischen und moralischen« Erwägungen heraus nicht bei Rowohlt verlegen. Die Medien ließen sich auf die Geschichte ein, Kunkel wechselte

> kurzerhand mit dem fertig lektorierten Roman zu Eichborn Berlin [...] und ließ fortan kein Wort über den genauen Inhalt seines Werkes verlauten. Bis zum heutigen Tag: Die Pressedame von Eichborn verteilt mit gestrengem Blick erste Rezensionsexemplare, der Raum füllt sich, man wartet auf den Mann mit dem »arischen« Vornamen und dem vorab skandalisierten Manuskript. [...] Thor Kunkel liest angegenehm unaufgeregt und mit unüberhörbar niederrheinischem Spracheinschlag einige Passagen aus dem corpus delicti, und schnell wenden sich erste Redakteure mit Grauen ab, der Saal lehrt sich etwas. Doch der blonde Kunkel liest unbeirrt eine gute halbe Stunde [...].

Und der »blonde Mann mit dem arischen Vornamen« erntet übrigens Applaus, was der rassistisch schreibende Redakteur Roland Leithäuser offensichtlich gar nicht bemerkt. Mit seiner Bemerkung reiht er sich in die Siele derer ein, die in Polen anhand von Vornamen nach Volkschädlingen suchten … Und seit wann ist einer der populärsten skandinavischen Vornamen »arisch«? Und seit wann habe ich einen »niederrheinischen Spracheinschlag«? Dass sich »Redakteure mit Grauen abwendeten«, ist ebenfalls reine Erfindung: Die Wahrheit ist, dass fast nur Journalisten anwesend waren, die aber blieben alle bis zum Ende der Lesung. Der im Vorfeld von den Medien erzeugte Gegenwind – die unsäglichen Beschimpfungen und Diffamierungen – hält normales Publikum – also potenzielle Leser und Käufer des Romans – bereits auf Abstand. Ich hatte den Eindruck, als spiele sich diese Lesung unter Ausschluss der Öffentlichkeit ab.

Später begegne ich dem Kameramann von Tilman Jens. Er bedauert, wie ich in dem *Aspekte*-Bericht dargestellt worden sei. Nun müsse er wieder drehen, man habe ihn angewiesen, *ugly pictures* von mir zu liefern. Ich weiß, was er meint, und überlege, ob ich ihm zuliebe die »Pissprinz-Nummer« bringen soll – am Stand des bigotten Rowohlt Verlags mit seinen verlogenen Laffen, die mich nicht einmal mehr im Vorbeigehen grüßen. Leute, mit denen ich mehr als drei Jahre vertrauensvoll zusammengearbeitet habe, blicken jetzt einfach durch mich hindurch. Der Kameramann findet die Idee gar nicht so schlecht. Wäre auch sicher 'ne nette Schlagzeile: »Naziporno-Autor pisst auf Verlag von Tucholsky, Ossietzky, Nabokov und Rühmkorf …« Er warnt mich noch, Jens sei auch auf der Messe. »Ich an Ihrer Stelle würde mich vom Eichborn-Stand fernhalten, denn da muss ich jetzt hin«, sagt er noch.

Natürlich gehe ich trotzdem vorbei, ich bin schließlich der aussätzige Superstar, der »Antichrist« der deutschen Literatur. Lars Birken-Bertsch vom Verlag *Blumenbar* bittet mich, meine Frisur zu ändern, denn er werde andauernd mit mir verwechselt. Was ihm eigentlich nicht unangenehm ist, denn die, die nach mir suchen, sind keine Antifa-Schläger, sondern angeblich Kunst- und Literaturstudentinnen – »sehr hübsche sogar!«, wie er betont. Leider kann ich sie in dem Gedränge nicht finden. In der Nähe einer Snackbar fliegt plötzlich ein Becher mit Kaffee an mir vorbei. Ein paar Spritzer landen auf meinen Schuhen – der Rest der noch dampfenden Flüssigkeit klatscht auf den Boden. Woher das Wurfgeschoß kam, kann ich nicht sagen – was beunruhigend ist, denn die Bar ist fast leer.

Von Wolfgang Hörner erfahre ich später, das Broderle habe sich gerade ein Gratisexemplar von *Endstufe* abgeholt. *Gratis.* Er habe verlauten lassen, es stünde ihm zu, da er mich »berühmt gemacht« hätte. Auf mich warten wollte er allerdings nicht.

Und die Debatte mit Feridun Zaimoğlu habe er kurzfristig abgesagt, da er den »nicht für intellektuell genug« halte. Wenn, dann nur mit einem wie Biller. Aber der würde »mich natürlich nicht verteidigen, der ist ja nicht blöd«. Außerdem hätte ich diese Fürsprache unter keinen Umständen akzeptiert.

Wenig später leiste ich Ulrich »Ulle« Janetzki, dem altlinken Chef des »Literarischen Colloquiums«, ein Viertelstündchen Gesellschaft. Die Atmosphäre ist ebenfalls bedrückend. Der Literaturwissenschaftler mit dem ewig verschmitzten Lächeln erinnert mich an den Satz von Dürrenmatt, dass sich alles, »was man laut gedacht« habe, nicht mehr zurücknehmen ließe. Ich erwidere freundlich, dass ich das auch gar nicht vorhätte. Was ihn wiederum ungemein irritiert. So geht das ein paar Mal hin und her, bis ihm die kleinen Spitzen ausgehen und mich ein Anruf erlöst.

Ich gebe noch zwei Interviews an diesem Tag und stelle mich für die Fotografin Susanne Schleyer buchstäblich auf den Kopf (Handstand). Die Frau macht immer den Eindruck, als werde ihre Arbeit nicht gewürdigt.

Abends traue ich mich nicht aus dem Hotel, obwohl ich nicht den Eindruck habe, dass mir irgendjemand gefolgt ist.

Um Mitternacht meldet sich telefonisch meine Frau und berichtet mir von den anonymen Pöblern, die im Abstand von 30 Minuten anrufen, mich erst sprechen wollen und sie dann als »Nazi-Nutte« beschimpfen. Sie ist mit den Nerven am Ende. Die halbe Stadt Berlin scheint meine Telefonnummer zu kennen. Vor allem ein Pöbler, der kaum richtig Deutsch sprechen kann, verspricht ihr »einen Besuch«. Sie hat sich inzwischen ein Küchenmesser auf den Nachttisch gelegt. Ich tröste sie mit dem Gedanken, dass Telefon-Stalker nur harmlose Verbalerotiker sind oder komatöse Mitläufer der Medien, so wie es sie im Berliner Bodensatz zu Hunderttausenden gibt. Solche Unglücklichen beteiligen sich immer gern an einer virtuellen Menschenhatz, wenn der Zeitgeist es erfordert.

Morgens um vier wache ich dennoch auf und nehme den ersten Zug zurück nach Berlin. Als ich gegen halb acht vor unserem Haus stehe, kratze ich unser Namensschild vom Briefkasten ab. Es ist einfach besser so, da wir mitten in einem linken Kiez wohnen.

XVI.

Sieg Geil! Literaturkritik als theatralische Selbstinszenierung

Im Übrigen gilt ja hier derjenige, der auf
den Schmutz hinweist, für viel
gefährlicher als der, der den Schmutz macht.
Kurt Tucholsky (1890–1935)

27. März 2004. Es ist tatsächlich so, wie es der Historiker **Arnulf Baring** konstatierte: »Im Land der Leisetreter und der politischen Korrektheit wird jeder, der Kontext redet, gleich niedergemacht.«

Schon 24 Stunden nach dem Erscheinen von *Endstufe* hagelt es auf den meisten Online-Plattformen verheerende Rezensionen. Absurd, denn keiner kann einen 600 Seiten langen Roman in nur 24 Stunden lesen. Es sei denn, jeder der Schnellschreiber wäre auch Weltmeister im japanischen »Quantum Speed Reading«. Diese Technik soll es ermöglichen, »Bücher in Sekundenschnelle« zu lesen. Aber auch das kann nicht sein, denn die meisten Besprechungen wirken wie fehlerhafte Inhaltsangaben des 1. Teils der Geschichte, der etwa 200 Seiten umfasst.

Die Devise des Ganzen ist klar: Kunkel schnell niederschreiben, nur darum geht es dieser vereinten *Free Press(ure) Group,* und die Vorverurteilung der Leitmedien bestätigen. Angefangen von linkspaternalistischen Meinungsmachern, die namentlich strafen, bis hin zu den kleinen Nachschreibern, die gerne anonym hetzen, üben sie alle einen geschlossenen Gesinnungsdruck aus. Meine Fiktion wird indirekt als verbrecherische Neigung oder Geisteskrankheit pathologisiert, meine Privatsphäre auf schamverletzende Weise in die Öffentlichkeit gezerrt. Und dann sind da noch die Nieten, die mit einem, der 2001 zum »neuen Kanon der deutschen Literatur gezählt« wurde, endlich abrechnen können.

Jetzt haben sie also ihren neuen rechten Popanz, die »Hexe«, an der sie sich auslassen dürfen. Das meiste, was ich über *Endstufe* lese, hat nicht die geringste Substanz. Der Fin-de-Siècle-Schriftsteller Theophile Gautier, einer meiner Lieblinge, schrieb einmal über die Zunft der Kritiker, sie seien Eunuchen, die hilflos mit ansehen müssten, wie sich die Dichter im Harem der Musen auslebten. Daraus entstünde bitterer Neid. Ich glaube, das stimmt.

Gute Nachrichten kommen vom Verlag: Mehrere Auslandsrechte – darunter Italien und Ungarn – wurden verkauft, ich muss die Verträge nur noch unterzeichnen. Und ein österreichischer Regisseur, der angeblich für die DOR, die wohl angesehenste Wiener Filmproduktion, arbeitet, hat sich gemeldet. Offenbar hat er eine Verfilmung geplant.

Ich bin sicher, wäre mein Roman auf Französisch erschienen, er wäre völlig anders rezipiert worden. Hier haben die Intellektuellen noch Verständnis für den Schneid des Impetus und – ich sage es bewusst – die heroische Tat. Natürlich war es ein literarisches Husarenstück, die moralisch überheblichen Linksfeudalen mit einem Dritten Reich zu konfrontieren, das eben nicht der Zivilisationsbruch war, den eine tendenziöse Geschichtsschreibung aus ihm gemacht hat. Das Ausmaß an unversöhnlichem Hass, der mir jetzt aus allen Ecken entgegenschlägt, ist nur so zu erklären, dass diejenigen, die sich Jahrzehnte in den

Tümpeln von Schuld und Schande suhlten, *Endstufe* als eiskalte Dusche empfanden.

28. März. Ausgerechnet in der Giesebrechtstraße, ein paar Häuser vom alten »Salon Kitty« entfernt, treffe ich mich erst mit einer Journalistin vom *Standard,* dann mit einer vom *Hamburger Abendblatt.*

Beide geben vor, den Roman gelesen zu haben, doch ihre Fragen sind eher beliebig. Eine meint, sie hätte sich einen »Hochrisikoschriftsteller« anders vorgestellt. Was sie mit Hochrisiko meint, will sie mir nicht näher erklären. Es sei doch offensichtlich, wie riskant meine Schreibe sei …

Die Hamburger Journalistin wird deutlicher: »Haben Sie eigentlich keine Angst, dass diese Geschichte für Sie nicht gut ausgehen wird?« Ich sage ihr, dass mich das nicht weiter beschäftigt, da das Leben insgesamt nicht gut ausgehen wird. Ein paar Jahre früher oder später … »Aber das macht doch einen Unterschied«, sagt die Dame, deren Name ich nicht mehr weiß. Und ja, da hat sie schon recht.

29. März. Vor dem »Filmhaus am Potsdamer Platz« (Sony Center) wartet eine Meute aus Journalisten und Fotografen auf mich. Die Reporterin von der *Deutschen Welle* macht einen relativ professionellen Eindruck. Immerhin hat sie ein Exemplar von *Endstufe* dabei, und ein Lesezeichen steckt deutlich sichtbar im ersten Viertel.

Sie sagt klipp und klar, sie könne die Aufregung nicht verstehen. Ob ich Hilsenraths *Der Friseur und der Nazi* gelesen hätte? Das sei um einiges kontroverser gewesen.

Das Buch ist mir nicht bekannt, doch ich versichere Frau Kalkbrenner, dass ich keine Gefahr für die Innere Sicherheit bin. Es dauert ein paar Sekunden, bis sie lacht.

Ähnlich selbstkontrolliert wirkt auch Jobst Brand vom *Focus,* den ich am Nachmittag in einem Straßencafé auf der Oranjenburger treffe. Die Fotos für das geplante Porträt schießt der Starfotograf Oliver Mark im Bogota-Hotel.

Ich gewinne heute den Eindruck, dass die Sache doch noch gut ausgehen könnte, eine Einschätzung, der Brand widerspricht. Das »Niederschreiben durch die vereinte deutsche Presse« könne ja logischerweise nur zu einem Kulturvorbehalt führen, und dann würden die Verantwortlichen den Mantel des Schweigens über ihr Opfer ausbreiten. Wäre das geschehen, würden die Verlage mich als NICHT VERMARKTBAR einstufen, ebenso wie die kleine Buchhändlerin, die mich eigentlich noch nie mochte und »im Bewusstsein, die Rückkehr des Faschismus verhindert zu haben«, meine Bücher jetzt schon entfernt. Dabei hätte sie »wahrscheinlich sogar Schmetterlinge im Bauch«. Um mich vor der Vernichtung zu retten, müsse »ein Wunder geschehen«, irgendein Fürsprecher müsse sich äußern, einer wie Grass. Dass ich den guten Martin Walser anschreiben könnte, hält er für keine so tolle Idee: »Um Gottes willen, der steht doch selbst unter Nazi-Verdacht …«

Mailt einem ein Mann Fotos von seinem Genital, gilt das juristisch heute – natürlich nur, wenn der Empfänger eine Frau ist – als »virtueller Missbrauch«. Wenn ein schwuler Flegel dasselbe im Rahmen einer Rezension tut, ist es Feuilleton. Einer der Ersten, der mich richtig besudelt, ist **Tilman Krause,** Feuilletonist bei der *Welt.* Auf den ersten Blick erinnert er an einen älteren, knubbelnasigen Zwilling von Cillian Murphy. Allerdings versteht Letzterer sein Handwerk, Krause mit Sicherheit nicht.

Krauses Pauschalverriss besticht von Anfang an durch eine theatralische Schreibe, wie sie selbst unter deutschen Feuilletonisten Seltenheitswert hat: Wer so rüpelt, hat keine Kulturtechnik, man könnte auch sagen, er hat keine Erziehung. Sein Text

»Wir sind schon Schweine« ist viel mehr als Abkotzen auf Bestellung, es grenzt an sexuelle Belästigung. Mit dicker Quaste vor sich hin schmierend, arbeitet Krause sich in rasantem Tempo auf die Jungentoilette vor, hier überkorrekt schulmeisternd, dort selbstverliebt-geschmäcklerisch tadelnd, dabei die Hand immer am Schwanz. Am sachlichsten wird es da, wo er sich Rollenprosa stibitzt und mir in den Mund zu schieben versucht.

Ich fühle mich von Krauses Text in die hinterste Ecke eines Männerklos gedrängt, während ein Männerbroschen-Träger sein Ding an mir durchziehen will – frei nach dem Motto: »Am schwulen Wesen sollst auch du genesen …« Zum ersten Mal spüre ich, dass auch ein Text sexuell belästigen kann. Auf das, was Krause sachlich zu beanstanden hat, will ich hier aber kurz eingehen:

> »Wann haben wir eigentlich über so was das letzte Mal gelacht: ›Ja, so ein Reiber, der braucht keine Weiber‹, ›Der Barbier von Sie-will-ja‹, ›Sieg Geil!‹ und ›Flöten ist nicht Blasen‹, ›Im Wald und auf der Heidi‹? Waren wir 14einhalb? Oder doch schon 17dreiviertel? […] Wie besoffen oder bekifft muss ein Autor sein, um einer Figur, die der Befreiung des Konzentrationslagers Dachau beiwohnt, den Satz in den Mund legen: ›He, Freund, der Ofen ist aus.‹
>
> […] Seine den muffigen Geruch von Jungs-Toiletten verströmende Pennäler-Prosa hat sich mit ihrem Schielen nach Literatur ganz einfach im Genre vergriffen.«

Meine Güte, da steht jemandem aber die eigene sexuelle Präferenz ganz schön im Weg. Wenn es dahingestellt sei, ob es sinnvoll ist, ausgerechnet einen *gay* zu beauftragen, einen Roman über einen *heterosexuellen Erotomanen* zu rezensieren, dann sollte man zumindest so viel erwidern dürfen:

a) Ehrlich gesagt, *wir* haben noch nie über solche Sätze gelacht.
b) Der Ausspruch »Flöten ist nicht Blasen« stammt von Johann Wolfgang von Goethe.

Und c) Woher will Krause wissen, dass ich kiffe? Haben wir vielleicht denselben Dealer?

Noch weniger lustig wird es, wenn der sich prätentiös spreizende Krause mir *sein eigenes Unwissen* unterschiebt:

> »Das heutige Umgangsdeutsch wie ›abhotten‹, ›Memos‹ und ›homophob‹ ist ebenso stehengeblieben wie die historischen Fehler der Verwechselung von Lautréamont und Duchamps, wie die Tatsache, dass eine der Hauptfiguren im September 1944 ›Die vier letzten Lieder‹ von Richard Strauss hört, eine Komposition, die damals noch gar nicht geschrieben, geschweige denn aufgenommen war.«

Abhotten ist »heutige Umgangssprache«? Echt jetzt? – Ach, Krause, *old boy*, vielleicht in Ihren Kreisen, in denen man sich schon mit vierzehneinhalb im Nazi-Offiziersjargon und unten ohne »prächtig amüsiert« hat! *Abhotten* war DAS Wort in den subkulturellen Kreisen von *Swings* der Dreißiger- und Vierzigerjahre.

Und die Abkürzung *Memo* für Memorandum war nachweislich eine Erfindung der NS-Bürokratie.

Was Ihr Problem mit dem Wort »homophob« ist, kann ich mir natürlich denken, aber es besteht keine Veranlassung, es in einem narrativen Kontext zu meiden.

Und wenn hier jemand Lautréamont mit Duchamp verwechselt hat, dann sind Sie es. Da der Comte de Lautréamont bereits 1879 verstarb, zu einem Zeitpunkt, als Marcel Duchamp nicht einmal geboren war, dürfte der Ausspruch »Die zufällige Begegnung von Nähmaschine und Regenschirm auf einem Seziertisch« wohl von Lautréamont stammen. Haben Sie vor lauter schamverletzender Absicht nicht einmal die biografischen Daten beider Künstler verglichen? Nimmt das rhetorische Aufpolieren von Beleidigungen wirklich so viel Zeit in Anspruch?

Was *Die vier letzten Lieder* anbelangt, da haben Sie mich natürlich erwischt. Und ich muss Ihnen sagen, dass ich – als ich so auf meiner Pennälertoilette saß und »puffte« – immer wieder überlegt hatte, ob es angehen kann, in einer surrealen, längst nicht mehr in das letzte Kriegsjahr zu verortenden Szene, Lieder zu erwähnen, die von Richard Strauss 1948, also nach Kriegsende, in der Schweiz komponiert wurden. Und wissen Sie was? Ich fand diese Lieder so schön passend zum inneren Zerfall des Protagonisten, dass ich es *aus ästhetischen Gründen* einfach nicht schaffte, mir eine andere Musik vorzustellen. Es ging einfach nicht, oder um es noch einmal mit dem Comte zu sagen: »Der Zweifel ist eine Huldigung, welche man der Hoffnung darbringt.«

Sollte sich mir jemals die Gelegenheit bieten, dieses Buch zu verfilmen, ich würde Holstens inneres Versinken genau mit dieser Musik unterlegen. Trotzdem gelobe ich Besserung. Schuberts *Winterreise,* die Arie »E lucevan le stelle« aus Puccinis *Tosca* oder eine bestimmte Arie aus Massenets *Werther* (»Pourquoi me réveiller?«) wären im Kontext eines *Sachbuchs* angebrachter gewesen. Aber verdammt noch mal, was ist *Endstufe* noch gleich? Ach ja, richtig, *Endstufe* ist ein *Roman* – so wie die *Buddenbrooks.* Darin lässt Thomas Mann eine Szene 1845 vor Strandkörben spielen, die es damals noch gar nicht gab: Sie wurden erst 1871 erfunden. Mann hatte sich also um 26 Jahre vertan, ich nur um 5, nimmt man an, Holsten habe die Furtwängler-Aufnahme von 1950 gehört. Trotzdem: Sollte es eine Neuauflage geben, werde ich einfach irgendein Stück reinschreiben. Und zwar Ihnen zuliebe, Sie Barbier-von-Er-will-ja!

Obwohl ich Krause auf seine Fehler schriftlich hinweise, verkauft er seinen zusammengerührten Dreck – freilich unkorrigiert –

noch einmal an die *Berliner Morgenpost* weiter. Es funktioniert offensichtlich, denn »nur der Kritiker und der Politiker müssen nichts gelernt haben, nichts wissen, nichts können. Sie fallen vom Himmel und zersitzen mit ihrem dummen Hintern die Werte der Welt.«[71]

Immerhin werde ich von Volker Corsten in der *Welt am Sonntag* richtig zitiert:

> »›Ich lasse mir nicht das Rückgrat brechen‹, sagte er [Kunkel]. ›Ich schreibe nicht politisch korrekt.‹ Das Wort allein scheint ihn anzuwidern. Mit der Lektorin bei Rowohlt habe es erst am Ende Probleme gegeben, mit dem von ihm geschilderten Einmarsch der Roten Armee 1945 in Berlin, die in dieser Fassung vom Erzähler ›die Rote Flut‹ genannt wurde. Die Lektorin hätte verlangt, so Kunkel, dass er wenigstens einen positiven Russen vorkommen ließe. Nein, habe er gesagt, es war damals so: ›Ich relativiere nichts.‹ Überhaupt habe er, der 15 Jahre im Ausland war, genug von dieser ›musealen kulturellen Hegemonie in Deutschland‹, die immer das Aufrechnen der Verbrechen verlange.«

Ja, danke – das habe ich tatsächlich gesagt: Es bleibt mir unverständlich, dass wir – Denker und Schreiber – am Anfang des 21. Jahrhunderts nach wie vor zur Einflusslosigkeit auf unsere öffentliche Wahrnehmung verdammt und abhängig sind von journalistischen Miethuren, die uns gesellschaftliche Anerkennung gönnen oder auch nicht, die tatsächlich entscheiden, ob wir scheitern oder durchkommen werden.

---

71 Albert Drach.

XVII.

Begrabt sein Hirn an der Biegung des Flusses: Ein Gesinnungskamerad rastet aus!

Der Journalismus rechtfertigt seine Existenz
mit dem großen Darwin'schen
Prinzip von der Auslese der Schlechtesten.
Oscar Wilde (1854–1900)

30. März 2004. Die wahre Feigheit besteht in dem Angriff, der sich aus einer zahlenmäßigen Übermacht gegen uns richtet. Nicht der Schwache, der aus dem Hinterhalt zuschlägt, sondern der, der im Schutzbann von vielen angreift, ist der Inbegriff eines wirklichen Feiglings. Selbst die dritte Garnitur von Gesinnungskarrieristen bläst nun mit vereintem Intelligenzquotienten zur Hatz.

Auch die Ebene darunter will nicht untätig sein: Jedes »kleine Arschloch aus Hinteranalphabethlehem«[72], »das denkt wie ein

---

72 Helmut Krausser.

Seifensieder«[73] und niemals eine Redaktion von innen gesehen hat, aber im Besitz eines Laptops ist, haut frohgemut in die Tasten.

Gemeinsames Ziel: *Kunkel muss putt*[74].

Warum eigentlich?

– Ist doch wumpe …

Gut möglich, dass es ihre Großeltern damals bei den jüdischen Volksschädlingen genauso gemacht haben.

Die Bildungsferne dieser Narrenhäusler ist ebenso unfassbar wie das Ausmaß ihrer kollektiven Neurotisierung. Endlich haben sie einen gemeinsamen Feind, auf den sie eindreschen können. Leere Wichte, rote Rappelköppe und kretinöse Randfiguren, die sich normalerweise um die letzten Krümel des Subventionsbetriebs prügeln, erbrechen sich der Reihe nach über meinen Roman in irgendwelche Druckerzeugnisse aus der Provinz. Das Schlimmste ist die sorglose Respektlosigkeit, das Beiseitewischen all meiner Meriten durch talent- und glücklose Schreiber, die sich jetzt für ihr verpfuschtes Leben an mir rächen. Manche *verbrechen* sogar Bannsprüche, um ihresgleichen vor der Lektüre des »Nazi-Pornos« zu warnen. *Welcher Nazi-Porno? Was ist plötzlich in diese Leute gefahren?*

Noch schlimmer sind die Anfeindungen durch Literaturfunktionäre und meinungsbildende »Kulturbetriebler« – sagen wir mal, der schon reiferen, bunt bebrillten Frau einerseits und dem sozio-kulturellen Schildkappenträger, der sich so ein Ding besorgt hat und auf Hip-Hop macht, obwohl er auf die Siebzig zugeht (dem Lebensabend in der Toskana entgegensehend, ein Glas Wein in der Hand und eine gerade noch legale Freundin im Arm). Und mir geht es darum, dass »der Glutkern deutscher Kultur noch im Untergang bewahrt« werden wird (so hätte das ein

73 Friedrich Schiller *Wallenstein.*

74 Gemeint ist: kaputt.

Karl Fußmann[75] gesagt). Dass ich an dieser Stelle noch zu Späßen aufgelegt bin, heißt, dass ich wahrscheinlich auch noch in einem treibenden Fass, das auf den Rand der Niagarafälle zusteuert, in der Lage gewesen wäre, Witze zu reißen …

Echtes Geld verdienen lässt sich mit so einer Fähigkeit nicht. Ein bereits bewilligtes Stipendium wurde heute unter unglaubwürdigen Vorwänden annulliert, genauer gesagt, die Entscheidung wurde »vertagt«. Wahrscheinlich auf den Sankt-Nimmerleins-Tag. Sie – die edlen Gutmenschen des Betriebs – schicken mich jetzt schon einhellig in die Wüste, in der Hoffnung, ich werde dort, in der Paria-Kolonie, zwischen Antisemiten und Neonazis verrecken.

Freilich, das entscheidende Wort ist bis jetzt in keiner Gazette gefallen, aber es lauert im Hintergrund. Es muss sie zutiefst getroffen haben, mein Eingeständnis, der Holocaust komme im Roman tatsächlich nicht vor – und zwar *aus ästhetischen Gründen!* Und nein, ihr Lieben, ich werde mich auch in Zukunft nicht im Leid anderer suhlen und so tun, als wäre irgendjemand in der Lage, das Entsetzen von Menschen, die vor einem Erschießungskommando stehen, nachzuempfinden.

Abends dann Lesung in der »Kalkscheune«, einer der angesagtesten Lesebühnen in Berlin-Mitte. Der Hobbykoch und lyrische Fuselbrenner Wiglaf Droste spielt am Ende ohne erkennbaren Anlass *Einer dreht durch.* In der Hauptrolle: natürlich er selbst. So stürmt er plötzlich die Bühne und wirft mit Büchern – um auch sein Stück vom Aufmerksamkeitskuchen abzubekommen. Vielleicht will er auch nur um sein angestammtes Revier kämpfen. Was er an westfälischem Mundstuhl absondert, ist kaum zu verstehen.

Als ich ihn auffordere, diese albernen Ruhestörung zu unterlassen, rastet er aus: Mit einer aufgedunsenen Visage, dunkelrot wie

75 Protagonist aus *Endstufe*.

eine Schweinsleber, meint er verkünden zu müssen, er könne wenigstens schreiben, ausgerechnet also das eine, was er nun wirklich nicht kann, sonst müsste er sich nicht als Meinungssoldat der *taz* seine Promille verdienen. Drostes bis in die letzte Zelle verhaltensnormiertes Knock-out -Gebaren scheitert aber zuletzt an zwei linken Füßen. Bevor er »ganz große Löcher in seinen Feind«[76] machen kann, fliegt er coram publico der Länge nach hin. Volker Weidermanns Wasser*glas wackelt ei*n bisschen – das war's.

Eine hagere männliche Tante mit schwarzem Schlapphut führt den sabbernden, leicht benommenen Stürmer schweigsam hinaus. Ich glaube, diese beiden würden gut in das kleine Lazarett passen, wo Heine mit Entsetzen mit anhören musste, »wie die Kranken sich einander ihre Gebrechen vorrechneten«.

Das wirklich Tragische an einem Typen wie Droste? Er ist kein Tugendwächter der Linken, sondern nur ein armer Benachteiligter der subkulturellen Aufmerksamkeitsökonomie. Andy Warhols legendäre *15 minutes of fame* – Droste hatte sie nie gehabt. Sein Verletzungseifer resultiert aus der mentalen Blutgrätsche zwischen Selbsterwartung und dem Ausbleiben vorzeigbarer Erfolge: Hier träumt ein verkrachter *taz*-Journalist, er wäre ein literarischer Rock 'n' Roll-Star. Eine menschliche Tragödie, dass er an diesem Abend seinem selbst ersonnenen Label »Punkrocker der deutschen Literatur« nicht gerecht werden konnte. Ich hätte es ihm wirklich – selbst auf meine Kosten – gegönnt.

1. April. In der *taz*, die Droste regelmäßig zu einem Zubrot verhilft, liest sich der Vorfall am nächsten Morgen irgendwie anders:

> »Wie aus dem Nichts tauchte er [Droste] vor dem Podium auf, beleidigte gleichermaßen alle Diskutanten und

---

76 Zitat: W. Droste.

> schleuderte schlussendlich das Lesungsbuch Richtung Autor. Was blieb, war betretenes Schweigen und eine Ahnung dessen, was es dieser Tage heißen muss, Thor Kunkel zu sein. Auch wenn es hoffentlich nur für Droste ein Verbrechen ist, schlechte Bücher zu schreiben: Es wird eine ungemütliche Lesereise werden.«

Ist das eine Drohung oder nur eine Art wishful prophecy? Ein versteckter Aufruf an andere antifaschistische Jäger und gewaltbereite Gesinnungswächter? Auf geht's, zur fröhlichen Hatz … Mir ist inzwischen aufgegangen, dass der Roman offenbar eine *geheime Assoziationskette* evoziert, die das Fassungsvermögen der feuilletonistischen Selbstdarsteller sprengt. Umerzogen, wie sie sind, finden sie es einfach nur empörend, dass mein Protagonist ein weltfremder, aber nicht unsympathischer SS-Offizier ist. Genau dagegen laufen sie Sturm. Und gegen meine Fähigkeit, eine autonome, vom Holozirkus unabhängige Welt zu erschaffen, wo *sie* – die Medien – doch bekanntlich die Vertreter der amtierenden Mächte der Weltlosigkeit sind. Dieses Selbstverständnis vereint die etablierten Heißluftgebläse der FAZ mit den schreibenden Schmalspur-Genossen der *taz.*

2. April. Die Schmähung der »Gesinnungslumpen vom Prenzlberg« nehme ich zurück. Diese Leute, die ihre Bestürzungs- und Besinnungsanfälle über *Endstufe* jetzt in die Gazetten abkotzen, sind einfach früh vergreiste Germanistikstudenten und Stipendienstricher, die jede psychische Irritation als Steilvorlage für einen antifaschistischen Auftritt benutzen. Nicht weil sie wirklich Antifaschisten sind, sondern weil sie so ihr erkennbares Aufmerksamkeitsdefizit kompensieren. Sie missgönnen mir meine Dauerpräsenz in den Medien, und sie sind wütend, weil sie meinen Durchbruch nicht mehr ungeschehen machen können. Im

Grunde müsste man mit diesen oft mittellosen Figuren, die irgendwo kellnern oder Stütze beziehen, nur Mitleid haben, doch meine Geduld mit Säugetierkameraden, die an mir ihr Affending durchziehen wollen, war schon im Jahr meiner Einschulung erschöpft. Doch da ich nicht nachtragend, sondern *sehr* nachtragend bin, habe ich mir die Namen notiert. Man sieht sich immer zweimal im Leben.

3. April. Kleiner Kurswechsel bei der FAZ (was zu erwarten war). Offenbar hat Marcel Reich-Ranicki, der schon mein später preisgekröntes Manuskript *Das Schwarzlicht-Terrarium* entsorgen ließ, ein paar Takte mit Volker Weidermann geplaudert. (»Du, Volkarrr, grrroszä Kunszt izt das nichd …«) Wie viel der negativen Resonanz auf *Endstufe* ist diesem Fatzken geschuldet? Und ausgerechnet Richard Kämmerlings, der mutmaßliche Freund von Rowohlt-Autorin Jana Hensel, die mich vor ein paar Wochen auf Geheiß von Broder »vorladen« wollte, darf meinen Roman nun *ins rechte Licht* rücken. Auch dieses Zusammenspiel ist sicher kein Zufall, sondern das Ergebnis von Mauschelei.[77]

Unter dem Titel »Ein Ekelreigen« werde ich erneut – diesmal von Richard Kämmerlings in der FAZ – des Revisionismus bezichtigt. Aus literarischer Sicht scheint ihm der Roman aber doch gefallen zu haben:

> »In Thor Kunkels Roman *Endstufe* erscheint das III. schon auf den ersten Seiten als Geschmacksfrage, als Lifestyle-Phänomen, als große Sause für die happy few, denen die Frage der passenden Schuhcreme für ›Reitstiefel aus chromgegerbtem Rindsleder‹ wichtiger ist als der ferne Schlachtenlärm an der Peripherie […].

77 Jidd. betrügerische Manipulation, unlautere Absprache.

> Das Pornographische ist nur sichtbarster Ausdruck der Lebensphilosophie einer dekadenten Kaste [der Nazi-Elite], die im Vögeln statt im Krieg ihr Heil erblickt, deren einziges Nachschubproblem den Kokainvorrat betrifft, während sie in der ›Lumpihütte‹ am Obersalzberg eine ›Zickenverlade‹ steigen lässt. […]«

Make love, not war, Ritchi – die ollen Nazis waren den Alt-68ern aber wirklich in jeder Hinsicht voraus. Diese Evidenz hindert den Feuilleton-Schnösel aber nicht daran, kräftig zu denunzieren. Es folgen bizarre Unterstellungen:

> »Kunkel glaubt sich dadurch absichern zu können, dass seine Hauptfiguren gar keine überzeugten Nazis, sondern einfach gewissenlose Profiteure und Wendehälse sind. Doch gerade dadurch macht er deren Weltbilder salonfähig. […] Darin erscheint Nazi-Deutschland nur als Wirtskörper für den amerikanischen Fun-Totalitarismus. […]
>
> Aus dem Herzen der Finsternis macht Kunkel keine Mördergrube, sondern ein großes Lichtspielhaus. […] *Endstufe* ist ein zutiefst zynischer Versuch, die ›Dauerrepräsentation unserer Schande‹ (Walser) – die Bilder aus den deutschen Vernichtungslagern – mit einem wüsten Ekelreigen zu exorzieren und zugleich auch durch das breite Ausmalen alliierter Verbrechen zu übertünchen. So fügt sich der Roman zu einem Großreinemachen der Weltgeschichte, mit dem die Untaten des III. Reiches zu einem dilettantischen Vorspiel unseres biologischen Zeitalters unter amerikanischer Flagge heruntergespielt werden.«

Das ist wirklich ganz großes Kino – und zwar das Kopfkino eines überbezahlten FAZ-Nazi-Grusel-Fantasten, auf den eine küchenpsychologische Einschätzung zutreffen dürfte: Man kritisiert an anderen mit Vorliebe Dinge, die man von sich selbst kennt und die einem am eigenen Persönchen missfallen. Vom Gesichtsausdruck her hätte Kämmerlings sicher ans SS-Hygiene-Institut, ins Umfeld von Fußmanns opportunen Kollegen, gepasst.

XVIII.

Die unsägliche Wahrheit über die sogenannten Befreier

4. April 2004. Nachtgedanken: Ist Kämmerlings genauso verlogen wie Schieder?

Um das Ende des Reichs in seiner vernichtenden Konsequenz zu schildern, kommt man nicht um die monatelang anhaltenden Massenvergewaltigungen der deutschen Frauen durch die Sieger herum. In der antifaschistischen Berliner Republik scheint dieses präzedenzlose und grauenvolle Kriegsverbrechen aber den Gründungsmythos der BRD Lügen zu strafen. Befreier vergewaltigen nicht. Also darf das nicht sein. Eine Zeitzeugin sprach in Helke Sanders Fernsehreportage *BeFreier und Befreite* (1992) vom »Trauma einer ganzen Generation«. Selbst konservativste Schätzungen sprechen von über hunderttausend Opfern allein in Berlin[78], eine zusammenhängende Sichtweise mit der Selbstmordrate und den unaufgeklärten Frauenmorden aus diesem dunkelsten Frühling sucht man vergebens.

---

78 Die 4-Millionen-Stadt war zu diesem Zeitpunkt auf knapp 500 000 Einwohner geschrumpft.

Ausgerechnet der linke *Spiegel* zitierte dazu am 23. Mai 1966 (Heft 22) den US-amerikanischen Kriegsberichterstatter Cornelius Ryan:[79]

> »Während die Russen schändeten und plünderten, häuften sich überall die Selbstmorde. Allein im Bezirk Pankow wurden innerhalb von drei Wochen 215 Selbstmorde registriert, zum größten Teil von Frauen. Josef Michalke und Alfons Matzker, Jesuitenpriester an der St. Canisius-Kirche in Charlottenburg, sahen, wie eine Mutter mit ihren zwei kleinen Kindern aus der Havel gezogen wurde. Die Frau hatte sich mit Ziegeln gefüllte Einkaufstaschen an die Arme gebunden, unter jeden Arm ein Kind genommen und war ins Wasser gesprungen.«
>
> »Frau Schulz wurde vor den Augen ihres hilflosen Mannes und ihres fünfzehnjährigen Sohnes mit vorgehaltener Pistole vergewaltigt; sobald die Russen fort waren, erschoss der völlig gebrochene Mann seine Frau, seinen Sohn und sich selbst.«
>
> »Die Nonnen in Haus Dahlem, das voller Flüchtlinge war, arbeiteten Tag und Nacht pausenlos. Auch sie lernten die russische Bestialität kennen. […] Andere Soldaten drangen in die Entbindungsstation ein und vergewaltigten trotz aller Abwehrversuche der Nonnen wiederholt Schwangere und Frauen, die eben erst entbunden hatten. ›Ihre Schreie‹, berichtet eine Nonne, ›waren Tag und Nacht zu hören.‹ Laut Oberin Kunigunde wurden in der Nachbarschaft 70-jährige Frauen und kleine Mädchen von 10 und 12 Jahren vergewaltigt.«

79 Cornelius Ryan, *The Last Battle;* Simon & Schuster, New York 1966.

Selbst wenn man sich nur in die offiziellen Darstellungen (Amtsenglisch: »damage caused by occupation forces«) einliest, wird einem schlecht. Bis heute begreife ich nicht, warum die Massenvergewaltigung niemals Gegenstand einer feministischen Anti-Pornografie-Rede war. Hat Alice Schwarzer einfach nur gepennt, oder geschieht das – was im Rahmen der vulgärmarxistischen Cui-Bono-Doktrin durchaus anzunehmen wäre – mit Absicht?

Insgesamt vergewaltigten Rotarmisten – während des Vormarschs auf die in Trümmern liegende Reichshauptstadt – **mindestens 2 Millionen Frauen.** Das ist eine Zwei mit sechs Nullen, die mich an schreiende Münder erinnern. Besonders die zuletzt aufgebotene ostpreußische »Wehrbäuerin« hatte die Zeche der Nazis zu zahlen. Das, was geschah, lässt sich vielleicht nur als »Freudianisches Triebschicksal der Frauen« verklären. Doch der Berg des Entsetzens, der sich hinter der statistischen Erhebung »2 Millionen Opfer sexueller Gewalt« verbirgt, ist für die Nachgeborenen, die sich heute über die Katastrophe von 1945 beugen wie Kinder über ein Sandkastenspiel, unvorstellbar. Infolgedessen ist *Endstufe* die längst überfällige Abklärung des Ganzen, ungeachtet einer rechten oder linken Agenda.

Es wäre falsch zu verschweigen, dass man auch in Prag Deutsche in einer nie gesehenen Weise massakrierte. Manche der vergewaltigten und verstümmelten Mädchen wurden sogar auf öffentlichen Plätzen vor den Augen von Zigtausenden bei lebendigem Leibe verbrannt. Man staunt doch immer wieder, wozu die Bestie Mensch fähig ist. Die griechische Kleinstadt Kalamata wurde im September 1944 von den Andarten der Volksbefreiungsarmee (ELAS) ähnlich barbarisch befreit. Und vielleicht ist die Antwort einfach die, die man aus eigenen leidvollen Schulzeiten kennt: Die meisten »Helden« wachsen erst an körperlich Unterlegenen über sich hinaus. Was hatten die bewaffneten Russen noch an Gegenwehr zu erwarten? Von Kriegsversehrten, halb verhungerten Frauen und Kindern? In einem ausgebombten Berlin, wo die Bewohner wie Ratten in Erdlöchern hausten? Wer hätte sich dem tobenden tschechischen Mob entgegengestellt? Während es zahllose Dissertationen über die Verbrechen in den Konzentrationslager gibt, interessierte sich bislang kaum ein deutscher Historiker für diese an deutschen Zivilisten verübten Verbrechen.

Und doch gehören sie zur Geschichte des Dritten Reichs. Was wäre daran apologetisch oder revisionistisch? Die Kriegsverbrechen, die von G.I.-Joe an den Japanern begangen wurden, das Verstümmeln von Gefallenen und »das Sammeln von Körperteilen in einer Größenordnung, die selbst die Militärbehörden besorgte«[80], zeigt, dass auch der Durchschnittsalliierte mit Ilse Koch mithalten konnte. Doch während deren »Lampenschirm aus Menschenhaut«[81] nur ein einziger bis heute nicht aufgeklärter Einzelfall bleibt, brachten die *good boys* **Hunderte menschlicher Trophäen aus Japan** zurück, in Koffern oder im Handgepäck, so, als kehrten sie von einer Safari heim … Vom Zoll sichergestellt wurden vor allem präparierte Schädel, gegerbte Ohren und in Alkohol eingeweckte Nasen, die nachweislich von toten Japanern stammten. Nicht Nazis, sondern Navys[82] hatten sich an diesen Leichen vergangen. Ergo: Bestie bleibt Bestie, egal in welcher Uniform. Besonders makaber: Das amerikanische *Life Magazin* ver-

---

80 Simon Harrison: »Skull Trophies of the Pacific War: transgressive objects to remembrance«. In: *Journal of the Royal Anthropological Institute.* (N.S).

81 Bei der Befreiung des Lagers Buchenwald wurde ein dementsprechendes Objekt aufgefunden. Koch und ihr Mann (der 1943 verhaftet wurde) wohnten aber schon lange nicht mehr auf dem Gelände. Es ist gut möglich, dass das Objekt erst nach der Befreiung dort deponiert wurde.

82 US- Marines.

Abb.: US-Soldaten 1943 mit »Trophäen«, die sie sich aus toten Japanern gemacht hatten. *Foto: Wikimedia Commons*

öffentlichte schon im Mai 1944 das Foto einer gewissen Natalie Nickerson, die sich für eine menschliche Trophäe aus Japan bei ihrem Verlobten bedankte. Trophäen dieser Art wurden in den USA salopp als *Jap-a-deads* bezeichnet und bis in die späten Siebzigerjahre auf Auktionen versteigert.

Bekannt wurde auch das Geschenk, das Präsident Roosevelt von einem Abgeordneten[83] erhielt – einen Brieföffner, dessen Griff aus dem Armknochen eines japanischen Gefallenen geschnitzt worden war.

Warum man von diesen Trophäensammlern nach Ende des Zweiten Weltkriegs nichts mehr hört – von Ilse Kochs Lampenschirm dagegen einmal die Woche –, dürfte zu den schäbigsten Geheimnissen der neuen Weltordnung zählen.

83 Francis Eugene Walter, US-amerikanischer Politiker.

Diese latente Art von Diskriminierung aufgrund der einseitigen Darstellung der Kriegsgräuel könnte man allerdings die Kernaufgabe der deutschen Medien nennen. Das beständige Bezichtigen des Volkes, bestialischer zu sein als andere Völker, soll rechtfertigen, dass man es auch noch in tausend Jahren beaufsichtigen muss.

In *Endstufe* werden auch die Kriegsgräuel der Amerikaner und Russen erwähnt, nicht zuletzt, weil auch meine polnische, mit ei-

Abb.: *Life Magazin*, 22. Mai 1944. Die Amerikanerin Natalie Nickerson und das »Geschenk« ihres Navy-Leutnants. Was in Deutschland mit dem Nürnberger Tribunal zum »Zivilisationsbruch« stilisiert wurde, gilt in den USA bis heute als »normales Verhalten« von Soldaten.
Foto: Wikimedia Commons

nem Deutschen verheiratete Großmutter (mütterlicherseits) am Ende des Zweiten Weltkriegs von Partisanen überfallen und übel zugerichtet worden war. Die Einzelheiten galten in unserer Familie als tabu – nur dass man ihr mit der stumpfen Seite eines Beils auf den Kopf geschlagen hatte und dass sie ein paar Monate später abtreiben ließ, galt als gesichert. Oma Leni verbrachte den Rest ihres Lebens an der Schwelle zur Psychiatrie. Ihr Schicksal machte mich tatsächlich jahrzehntelang betroffen, doch zu klagen, das ist in Deutschland für andere reserviert. Auch an den hiesigen Fakultäten dürfte ein Erwähnen von Verbrechen an der deutschen Zivilbevölkerung eher als Versuch gewertet werden, einer apologetischen Intrige Vorschub zu leisten; denn wie in diesem Land Geschichte gewichtet und assoziiert werden *muss,* ist eines der wichtigsten Denkmuster der Funktionselite geworden. Selbst ein Hinweis – wie eben geschrieben – grenzt bereits an ein Gedankenverbrechen und zeugt von meiner extremen Instinktunsicherheit oder meinem Desinteresse, im Literaturbetrieb Karriere zu machen.

Dabei entstammt schon das Wort »Befreiung« nachweislich dem Vokabular stalinistischer Agitation. Die Deutschen befanden sich ja nicht in Geiselhaft, sie hatten Hitler gewählt. Die meisten der jungen Soldaten glaubten, nicht gegen die »Russen«, sondern gegen den Bolschewismus zu kämpfen, der damals ganz Europa bedrohte und tatsächlich zu einem 40 Jahre anhaltenden »Kalten Krieg« (1955–1989) führte. Der kostete – wie die heiße Phase in Korea belegt – mindestens 3 Millionen Zivilisten das Leben. Der gewaltbereite Kommunist stand dem Nazi an chauvinistischem Gehabe um wenig nach. **Doch warum diese entsetzlichen Dominanzrituale an Frauen und Kindern?** Die vereinzelt von Dirlewangers SS-Sondereinheit in Russland begangenen Verbrechen lassen sich nicht mit einer millionenfachen Notzucht vergleichen.

Abb.: Igor Obrosov, *Opfer des Gulag,* 1941. Der heute rehabilitierte russische Maler wagte es als einer der Ersten, die Menschenverachtung der Stalinisten zu thematisieren. *Foto: SPUTNIK, Alamy Stockfoto*

Eine Zeitzeugin, die ich damals sprach, heute wohnhaft in einem Altersheim am Hohenzollernplatz in Berlin, sagte mir, sie habe »nächtelang ferne Schreie von Frauen« gehört. Es sei wie »ein ununterbrochenes Wimmern aus den Ruinen« gewesen. In ihrer Straße in Wilmersdorf hätten viele junge Frauen »nach der Schändung Selbstmord begangen«. Im Grunde fiel ihr keine Frau ein, die es nicht erwischt hätte. Eine Freundin sei auf der Flucht vom Balkon ihres Hauses gesprungen. Und trotz schwerer Knochenbrüche hätten sich noch einige Rotarmisten gefunden, die ihr Mütchen an der schwerverletzten Frau im Schuttbett der Straße kühlten. Kurz und gut: Ich glaube, es ist fast unmöglich, dass meine Protagonisten, die im Mai 1945 in Berlin gestrandet sind, nichts mitbekommen haben. Ich musste darüber schreiben. Ganz im Sinne des von mir verehrten österreichischen Schriftstellers Albert Drach, der meinte, beim Schreiben komme es darauf an, »dass das, was das Leben mit uns tut, sorgfältig protokoliert wird«[84]. Das gilt nicht nur für die Besiegten, sondern auch für die Sieger. Insofern darf man sich schon fragen, wer hier die schlimmeren Bestien waren.

Meine übrigen Quellen waren hauptsächlich Schriften britischer oder amerikanischer Historiker, die die Massenvergewaltigung als eine **von oben angeordnete Vergeltungsmaßnahme** erklären. Da Stalin die Genfer Konvention nicht unterschrieben hatte, waren seine Soldaten an nichts gebunden (außer an die Befehle ihrer Vorgesetzten). Während es müßig ist, angesichts der Opferzahl darüber zu streiten, ob Ilja Ehrenburg[85] in diversen Soldatenzeitungen Aufrufe schrieb, »deutschen Frauen den Rassenhochmut auszutreiben«, oder ob diese frauenfeindlichen Pamphlete von Mitarbeitern der stalinistischen Kriegspropaganda-Maschinerie GUPPKA[86] verfasst und mittels Flugblätter verbreitet wurden, findet man in den *Memoiren* von Feldmarschall

84 Albert Drach, *Meine gesammelten Mißerfolge.* Selbstporträt eines 87-Jährigen. [ungedrucktes Manuskript]. In: Albert Drach, Dossier 8., S. 32.

85 »Tötet, tötet! Es gibt nichts, was an den Deutschen unschuldig ist, die Lebenden nicht und die Ungeborenen nicht! Folgt der Weisung des Genossen Stalin und zerstampft für immer das faschistische Tier in seiner Höhle. Brecht mit Gewalt den Rassehochmut der germanischen Frauen. Nehmt sie als rechtmäßige Beute. Tötet, ihr tapferen, vorwärtsstürmenden Rotarmisten!« Aus einem Ilja Ehrenburg zugeschriebenen Flugblatt mit dem Titel »Töte!« aus dem Jahr 1942.

86 GUPPKA: Glavnoe Upravlenie Politicheskoi Propagandy Krasnoi Armii.

Montgomery mehr als eindeutige Hinweise, wie befremdend er die straffrei vergewaltigenden Russen empfand, die er wortwörtlich als »unzivilisierte Asiaten« einstufte: »Ihr Benehmen, besonders gegenüber Frauen, widerte uns an. In einigen Gegenden der russischen Zonen gab es praktisch überhaupt keine Deutschen mehr. Sie waren vor dem Ansturm der Barbaren geflohen.« Auch der US-amerikanische General Keating attestierte den Russen »hemmungsloses Treiben, dem der barbarischen Horden von Dschingis Khan verwandt«. Und die Russen selbst? – **Jurij Uspenski,** Offizier in der 2. Garde-Artillerie-Division der Roten Armee, notierte sich dazu am 2. Februar 1945:

> »Man soll sich rächen, aber nicht mit dem Penis, sondern mit den Waffen. Aber die Vergewaltigung von Mädchen – nein, das ist nicht zu billigen!«

Ähnlich entsetzt äußerten sich viele russische Intellektuelle, darunter der Schriftsteller **Lew Sinowjewitsch Kopelew,** der als Offizier gegen die andauernden Gräueltaten seiner Landsleute protestierte und dafür wegen »Propagierung des bürgerlichen Humanismus, Mitleid mit dem Feind und Untergrabung der politisch-moralischen Haltung der Truppe« von Väterchen Stalin mit 10 Jahren Lagerhaft abgestraft wurde.

Unter psychologischen Aspekten betrachtet bietet sich noch eine Erklärung für die Geschehnisse an – Sexualneid, wie er sich beispielsweise auch in den amerikanischen *stag magazines* manifestierte. Man missgönnte dem »weltgewandten«, chic gestylten Nazi offensichtlich seinen Löwenanteil am Fickfest der Menschheit. Seit der Besetzung von Paris geisterte das Bild des »deutschen Weiberers«[87] in Uniform durch die internationale Presse,

87 Bayr.: Schürzenjäger.

und es kursierten immer wildere Gerüchte, von denen sich später viele als alliierte Propaganda entpuppten.

Für die Männer beginnt mit dem Krieg eine unfreiwillige Phase des Zölibats. Sex, vielleicht die elementarste Form von menschlicher Kommunikation, wird zur psychischen »Flugverbotszone«, das Ehebett zum Lager alltäglicher Sorgen. Dass der verhasste Feind unterdessen die Puppen tanzen lässt, dass er es nach Strich und Faden im Hinterland treibt, dieser Stachel dürfte besonders den amerikanischen Muttersöhnchen schwer zugesetzt haben. In Frankreich wurden die deutschen Besatzer anfangs als »sexuelle Befreier« empfunden. Man muss nicht Duras' *Hiroshima, mon amour* gelesen haben, um die sadistische Wut der Patrioten auf die ***collaboration horizontale***[88] zu verstehen: Fast eine Million Frauen ließen sich mit den Wehrmachtssoldaten ein, der Sexus – prostituiert oder freiwillig – wurde zur Währung, zum Passierschein und zum Tauschobjekt für die alltäglichen Geschäfte des Lebens. Besonders die Schmuddelkinos von Paris waren als »Jagdgründe der Besatzungssoldaten«[89] verrufen. Es ist nicht bekannt, welche Filme hier liefen, aber es dürften wohl kaum die Sachsenwald-Filme gewesen sein, dazu war der französische Markt zu gesättigt. Andererseits – zu 100 Prozent ausschließen lässt es sich ebenfalls nicht. Und angesichts der Tatsache, dass selbst die offizielle deutsche Kunst mehrheitlich aus erotischen Bildern oder Inszenierungen bestand, könnten solche Exponate später bei den Siegern eine bestialische Enthemmung ausgelöst haben. Vor allem die Kolchosebauern und Arbeiter der Sowjet-

---

88 Frz.: horizontale Kollaboration – Beischlaf mit dem Feind, sexuelle Kollaboration.

89 **Anmerkung 2020:** Der Politologe Patrick Buisson kommt 2011 in seinem Buch *Années érotiques* zu einer ähnlichen Einschätzung, wenn er schreibt: »Paris war ein Puff für den müden arischen Krieger.« Buissons Thesen gelten in Frankreich als »unangenehme Wahrheiten«.

Abb.: Wenn sich krankhafter Ehrgeiz mit russischem Macho-Wahn paart: Marschall Georgi Konstantinowitsch Schukow (1896–1974), der selbst ernannte »Bezwinger der Deutschen«, wurde nach Kriegsende als Dieb überführt und degradiert. *Foto: Mil.ru, wikipedia.org*

union wähnten sich bald wie die Eroberer eines »Freudenlands«, das sie unbedingt auskosten wollten. In *BeFreier und Befreite*[90] von Helke Sander und Barbara Jahr finden sich Aussagen, die belegen, dass es den siegreichen Rotarmisten von oberster Stelle erlaubt war, einmal »so zu leben, wie sie wollten«. Und von der Frau

90 Kunstmann Verlag, 1992.

des unterlegenen Feindes erwarteten sie einfach – nicht unähnlich den Konfliktlösungsstrategien von Bonobo-Affen – sexuelle Gratifikation. Man sollte nie vergessen, dass man auf einem von Primaten beherrschten Planeten lebt, und dementsprechend geht es hier zu.

Ich habe mich oft gefragt, ob sich die in *Endstufe* erwähnten Ausschreitungen unter einem anderen Oberbefehlshaber ebenso drastisch hochgeschaukelt hätten. Schukow, der gelernte Kürschner und spätere Kommandant der 1. Belorussischen Front, die im Frühjahr 1945 Berlin erreichte, war bei gleichrangigen Militärs für seine Feigheit und vulgäre Sprache berüchtigt. Das Pelzgeschäft ist seit Jahrhunderten mit den urbanen Frischfleischmärkten verbunden.

Seine Siege errang der Ordensprotz, der absichtlich viel zu spät fadenscheinige Vergewaltigungsverbote erließ, nur durch die fünf- bis sechsfache Überlegenheit[91] seiner Soldaten. Man kann behaupten, dass sich diese »operative Vorgehensweise« des Marschalls auch bei der Jagd auf Frauen ausgezahlt haben muss. Dass er beim Plündern selbst nicht zu kurz gekommen ist, lassen Schlagzeilen aus den Nachkriegstagen erahnen.

Da sich Schukow ungeniert als Sieger über Nazi-Deutschland feiern ließ und wohl indirekt nach Stalins Thron schielte, hatte »Väterchen« Stalin im Frühjahr 1946 sieben Eisenbahnwaggons mit Möbeln aus deutschen Villen beschlagnahmen lassen, Waggons, die Schukow als persönliche Beute unverzollt in die Sowjetunion einführen wollte. Stalin nahm den Fund zum Anlass,

91 S. hierzu das Kriegstagebuch von General Andrej Jeremenko, *Tage der Entscheidung,* 1961, Militärbuchverlag: »Man muß sagen, Schukowsche operative Kunst, das heißt immer die fünf- bis sechsfache Überlegenheit an Kräften zu haben, ansonsten fängt er gar nicht an. Er kann einfach nicht in der Unterzahl kämpfen, und seine ganze Karriere ist auf Blut gebaut.«

Schukow genüsslich zu degradieren (3.6.1946). Zwei Jahre später tauchten bei einer Hausdurchsuchung von Schukows Moskauer Villa große Mengen von in Deutschland geraubten Antiquitäten – »mehrere Zentner goldener Uhren, Schmuck, Teppiche, Geschirr, Plastiken und Gemälde« – auf. Ähnliche Funde wurden auch aus Schukows Villa in Odessa vermeldet.

Bei den Gemälden handelte es sich übrigens fast ausschließlich um großformatige Aktdarstellungen, die den »Bezwinger der Deutschen« (wie Schukow sich selbst rühmte) an so manche individuelle Feindberührung erinnert haben dürften.

Ich verstehe also nicht, wo die Befreier nach Kriegsende moralisch überlegener, menschlicher gewesen sein sollen als die Deutschen. Ich ziehe es daher vor, das Jahr 1945 nicht als Jahr der Befreiung, sondern als Jahr der Niederlage zu betrachten. Gar niemand wurde befreit, sondern eine aufstrebende Weltmacht vernichtend geschlagen.

4. April. »Um ein würdiges Mitglied einer Schafherde sein zu können, muss man vor allem ein Schaf sein«, meinte schon Einstein. Am erbärmlichsten blökte wohl der gescheiterte Theatermacher **Robin Detje,**[92] der den Roman für die *Süddeutsche* schon vor drei Tagen (am 1.4.) verriss. Was sich hier ausgekotzt hat, ist der Wille zur totalen Vernichtung des Gegners, wie er sich in den faschistoiden Strukturen der Antifa manifestiert.

Er schreibt: Der Roman habe ihn nicht erregen können, was der Schöps als »Elchtest unter den Pornos« auslobt. Die FAZ wird in Anspielung auf das SS-Hygiene-Institut als »FAZ-*Hygiene-*

92 Detje verteidigte distanzlos Michel Friedman, der 2003 nach einer Affäre mit Kokain und ukrainischen Zwangsprostituierten von all seinen Ämtern zurücktreten musste. In seinem pathetischen Plädoyer für den unschuldigen Juden Friedman stilisierte Detje Friedman zum Opfer einer »antisemitischen Verschwörung«.

Institut« beschimpft. Und in diesem Tonfall eines aufgebrachten Links-Spießers, der endlich einmal in seinem Leben eine Rede auf seinen Chef halten darf, geht es putzmunter weiter. Am schlimmsten sind die mit Phrasen gefirnissten Scheußlichkeiten, die er mir anhängen will.

> »Es wird Menschen geben, die sich an Kunkels politischer Pornografie aufgeilen können. Nach Walsers Schlussstrichen, nach Jörg Friedrichs Brandreden, deren Duktus hier wiederkehrt, hat sich in Deutschland ein neuer revanchistischer Mainstream gebildet. [...]«

Dass Detje, ein geistig bereits mumifizierter Jüngling, der sich ernsthaft für einen Großkritiker hält, den Roman überflogen hat, ist zumindest ein Lichtblick. Doch seine Schlussfolgerungen zeugen vor allem vom Neid des Belämmerten, der das Wesen von Kunst nicht versteht. Er kann nur erkennen, was andere schon vor ihm erkannt haben, und schreibt wie ein Blinder. Bestes Beispiel:

> »Kunkels Stoff hätte sich in einen wilden, grotesken, überschäumenden Comic-Strip verwandeln lassen, eine überhitzte Burleske, ein absurdes Paralleluniversum. [...] Stattdessen stampft er treudeutsch voran, seine Kampfthesen im Tornister. Einen erzählerischen Todesmarsch mutet er uns zu, aus einem Gefangenenlager voll abstruser Verschwörungstheorien bis auf unsere Ladentische. In blankgewichsten Schaftstiefeln.«

Angesichts dieser Beschreibungen ist klar, dass Detje nicht zum selbstständig denkenden Kritiker taugt: Denn wenn *Endstufe* mit etwas Ähnlichkeit hat, dann mit einer »wilden, grotesken, überschäumenden, überhitzten Burleske« aus einem »absurden Paralleluniversum«! So wurde der Roman von anderen Rezensenten erfahren und deshalb nicht minder kritisiert. Doch was soll's: Um diese Unkentöne eines Dösbaddels aus der Lübecker Bucht richtig einzuordnen, muss man wissen, dass Berlin ein Sammellager abstrusester Loser geworden ist, ein Gehege der Psychos, die an ihren Sinnkrisen leiden und die sich mit allen Mitteln um die schäbigen Subventionskrümel prügeln. Detjes Schreibe ist hier typisch für die künstlerische Instinktlosigkeit, die ihn seit Jahrzehnten im Bodensatz des Berliner Kellertheaters hält. Vielleicht sollte er lieber in die Auslandspolitik, Abteilung »Sonderdienstleister der deutschen Fremdenlegion der USA«.

In diesem Sinne – Sieg Geil, mein Lieber!

XIX.

Unglück im Unglück

5. April 2004. Ich kann mir nicht helfen, aber die zunehmende Theatralisierung all dieser Kritiken ist unübersehbar geworden. Sie ist möglich geworden, weil die Berliner Republik in ihren Grundfesten tatsächlich einer von den Medien gesteuerten Gesellschaft nach trotzkistischem Vorbild entspricht. Ein Kombinat aus hoch entwickelter Technik und linker Pädagogik – »im breitesten Sinne der psychologischen Forschung«[93] – geriert sich als Beherrscher der öffentlichen, beziehungsweise *veröffentlichten* Meinung. Ich bin demnach Objekt eines sozialerzieherischen Experiments von Antifaschisten in hohen medialen Machtpositionen. Was mir die vergangenen Monate widerfuhr, dürfte, ganz nach trotzkistischem Vorbild, einer »radikalen Umarbeitung« meiner gesellschaftlichen Anerkennung entsprechen. Man könnte auch einfach von einer Ächtung sprechen. Aberkennung. Den Verleumdern und Denunzianten geht es längst nicht mehr um meine politische Gesinnung, es geht jetzt darum, in den finstersten Winkeln des Unbewussten zu wühlen und die Leser mit immer neuen, »schrecklichen Funden« zu konfrontieren.

Das Porträt im *Focus* (Nr. 15) fällt angenehm unaufgeregt aus, obwohl ich mich wieder zu ein paar verkopften Sprüchen habe hinreißen lassen. Da mich die lizenzierten Vorkoster bisher wie einen

93 Leo Trotzki, *Literatur und Revolution,* 1924.

Schuljungen abkanzelten, mache ich den beliebten Anfängerfehler, mich intellektuell selbst zu erhöhen. Dann liest sich das so:

> »Vielleicht klingt das wieder kontrovers, aber das III. war die Vorstufe zu einer Entwicklung, die sich im 21. Jahrhundert auswirken wird. Die Pornokratie – die Herrschaft des Sex, in der wir heute leben – ist der erste Schritt zu einer Biokratie [...]«

Selbst wenn ich erstmals bestimmte Science-Fiction-Komponenten meines Romans angesprochen habe, dürfte das die lesenden deutschen Nützlichkeitsdenker noch zusätzlich verwirren. Jetzt wissen sie gar nicht mehr, ist das Revisionismus pur, ein Nazi-Porno, eine aufgeflogene Fälschung oder eben nur die schräge Science-Fiction eines bekifften Autors, der eigentlich nicht in Deutschlands literarische Landschaft gehört.

6. April. Im Eichborn Verlag wartet eine nervöse Mitarbeiterin auf mich, die mir – »Hier, bitteschön, aber regen Sie sich nicht auf!« – einen *braunen* Umschlag mit gesammelten Morddrohungen überreicht. Es sind achtzehn an der Zahl, das meiste scheint von Linksextremisten zu stammen, die mir raten, aus Berlin wegzuziehen. Schönste Formulierung: »Neonazi sein heißt Probleme bekommen.« Der orthografisch bizarre Brief eines vermutlich ausländischen Mitbürgers beinhaltet die Fotokopie eines Messers, das mir der Schreiber »in *deine* Bauch rammen« will. Auch die Gegenseite fühlt sich provoziert: Ein OSK[94] aus Neustrelitz droht mit standrechtlicher Erschießung, falls ich es wagen würde »anzureisen, um deinen bolschewistischen Scheiß zu verbreiten. Verbreite deine Lügen über die SS woanders, aber nicht im Gau Brandenburg!«

– Ach, du heilige Scholle!

94 Obersturmkommando.

KULTUR

INTERVIEW

„Wir leben in der Pornokratie“

Thor Kunkel schrieb einen Skandalroman über Sexfilme der Nazis. Jetzt wehrt er sich gegen den Vorwurf, ein Rechtsradikaler zu sein

Abb.: Das *Focus*-April-Heft brachte ein ungekürztes Interview mit mir über die Fortsetzung der NS-Pornokratie mit kapitalistischen Mitteln.

7. April. Nach dem Sprung auf die Bestsellerliste brechen die Verkaufszahlen ein. Die Hetze der guten, zutiefst empörten Menschen zeigt Wirkung. Die breite Masse – diese »Bestie des Okkulten«, wie der Dichter Artaud einmal meinte – ist empfänglicher für Gerüchte als für klare Beweise. Und sie ist einer Hexenjagd nie abgeneigt. Ihren Teil tragen die Leute dazu bei, indem sie einfach nicht kaufen. Es ist die letzte Möglichkeit der Revolte, die dem *Homo oeconomicus* bleibt: das ihm Vorgesetzte abzulehnen.

Doch die reale Ursache der schwindenden Umsätze könnten auch mehrere Dateien sein, die im Internet kursieren. Sie werden von der Antifa (wem sonst?) auf ausländischen Servern als Gratis-Downloads im PDF-Format bereitgestellt. So kann man einem Bestseller natürlich auch schaden.

Angesichts der Bösartigkeit, mit der mir von den Medien mitgespielt wird, ist anzunehmen, dass die Uploads von Journalisten stammen. Rowohlt und Eichborn hatten beide im Vorfeld Journalisten Einblick gewährt. Zumindest eine typografisch veränderte und unvollständige Datei ist auf einer österreichischen Download-Plattform erhältlich. Die Netz-Antifanten haben den Roman auf 323 Seiten verkürzt; der gesamte in Nordafrika spielende 2. Teil fehlt.

Vielleicht haben die meisten der Meinungsfrontschweine, die *Endstufe* verunglimpften, nur diese manipulierte Fassung gelesen? Eine vollständige Fassung wurde mir von einem Journalisten von ABC Radio (Australien) zugeschickt, mit der Bitte um Prüfung. Diese schien genau dem Stand des Rowohlt-Lektorats vom Januar zu entsprechen. Natürlich halte ich die Vorstellung für undenkbar, dass mein Ex-Verleger diese Datei herumgeschickt hat[95] – um Eichborn das Geschäft zu verderben. Trotz allem, was Fest mir angetan hat, halte ich den Mann im Kern für keinen schlechten Menschen. Doch auch Rowohlt-Autorin Jana Hensel hatte in der *Spiegel*-Redaktion bereits »einen Ausdruck von tausend Seiten« vorliegen gehabt. Wo hatte sie den her? Das kann eigentlich nur die von Schieder unzensierte Originalfassung gewesen sein. Außer der Lektorin besaßen nur der Verleger und meine ehemalige Agentin eine digitale Kopie.

8. April. Der Glossenschreiber Martin Halter mit Fixum beim *Tagesanzeiger* schreibt heute in der *Rheinpfalz* einen Verriss unter der von mir verfassten *Stürmer*-Parole »Herein, wenn's ein Deutscher ist«:

> »Der Absturz seiner *Endstufe* wird Kollateralschäden in der deutschen Literatur hinterlassen: Der eben erst tastend

95 **Nachtrag 2020:** An dieser Stelle würde ich heute ein großes Fragezeichen und ein augenzwinkerndes Emoji einsetzen.

> begonnene, durchaus legitime Versuch, einen unbefangenen Blick auf die Leiden der Besiegten zu werfen, ist durch dieses Machwerk fürs Erste diskreditiert.«

Halter, der sich auch als Kommunikationsberater versucht, scheint seine journalistische Tätigkeit als Ideologieverwaltung oder Einschüchterungsschreiben misszuverstehen. Bei Broder ist mir die Sache verständlich, der hat mit mir bestimmt ordentlich Reibach gemacht. – Aber einer wie Halter? Für seine zusammengewichste Denunziation wurden ihm sicher nur ein paar Silberlinge gezahlt. Da er sogar die Überschrift bei mir abgeschrieben hat, sollte ich ihm eigentlich eine Rechnung über 50 Euronen schicken. Es wäre die passende Antwort auf Halters kleine Lumpazität.

Auf der Fahrt nach Hamburg geschieht das Unglück im Unglück. Ich krache auf der Überholspur in die Leitplanke: Sekundenschlaf. Ursache ist wohl ein Beruhigungsmittel, das ich mir vor ein paar Tagen von meiner Hausärztin spritzen ließ und das angeblich über längere Zeit abgebaut wird. Mir schwant, wäre ich auf die Gegenfahrbahn geraten, hätte es für mich nicht so glimpflich geendet. Auch die Variante, auf der rechten Seite in den Straßengraben zu rauschen, hätte übel ausgehen können.

Die Schadensbilanz ist beträchtlich: Die linke Seite des Wagens sieht aus, als hätte ein Riese sie mit einem Baumstamm verkratzt. Totalschaden, meint später die Werkstatt, die das ramponierte Vehikel inspiziert. Oder Karosseriearbeiten im Wert von 8000 Euro. Damit geht der größte Teil meiner Einnahmen aus der Lesetour flöten.

Abends: Nach einer mäßig besuchten Lesung in der Hamburger »Schwankhalle« soll es gleich weiter zum »Kunstraum Sylt-Quelle« gehen. Ich hatte dort voriges Jahr ein sogenanntes Aufenthaltsstipendium, das ich nutzte, um die Insel der Alten und Reichen zu erkunden. Natürlich war der eigentliche Inselschreiber (auch so etwas gibt es) ein Autor mit Migrationshintergrund, der so gut wie nie anwesend war.

Einer der Anwesenden fragt am Ende der Lesung nach, ob ich mich nicht wie ein »Verräter« fühlen würde, denn ich hätte doch selbst jahrelang vom Literaturbetrieb profitiert. Ob mir nicht aufgefallen sei, dass der Betrieb ein »linkes Agitationsbüro« sei.

Wörtlich: »Sie sind denen mit Ihrer *Verräterschrift* in den Rücken gefallen.«

Im Anschluss meldet sich plötzlich der anwesende linke Kulturtheoretiker Klaus Theweleit persönlich zu Wort: Er will mit mir über die Sachsenwald-Filme diskutieren. Offenbar geht der Autor der *Männerphantasien* von einem Dokumentarbericht oder Ähnlichem aus.

Ich gestehe ihm, es ist genau so, wie es im Eichborn-Programmheft steht: *Endstufe* ist ein Roman, kein Sachbuch. Obwohl ich tatsächlich eine der Hauptdarstellerinnen in Hamburg gesprochen habe, ging es nur um das Sammeln von Hintergrundinformationen für einen Roman.

Das lässt ihn merkwürdig abrupt verstummen.

Viele Besucher der Veranstaltung lassen sich das Buch signieren, doch eine gut besuchte Lesung sieht anders aus. Über allem hängt plötzlich eine Untergangsstimmung. Ein schon älteres Ehepaar bittet mich leise um meine E-Mail-Adresse; sie wollen mir schreiben, was sie über das Klappholtal wissen – eine Art Nudistenstrand aus NS-Zeit –, denn hier sei es »zu gefährlich, um zu sprechen«. Sie fanden vor allem die Kapitel, die im Sachsenwald spielen, »sehr gelungen«.

9. April. Heute jährte sich wieder einmal die Auflösung des Gefangenenlagers von Dachau, eine herrliche Ablenkung von den echten Problemen der Gegenwart, den Miseren der Lebenden und auch meinen Luxus-Problemchen. Ach wie herrlich, einmal abschalten zu können. Welch wohliges Gruseln! Doch was – muss man sich nach der zweiten Guido-Knopp-Sülze fragen – unterschied dieses Dachau eigentlich von anderen Lagern, in denen ebenfalls gemordet, gefoltert und hingerichtet wurde? Versuchte oder gelungene Völkermorde wurden im 19. und 20. Jahrhundert von Spaniern, Franzosen, Engländern und Amerikanern mit schöner Regelmäßigkeit begangen. Die Namen der Höllen, in denen die Briten die südafrikanischen Buren sammelten und zugrunde richteten, sind vergessen, den Deutschen dagegen soll die Möglichkeit, sich zu rehabilitieren, durch die permanente Erinnerung an ihre Schande genommen werden. Warum gibt es in den Staaten nicht einen Gedenktag für die Massaker an den Hopi-Indianern oder den *Crow*? Was sind und waren Reservate anderes als ausgedehnte »Konzentrationslager in freier Natur«[96]? Zu den Mitteln für den Völkermord an den Indianern gehörte auch das gezielte Verbreiten von Seuchen, indem man Frauen und Kindern mit Decken beschenkte, die man vorher mit Pockenviren präpariert hatte. Die Infizierten ließ man einfach in den Wäldern krepieren. *Yea, that's american graffiti* … Noch bizarrer: Die Wände des Oval Office waren nicht nur am Ende des 19. Jahrhunderts mit Skalps von Indianern tapeziert, nein, deren systematische Ausrottung war – das lässt sich heute mit Sicherheit sagen – vom großen weißen Vater in Washington geplant. Warum gedenkt die sogenannte Weltöffentlichkeit nicht auch der Leidtragenden dieser einzigartigen US-amerikanischen Barbarei?

Wen wundert da der unangenehme Verdacht, dass das Gedenken der deutschen Öffentlichkeit nur der Zementierung einer Opferhierarchie dient, aus der ein Power-Kartell namens Holocaust-Industrie seine Vorteile zieht? Deshalb wurde mir »verboten«, über die Verbrechen der Alliierten zu schreiben!

96 Thomas Pynchon, *V.*, 1963.

11. April. Zurück in Berlin sage ich meine Teilnahme an einer Diskussionsrunde im Wiener »Rabenhoftheater« ab. Ich kann einfach nicht mehr. Auch die Vorstellung, zwischen Pornosternchen Dolly Buster und meinem ehemaligen Schulkameraden Michel Friedman (den einzigen geladenen Gästen) zu sitzen und über meinem »Nazi-Porno-Roman, in dem *keine Juden vorkommen sollen*« (so Herr Jodl am Telefon), zu debattieren, erscheint mir wie eine weitere Steigerung dieses Albtraums, der mich nie wieder freigeben wird. Immerhin, auf ihrer Website behauptet Literaturliebhaberin Dolly, meine *Endstufe* liege auf ihrem Nachttisch. Da liegt sie wahrscheinlich gut. Die *Endstufe*, meine ich.

Was mich nachdenklicher macht: Ich habe gerade 1000 Euro sausen lassen. Bin ich verrückt? Oder haben die Medien mich bereits in die Defensive getrieben? Mein Problem ist, ich bin völlig allein. Alle meine Freunde sind in Holland; ein deutscher Freundeskreis existiert de facto nicht. Die Menschen, die ich für Freunde hielt, ließen mich einfach im Stich. Und wer hätte angesichts der Lügen, die über mich verbreitet werden, noch Interesse an meiner Bekanntschaft?

Jeden Morgen, wenn ich die Augen öffne, habe ich das Gefühl, in einer Welt zu erwachen, die geschlossen gegen mich ist. Ich weiß natürlich, dass das nicht stimmt, doch man sieht, was eine falsche veröffentlichte Meinung ausrichten kann, wenn man nicht über die Mittel verfügt gegenzuhalten. Wenn es nur einen oder zwei Fürsprecher gäbe, die Sache wäre leicht zu ertragen, und noch leichter wäre es, wenn sich der Roman aus irgendeinem Grund wie warme Semmeln verkaufte. Doch das eine verhindert das andere; es ist ein Teufelskreis, den die Medien seit nunmehr zwei Monaten befeuern. Ein Kulturschaffender aus der Berliner Theater-Szene, den ich auch privat kenne, sagte mir kürzlich, es sei jetzt fast so, als »würde man Asche noch mal verbrennen und die verbrannte Asche noch mal …« Und ja, genauso fühlt es sich an.

Es sind tatsächlich die vielen Presselügen, die jetzt eine normale Lesart des Romans verhindern, wobei ich nicht einmal von Literaturkritik schreiben kann, denn außer dürftigen Inhaltsgaben, die beispielsweise die 200 Seiten lange Reise Fußmanns durch Nordafrika mit keiner Silbe erwähnen, erfüllen fast alle Kommentare die juristische Definition dessen, was eine **Beleidigung** ist: Eine Beleidigung ist die nach außen gerichtete Kundgabe der Nichtachtung oder Missachtung eines anderen. Es versteht sich im Fall von Journalisten von selbst, dass sie vorsätzlich handeln und um die Wirkung ihrer Äußerung wissen. Nüchtern betrachtet gehen die letzten »Rezensionen« weit über die üble Nachrede hinaus und münden in ein **Ehrverletzungsdelikt (§ 185 StGB).** Sie wurden in der Absicht geschrieben zu erniedrigen, zu verunglimpfen, zu diskreditieren. Mein alter Professor, Thomas Bayrle, sprach neulich am Telefon von »Schlechtmacherei«. Angesichts dessen frage ich mich, ob die Plakatkampagne von Eichborn inzwischen eher die Funktion eines Steckbriefs erfüllt.

Das *Hamburger Abendblatt* kritisiert erstmals die feige Haltung der Intellektuellen:

> »Geschichte, sagt man, wiederholt sich nicht. Literaturgeschichte offenbar doch. Jedenfalls erinnert die Skandalisierung von Kunkels Roman stark an das, was Martin Walser vor zwei Jahren mit dem ›Tod eines Kritikers‹ widerfuhr. Hier wie da schwang sich die Literaturkritik im Namen politischer Korrektheit zum Moralapostel auf.«

Aber genau das ist ja ihr Metier: Jeder drittklassige Schreiberling, der es in irgendeine Redaktion geschafft hat, glaubt von nun an, den Moralpsychologen oder Gesinnungsbüttel spielen zu dürfen. Indem er mich öffentlich verurteilt, erhöht er sich selbst. Er spürt einen Machtzuwachs, indem er mich, einen etablierten und preisgekrönten Schriftsteller, beschimpft und demütigt, meine Meriten für nichtig erklärt. Hinzu kommt noch der unsägliche, noch immer vorauseilende Gehorsam der Deutschen. In einem heute in der englischsprachigen *Financial Times* erschienenen Artikel über *Endstufe* wird Volker Weidermann mit folgenden Worten zitiert:

> »Kein Roman sollte jemals verboten werden. Meine Aufgabe als Kritiker ist es, Alarm zu schlagen. Wenn ein Stück antisemitischer Fiktion erscheint, werde ich es öffentlich anprangern. Aber damit meine ich nicht, dass es auf den Index gesetzt werden sollte. Ich denke einfach, die Leute sollten es nicht kaufen.«[97]

Lieber Volker, ehrlicher kann man es nicht sagen, dass man sich als Marketeer des Buchhandels versteht. Warum die Leute *Endstufe* nicht kaufen sollen, nachdem du es zuerst als »ein glänzend geschriebenes, ungeheuer interessantes Manuskript von einem der besten deutschen Autoren der jüngeren Generation« empfohlen hattest, bleibt dein großes Geheimnis.

Fazit: Im verwesenden deutschen Kulturkreis, der auf Gleichschaltung ausgelegt ist, wird jeder gute Schriftsteller zum Partisan.

---

97 10. April 2004, *Financial Times,* »Immoral Earnings?« by Bertrand Benoit. »No novel should ever be forbidden«, says Volker Weidermann, who edits the Sunday features section of the Frankfurter Allgemeine Zeitung and largely absolves *Endstufe*. »My duty as a critic is to raise the alarm. If a piece of anti-Semitic fiction comes out, I will denounce it. That is not to say I think it should be banned. I just think people should not buy it.«

XX.

Die falsche Nazi-Nummer des Thor Kunkel

Abb.: »Gelobt, geschmäht, verleumdet.« Man sagt, Bücher haben ihr Schicksal. Dasselbe dürfte auch für Autoren gelten, die nicht mit der Schafherde blöken. *Foto: Privatarchiv Thor Kunkel*

13. April 2004. Die problematischste Grundhaltung der Deutschen bleibt der verkappte Exzeptionalismus, im Guten wie im Bösen: Wenn schon nicht Herrenmenschen, dann doch wenigstens die größten Arschkriecher aller Zeiten!

Was erklärt, warum etwa 99 Prozent der bisherigen Rezensionen einer – um es mit Herder zu sagen – »garstigen Mischung aus Sklavenfurcht, Dummheit und kriechender Schmeichelei« entsprechen.

Auch Alt-68er wie der Mannheimer Literaturprofessor **Jochen Hörisch** dreschen mit verbaler Brachialgewalt auf mich ein. Wobei er sich intellektuell überfordert, denn Hörisch liefert dem österreichischen Literaturmagazin *Volltext* am 13.4. die wohl hasserfüllteste »Rezension«.

> »Das Buch ist ein einziger Graus. Alles an diesem Roman ist abgründig missraten: sein entbundener Stilblütenstil (›schon bei der ersten Berührung waren ihre Schleimhäute in der Hitze einer roten Nova verdampft‹), sein Plot, seine Polit- und Epochendiagnostik, seine ebenso pornographischen wie erotikfernen Momente, seine vermeintlichen Tabubrüche – nicht aber eine Fragestellung, der er ressentimentgeladen und offenbar eher unfreiwillig nachstolpert: der nach der Triebstruktur des Faschismus.«

Der von Hörisch zitierte Text ist eine Paraphrasierung von Hanns Heinz Ewers' *Alraune,* einem der verbotenen Dichter des Dritten Reichs. Natürlich kennt der *links verbildete* Hörisch Ewers' Roman »in Fetzen und Farben« nicht, warum sollte er auch? Er schreibt lieber selbst, und zwar von der Fachwelt verspottete Autopsien wie *Die Wut des Verstehens,* einem der drögsten Suhrkamp-Ladenhüter aus den 80er-Jahren. Wer ernsthaft unter Schlaflosigkeit leidet, der merke sich den Namen der Pille. Ich wollte das Ganze eigentlich abhaken, aber der von Hörisch angeschlagene Ton eines dunkelroten Freislers geht selbst dem *Volltext*-Herausgeber Thomas Keul »eine Ecke« zu weit.

Für die Klagenfurt-Ausgabe seiner Zeitung räumt er mir die Möglichkeit ein, mich zu Hörischs antifaschistischer Tirade zu äußern. Um endlich »einen Schlusspunkt hinter dieses Dauer-Bashing zu setzen«. Es sei ja »nicht mehr normal«, wie die sich an mir »abarbeiten« würden. Dabei ahne ich, das Ende der Fahnenstange ist noch lange nicht erreicht.

PS: Ich habe heute der *Jungen Welt* ein Interview gegeben. Das Ergebnis? Selbst die *linkesten* Journalisten Deutschlands konnten in *Endstufe* weder »Revisionismus pur« noch »Nazi-Propaganda« entdecken.

14. April. Blinde Panik bei Eichborn, Jens hat eine neue Denunzierungskampagne gestartet, Verkaufschef Hörner ist am Boden zerstört.

»Wenn das stimmt, dann sind wir das Gespött der ganzen Branche … Mal ehrlich, hast du gewusst, dass die Filme gar nicht aus den Vierzigerjahren stammen?«

– *Wie bitte?*

»Dann hat der Nekes dich reingelegt … und wir stehen jetzt da wie die Deppen!«

Er hat das Sendeskript vorliegen, eine Kontaktperson des 3sat-Fernsehmagazins *Kulturzeit* bittet um Stellungnahme, ansonsten ginge das Ganze am Abend auf Sendung.

3sat-*Kulturzeit:* Nazi-Pornos

Enthüllungen um Thor Kunkels Roman Endstufe

Der Sachsenwald bei Hamburg ist ein Geschenk von Kaiser Wilhelm an Bismarck. Und nun dies! Die Lustelite des Tausendjährigen Reiches hat, so müssen wir fürchten, in den Lichtungen des Bismarck-Waldes Nacktfilme gedreht. An der Echtheit der Streifen bestehe kein Zweifel, sagt der Schriftsteller und Werbetexter Thor Kunkel, der den Skandal um die vermeintlichen Nazi-Pornos zum 600-Seiten-Roman machte.

Endlich gebe es ein Indiz dafür, dass eine Seite des III. Reiches existiert habe, die noch nicht in das Bewusstsein der Öffentlichkeit gelangt sei, meint Thor Kunkel. 21 Jahre nach der Publizierung der Hitler-Tagebücher nun ein neuer Scoop. Mit BILD sprach der Autor zuerst und enthüllte: Die Sachsenwald-Filme waren mehr als nur private Ferkeleien. Sie waren, so Kunkel, Tauschobjekt für afrikanische Ölbohrrechte und für schwedisches Eisenerz.

»Intuitive« Recherche

Angesichts dieses Deals gewährte auch der *Stern* der abenteuerlichen Geschichte ein breites Forum. Sogar mit Mitgliedern des Afrika-Korps und einer einstigen Porno-Aktrice aus Quickborn will Kunkel gesprochen haben, betont er in Interviews. Welch eine Recherche! Kunkel nennt sie »intuitiv». Er habe die Hintergründe des »Tauschgeschäfts – Porno gegen Eisenerz, Porno gegen Rohstoff – möglichst genau in Erfahrung bringen« wollen und sei zahlreichen Hinweisen nachgegangen, die nicht nur in Richtung Sachsenwald führten, sondern auch in andere Bereiche der Gesellschaft des III. Reiches, etwa in die Upper-Class und die Vergnügungs-Klasse, so Kunkel.

Die Protagonisten begrüßen sich in Kunkels Werk mit »Sieg Geil». Einen Porno nach dem anderen soll eine Sachsenwald-Film GmbH im

Auftrag der SS gedreht haben. All das gibt Kunkel als Fakten aus. Einer Überprüfung halten sie nicht stand.

Hamburger Kino zeigte Sachsenwald-Filme

Das Abaton in Hamburg ist eines der ersten Programm-Kinos Deutschlands. Werner Grassmann, der renommierte Filmkenner, gehört zu den Gründern. Er kennt die wahre Geschichte der Sachsenwald-Filme. Er hat sie in der Spätvorstellung im September 1971 gezeigt. »Erotik im Untergrund« hieß die unter Hamburgs Studenten sehr beliebte Reihe. »Wir hatten verschiedene Lieferanten von Kleinfilmen und dieser kam aus Reinbeck im Sachsenwald«, sagt Grassmann. »Das war eben der Mann aus dem Sachsenwald, so entstand der Name Sachsenwald-Filme. Eine Sachsenwald GmbH kenne ich nicht. Die gab es wahrscheinlich auch gar nicht.«

In einem Kino, nicht im Führerhauptquartier, ist also die Idee von den Sachsenwald-Filmen entstanden. Die vermeintlichen Nazi-Pornos stammen aus der Nachkriegszeit, da ist sich Grassmann ganz sicher. »Das waren Filme aus den Fünfziger- und Sechzigerjahren. Der Mann, der uns die Filme verkauft hat, hat uns auch zu verstehen gegeben, dass er diese erst kürzlich gedreht habe.« Nie habe er gesagt, das sei Nazi-Ware.

Auf alt getrimmt

Wir hätten, skeptisch geworden, Kunkel gern die Möglichkeit zur Gegenrede gegeben. Der aber propagiert sein Werk lieber im Internet und mag sich Nachfragen zu seiner bekennend intuitiven Recherche nicht stellen. Unstrittig ist, dass Kunkel die fidelen Bilder bei Werner Nekes, einem Filmsammler aus Mülheim, eingesehen hat. Dieser hat schon viel Geld mit den Streifen verdient. Er habe sie vor Jahren gekauft, besitze alle Rechte, sagt Nekes. Mehr sagt er nicht. Kein Interview!

In den Neunzigerjahren hat Werner Nekes eben diese Filme als CD-ROM auf den Markt gebracht. Schon der Vorspann der Sachsenwald-Filme lässt den Experten Jeanpaul Goeren an der Authentizität zweifeln. Der Filmhistoriker stellt eine elektronisch nachgesetzte Schrift und digitale Effekte fest: »Das soll aussehen, als ob es alt ist«, urteilt er. »Die Firma mit dem Namen Sachsenwald GmbH ist nicht bekannt und wir wissen relativ gut, welche Firmen in den Dreißigerjahren existiert haben«, sagt Goeren. Er hält es für ausgeschlossen, dass es eine solche Firma jemals gegeben habe.

Studenten-Jux

Kunkels Recherche ist ein, gelinde gesagt, zwielichtiges Unterfangen. Mit dem geistigen Eigentum nimmt er es nicht eben genau: Der Plot des Romans, die Nazis hätten Pornos für Rohstoffe produziert, entstammt einem Programm-Zettel des Abaton. Damals habe es geheißen: »Wenn wir sagen, die Filme kommen aus den Fünfzigern, zieht das vielleicht nicht«, sagt Grassmann. Daher hätten sie gesagt, die Filme stammten aus der Nazizeit, ohne sich etwas dabei zu denken. »Dann sagte jemand, damit wurden Rüstungsgüter gekauft«, erklärt Grassmann. »Das ist eine derart absurde und kranke Idee, dass jeder vernünftige Mensch sagen muss, für so einen Pornofilm gibt es vielleicht zwei Maschinengewehre, damit kann man nicht eine ganze Armee ausrüsten. Das war totaler Quatsch, eigentlich ein Jux.«

Und dem ist Kunkel aufgesessen. Sein Porno-Roman wurde von der Kritik einhellig verrissen. Schlimmer als der literarische Bankrott aber ist der dreiste Versuch, einen Studenten-Ulk als Ergebnis gründlicher Recherche abzufeiern. Am Ende des Romans dankt Kunkel für »fachliche oder persönliche Auskünfte« ausgerechnet Werner Grassmann. Das ist der Hohn! Er habe nichts beigesteuert, sagt Grassmann. »Ich kenne Herrn Kunkel gar nicht und habe ihn nie gesehen.« Grassmann ist es unverständlich, wie der Autor auf diese Idee kam.

Willkommener Werbe-Gag

Und doch hat Kunkel Filmgeschichte geschrieben. In Wesel am Niederrhein, dem Porno-Imperium von Busenwunder Dolly Buster, gibt es die DVD zum Roman: »Sachsenwald-Studios-Produktionen zeigt: Das sexte Reich«. Ware aus alten Lagerbeständen, für die nun der Markt reif war. Pornoproduzent Dino Baumberger sagt: »Die BILD-Zeitung hat es wahrscheinlich von Kunkel und ich von der BILD, dass das die Sachsenwald-Studios waren.« Das habe er übernommen und zur Verkaufsförderung drübergeschrieben. Baumberger redet Klartext: Es geht ums Pornogeschäft. Das VI. Reich – ein Werbe-Gag: untersagt, verfolgt, bestraft. Das ist nicht eben zimperlich, aber allemal ehrlicher als die literarische Hardcore-Unternehmung, die falsche Nazi-Nummer des Thor Kunkel.

15. April. Zwei Tage nach meinem von einem halbkriminellen Journalisten-Darsteller ausgerufenen literarischen Bankrott folgen neue Morddrohungen von empörten Lesern, die mich »Aufschneider« schimpfen und ihr Geld zurückfordern. Einer meinte, wenn nicht, würde er mir »eine Briefbombe« schicken.

Bei Eichborn bittet man mich, die alberne Drohung nicht an »die große Glocke zu hängen«. Es sei alles schon peinlich genug. Und ausgerechnet ein Schelm wie Werner Grassmann, ein Typ, der Pornos aufgeführt hat, will mich verklagen. Das behauptet zumindest Jens, der es geschafft hat, seine rufschädigende Tatsachenphantasie noch einmal an 3sat-*Kulturzeit* zu verkaufen. In einer SMS teilt er mir heute mit, Grassmann gehe zu seinem Anwalt. Jensens journalistische Methode – alles über Bande zu spielen – schafft es doch, eine Drohkulisse der übelsten Art aufzubauen. Denn Ruchbarkeiten sind viel gefährlicher als bewiesene

Fakten, da sie als unbewältigte Restinformationen alle Beteiligten zunehmend irritieren und dann die Problematik immer wieder neu initiieren. Ein Teufelskreis.

Nur wieso sollte Grassmann zum Anwalt gehen? Weil ich ihn auf der letzten Seite des Romans unter Danksagungen erwähne? Ich habe mehrmals mit ihm von Holland aus telefoniert. Über diese Telefonate hatte ich auch Werner Nekes berichtet.

Marius Meller fasst die neuesten Geschehnisse kompakt im *Tagesspiegel* von heute zusammen:

»*Kulturzeit* beruft sich in der angeblichen Enthüllungsstory auf den Filmwissenschaftler und Kinobetreiber Werner Grassmann, der 1970 das legendäre Hamburger Abaton-Programmkino mitgründete. Dieser habe dort 1971 eine Filmreihe unter dem Titel »Erotik im Underground« gezeigt. Der Begriff »Sachsenwald-Filme« sei damals im Scherz entstanden, weil ein Filmlieferant aus dem Sachsenwald bei Hamburg kam. »Die vermeintlichen Nazi-Pornos stammen aus der Nachkriegszeit, da ist sich Grassmann ›ganz sicher‹, ist im Beitrag zu hören und auf der 3sat-Homepage nachzulesen, auf der von der ›falschen Nazi-Nummer des Thor Kunkel‹ die Rede ist. Eine Verwechslung. Nekes' ›Sachsenwald‹-Pornos und die Abaton-Erotikfilme sind nicht identisch. Auf Nachfrage des *Tagesspiegels* korrigiert Werner Grassmann jedenfalls den TV-Bericht: Er habe gegenüber Tilman Jens lediglich festgestellt, dass die Filme aus der Sammlung von Werner Nekes, die Thor Kunkel zum Gegenstand seines Romans gemacht hat, 1971 n i c h t im Abaton-Kino gezeigt wurden. Zu ihrer Echtheit habe er sich überhaupt nicht geäußert. Bei den Nekes-Filmen handle es sich im Übrigen um Hardcore-Pornos, und in seiner Filmreihe seien ›mit Sicherheit nur Erotikfilme‹ der harmloseren Art gezeigt worden. Eben jene anderen ›Sachsenwald‹-Softpornos.«

Das heißt, Jens hat Grassman zwar tatsächlich befragt, aber offenbar nicht zu den Sachsenwald-Filmen. Kleiner, aber entscheidender Unterschied, denn damit ist Jensens Machwerk in handwerklicher Hinsicht wertlos. Meller verweist auch auf einen wichtigen Zeitzeugen, Horst Scharnbacher, mit dem ich auch mehrfach telefoniert hatte. In einem Brief des über 80-jährigen Rentners heißt es:

> »Hiermit bestätige ich Ihnen, dass mir im Winter 1945/46 anlässlich einer privaten Veranstaltung in Stuttgart von verschiedenen Herren von Filmen pornographischen Inhalts erzählt wurde, darunter der *Fallensteller* und *Frühlings Erwachen im Sachsenwald.* Es soll sich um von der SS bzw. Wehrmacht erstellte Streifen handeln, die zum Tausch und zur Bestechung bei schwedischen Personen dienten.«

Auch die *Leipziger Volkszeitung* verweist auf das Zurückrudern von Grassmann.

Damit könnte man meinen, meine Reputation sei wiederhergestellt, die Sache bereinigt. Aber natürlich ist sie das nicht: Obwohl sich sowohl Broders als auch Jensens Tatsachenphantasien als üble Nachreden herausstellten, bin ich erledigt. Um ganze Wellen von Denunzierungs- und Rufmordkampagnen unbeschadet zu überstehen, braucht ein Autor ein zuverlässiges journalistisches Netzwerk, er braucht einen noch besser vernetzten Agenten und einen Verlag, der zu 100 Prozent hinter ihm steht. Und er braucht die entsprechenden Verkaufszahlen, am besten Millionen. All das habe ich nicht, und die, die mich verfolgen, wissen das ganz genau. Es ist das alte Spiel der Medien-Mächtigen mit den Medien-Ohnmächtigen. Wer den Streit um die öffentliche Meinung gewinnt, hat gewonnen.

XXI.

Eisen-Pimmel und Dämonen-Image: Das feministische Feuilleton dreht am Rad

15. April 2004. Unter dem Titel »Ach, du Eisen-Pimmel« verpasst mir die Feminstin Iris Radisch heute in der *Zeit* einen moderaten Tritt in die Glocken.

> »Erstens ist dieses Buch eine flott geschriebene Geschmacklosigkeit, zweitens ist es eine dauererigierte Männerphantasie, drittens ist es (um nur nicht falsch verstanden zu werden, muss gesagt sein: leider!) absolute Spitze. Es ist ganz oben, vielleicht noch nicht auf den Bestsellerlisten, aber ganz oben auf den Wellen des Zeitgeistes. Es ist, was es mit Fleiß, Kalkül und Skrupellosigkeit unbedingt sein will: die Avantgarde des biotechnischen Zeitalters. […] Sprachlich befinden wir uns dabei durchaus mit beiden Beinen im Untergeschoss altdeutscher Herrenreiterprosa […].«

Was zum Henker ist *Herrenreiterprosa?* Der Begriff ist offenbar Marke Eigenbau von Irrwisch Radisch, der Frau, die mich schon in Klagenfurt beim Bachmann-Wettlesen diskriminierte. Thomas Hettche gegenüber soll sie meinen Text *Das Doppelleben der Amöbe* als »typisches Männergeschreibsel« abgetan haben. Wen würde »der Underground-Blickwinkel eines jungen, weißen Deutschen aus einer Sozialbauwohnung« groß interessieren? Indem sie ihre Stimme dann einer schlecht schreibenden Deutsch-Ungarin gab, brachte sie mich um den Bachmann-Preis. Mit der heutigen Rezension hat sie zudem auch ihren Beitrag geleistet, mir zu schaden.

So wie das Magazin *buchmarkt,* das heute Folgendes schreibt: »Kunkel und kein Ende«. Hier wird, wie mir scheint, dem Leser und vielleicht sogar dem Antifaschisten insinuiert, mit mir doch bitte ein Ende zu machen. Damit die Laffen, welche die Brotkrumen der Literatur in einer fast hermetisch geschlossenen Gesellschaft unter sich aufteilen, mir ja nichts mehr an Aufmerksamkeit abgeben müssen.

Noch am selben Tag will der *Stern* von mir wissen, was an Jens' Behauptung dran ist. Der Verlag bittet mich, die Fragen nach bestem Gewissen zu beantworten, da Werner Nekes es ablehnt, sich zu äußern.

STERN: Herr Kunkel, die Literaturkritik hat Ihren Roman »Endstufe« einhellig verrissen, doch an der Echtheit der Pornofilme, die in den Vierzigerjahren gedreht worden sein sollen, hat bislang niemand gezweifelt. Jetzt behauptet Werner Grassmann, Mitbegründer des Hamburger Abaton-Kinos, in dem die Filme Anfang der Siebzigerjahre liefen, sie stammten aus den Fünfziger- und Sechzigerjahren.
TK: Das stimmt natürlich nicht. Ich habe mehrere Zeitzeugen gesprochen, die versichern, die Filme wurden in den Vierzigerjahren gedreht. Einer dieser Zeitzeugen, Horst Scharnbacher, wird das auch

eidesstattlich versichern. Und wenn es drauf ankommt, werde ich auch die anderen Zeugen präsentieren.

STERN: Was sind das für Zeitzeugen?
TK: Herr Scharnbacher hatte im Winter '45 von den Filmen bei einem Tischgespräch im familiären Kreis in Stuttgart gehört. Einige Herren einer baltischen Hochadelsfamilie amüsierten sich köstlich über die »Sachsenwald-Filme«, die sie auch namentlich kannten, ebenso über die Tauschgeschäfte, die mit den Filmen gemacht wurden. Meine wichtigste Zeitzeugin bleibt eine der Darstellerinnen, die im Jahre 1941 bei den Drehs zugegen war. Wer könnte es besser wissen? Es gibt auch einen ehemaligen Wehrgeologen des Afrika-Korps, der zumindest den Film »Der Fallensteller« in einem Front-Tingeltangel 1942 gesehen hat. Es ist daher unmöglich, dass diese »Sachsenwald-Filme« erst in den Fünfzigerjahren gedreht wurden.

STERN: Wie erklären Sie sich, dass jetzt die Echtheit der Filme angezweifelt wird? Werner Grassmann behauptet, er habe sich sogar die Legende ausgedacht, die Nazis hätten diese Filme gegen Rüstungsgüter getauscht.
TK: Über die Glaubwürdigkeit von Herrn Grassmann möchte ich mir kein Urteil erlauben. Tatsache ist, er hat nach eigenem Bekunden in den Siebzigerjahren Pornofilme im Abaton-Kino gezeigt. Ob es sich bei diesen Filmen um die »Sachsenwald-Filme« handelt, auf die sich meine Recherchen beziehen, hat er nicht eindeutig gesagt. Herr Grassmann wurde von mir übrigens nie als Quelle oder gar Experte bezeichnet. Ich habe im Zuge meiner Recherchen vor drei Jahren mit ihm für etwa 15 Minuten telefoniert. Dabei nannte er mir den Namen eines ehemaligen Geschäftspartners, von dem er sich die Pornofilme ausgeliehen hatte, das ist alles. Zu diesem Zeitpunkt wusste Herr Grassmann noch nichts von den Tauschgeschäften. Ich habe ihn deutlich gefragt, und seine Antwort war: Nein, nie gehört.

STERN: Auch der Filmhistoriker Jean-Paul Goeren zweifelt an der Authentizität der Filme. Er habe elektronisch nachgesetzte Schrift und digitale Effekte festgestellt und wird zitiert mit den Worten: »Das soll aussehen, als ob es alt ist.«
TK: Das kann schon sein, weil er ja nur eine DVD gesehen hat. Die Originalkopien der Filme liegen bei dem Filmprofessor Werner Nekes. Zu Herrn Goeren möchte ich Folgendes sagen: Jeder Filmhistoriker, der aufgrund einer DVD-Kopie die Echtheit eines 16-Millimeter-Films beurteilt, sollte seinen Job an den Nagel hängen. Die Filme werden ja inzwischen als digitale Raubkopien unter dem Titel »Das Sexte Reich« im Internet vertrieben. Ich vermute, dass auf der DVD, die Herr Goeren gesehen hat, tatsächlich solche Effekte zu sehen sind. Ich habe dagegen die Originalfilme gesehen und hatte nicht den Eindruck, dass die digital manipuliert wurden.

STERN: Also sind die Vorwürfe Unsinn?
TK: Natürlich. Wenn Herr Grassmann behauptet, er habe die Legende gemeinsam mit anderen Leuten vom Abaton-Kino erfunden, dann möchte ich gerne einmal seine Zeugen sehen. Im Übrigen ist er kein Experte, sondern nur ein Kinobesitzer, der sich gerne im Lichte der Öffentlichkeit sieht.

STERN: Haben Sie jemals selbst an der Echtheit der Filme gezweifelt?
TK: Es gab solche Momente, sicher. Doch das war, bevor ich echte Zeitzeugen gefunden und befragt hatte. Danach hatte ich keine Zweifel mehr und habe sie auch jetzt nicht.

STERN: Wollten Sie rechtlich vorgehen?
TK: Das überlasse ich meinem Verlag, dem Aussagen meiner Zeugen vorliegen. Im Übrigen geht es um einen Roman und nicht um ein Sachbuch, was wäre der Gegenstand des Streits – der prozentuale Wirklichkeitsgrad einer Fiktion?

16. April. Selten so gelacht. Michael Braun, den ich vor Jahren in Erlangen in einer Podiumsdiskussion coram publico auseinandergenommen habe, schreibt heute im *Mannheimer Morgen:* »Die Literaturkritik überbot sich in Bekundungen des Entsetzens und verhalf Kunkel zur Festigung seines Dämonen-Images.«

»Dämon« – das theologische Wort für »böser Geist« ist endlich gefallen. Damit bin ich quasi entmenschlicht, und meine gesellschaftliche Vernichtung ist somit fast abgeschlossen. Ich bin jetzt ein Unmensch und vogelfreies Gespenst. Angeblich wurde ja schon mal eine Verwandte aus Thüringen 1662 bei Eichsfeld als Hexe verbrannt. Mein Vater, der sich als Frührentner die Zeit mit genealogischen Nachforschungen vertrieb, zeigte mir einmal ein dementsprechendes Dokument. Damals konnte ich nur mitleidig lächeln. Vielleicht sollte ich meine Mutter bitten, das Gutachten an Braun weiterzuleiten? Gemeinsam mit Jens könnte er vielleicht so eine neue Eskalationsstufe einleiten und ein paar geistig zurückgebliebene Antifaschisten dazu animieren, mich mit Benzin zu übergießen und »abzufackeln«.

Etwas sachlicher, vor allem vergleichender, geht Ingo Arend in Augsteins *Freitag*-Postille mit mir ins Gericht:

> »Ähnlich wie sein französischer Kollege Houellebeque reanimiert Kunkel die antiwestlichen, antizivilisatorischen und antimaterialistischen Ideologeme der Zwischenkriegszeit. Da kann Rot-Grün noch so viel nachwachsende Rohstoffe fördern. Gegen diese Gespenster scheint einfach kein German Kraut gewachsen.«

Doch auch er bescheinigt mir zuletzt eine »rechte Steilvorlage«, wahrscheinlich, weil das eher den Vorstellungen seines Brötchengebers entspricht.

Aufgrund der anhaltenden schlechten Presse sagt Herr Wittmann vom Münchner Literaturhaus nun ab. Er entschuldigt sich ein paar Mal für die späte Absage. (Was für eine Erleichterung, nicht vor diesen saturierten Fatzken lesen zu müssen.)

Abends erinnere ich mich durch Zufall an eine Stelle bei Manfred George,[98] in der er den Literaturbetrieb trefflich charakterisiert:

> »Das Geheimnis des literarischen Erfolges, heute wie gestern, ist in der göttlichen Gnade des Blindseins verborgen. Wer sich sehenden Auges, ein Flämmchen oder eine Flamme im Herzen, dem Steilhang nähert, der auf den Gipfel des Erfolgsplateaus hinaufführt, wo in Klubsesseln die Stargötter der Literatur thronen, der bemerkt näherkommend ein entsetzliches Gewimmel. Das steigt und krabbelt, das windet und klimmt, das schleimt und schleicht sich empor in dicht verfilzten Cliquenschwaden, mit Beißern und Hauern versehen die robusteren Gestalten, die schwächlicheren mit einer Giftdrüse in der Gesäßgegend, die periodisch die Ätzsäure kleinlicher Polemiken, Denunziationen und schwefliger Hintertriebenheiten absondert. Es stinkt und qualmt und schwelt das schlüpfrige Berggelände von Neid- und Hasswolken.«

George schrieb das irgendwann in den Fünfzigerjahren. Er hatte damals schon etwas vor Augen, das ich nun in- und auswendig kenne. Cliquenschwaden, die mich anstänkern wollen – besser kann man es nicht formulieren.

98 Essayist und Chefredakteur der Exil-Zeitung *Aufbau,* 1939.

17. April. Je länger dieser Irrsinn andauert, umso größer ist die Wahrscheinlichkeit, dass all die Journalisten vergessen haben, worum es ursprünglich ging: Nein, nicht um meine heimliche Gesinnung, nicht um ein paar alte Streifen, sondern um einen 600 Seiten langen *Roman*. Was die Leser inzwischen verwirrt. Alles, was heute wieder in den Zeitungen über *Endstufe* zu lesen ist, steht da nur, um dem Abverkauf – und somit Eichborn – zu schaden. Man möchte von skripturalen Nocebos sprechen – schriftlich verfasste Mittel, um zu schaden und auf meine Kaltstellung zu drängen. Nun wird die Geschichte um die Sachsenwald-Filme immer häufiger auch mit den Hitler-Tagebüchern verglichen. Eine bittere Erkenntnis, dass sich die linksliberalen Spruchkammern immer noch im Verleumden meiner Person überbieten. Wenn man bedenkt, dass diese Personen nichts über meine finanziellen und beruflichen Verhältnisse wissen, nehmen sie meine Vernichtung doch billigend in Kauf. Niemand, der in meinem Alter von der Schreiberei lebt, kann jetzt noch umsatteln, schon gar nicht einer, der von den Medien zum verkappten Nazi erklärt worden ist.

Bei aller Frustration übersehe ich fast, dass es auch positive Rezensionen gibt. Man muss sie allerdings mit der Lupe suchen. **Wilhelm Hindemith** kam heute auf SWR2 zu einem völlig anderen Ergebnis als der Mainstream.

> »Kunkel goss ein liquides *Simulacrum* von Zeitgeschichte über die gegenwärtige Misere und spiegelt ein allerletztes Tabu, das es zu brechen gälte, vor: Die Nazi-Bestien haben verklemmt und gerade im Sexuellen intolerant zu sein, so das landläufige Wunsch-Bild, das einige nicht gefährdet sehen wollen. So gefoppt und gekränkt, verrissen die feuilletonistischen Selbstdarsteller den Text. Dabei

> ignorieren sie unfair, dass das verurteilte *enfant terrible* über eine erstaunlich flotte Feder verfügt, dass der Autor eine riesige Stoffrecherche mit flinker Hand meisterte, wie ihm das gegenwärtig keiner nachmacht im deutschen Literaturbetrieb.«

Natürlich sind diese Radiosender und Online-Magazine viel zu klein, als dass sie etwas gegen die Medienmächte *Spiegel* oder *Süddeutsche* ausrichten könnten. Für die meisten bleibe ich der »entlarvte« Nazi-Schriftsteller, der Fälscher, der das *Vierte Reich* begründen wollte und »mit Schmackes auf die Fresse fiel« (so gelesen in einem Online-Forum). Man feiert regelrecht, dass ich damit »nicht durchgekommen« bin.

Eines dürfen wir ohne Abstriche feststellen: Dieses entwurzelte, seiner Kultur und Sprache entfremdete Volk der Deutschen hat vergessen, dass es einst den Anspruch hatte, die Avantgarde der Menschheit zu sein. Stattdessen ist ihm die Rolle des feigen Schrumpfgermanen in Fleisch und Blut übergegangen. Schrecklich gute Verlierer – das sind die heutigen Deutschen, und sie hassen jeden, der sie an ihre einstige Größe erinnert.

XXII.

Meine Lesung zu Hitlers Geburtstag

20. April 2004. Eine neue Lesereise steht an, eine wunderbare Chance für mich, dem Berliner Gesinnungsmief zu entkommen. Auf der Zugfahrt von Berlin nach Frankfurt am Main, meiner Heimatstadt, erreicht mich der Anruf von Eichborn-Chef Wolfgang Hörner: »Der AStA in Frankfurt hat dir eine Falle gestellt!« Es klingt nach lupenreiner Panikattacke. »Ich an deiner Stelle würde die Lesung absagen!«

Moment mal … Ich hatte mich seit Tagen auf die Einladung der Uni Frankfurt gefreut. Wann liest man schon einmal vor Studenten? »*Warum sollten die mich reinlegen wollen?*«

»Weil heute Führer-Geburtstag ist! Und weil du im ehemaligen Hörsaal der I.G. Farben lesen sollst. Und weil Broder heute noch mal auf *Spiegel Online* nachgelegt hat!«

In Ordnung. Aber immer schön der Reihe nach:

1. Mal ehrlich, wer wüsste heute noch aus der Lameng, dass Hitler am 20. April Geburtstag hat? Trotz meiner Recherchen hatte ich mir den »Führer-Geburtstag« nie gemerkt. Und warum auch?
2. Die Tatsache, dass ich im Hörsaal der I.G. Farben lesen soll, freut mich dagegen, denn ich vermute, dass sich der Geist von Karl Fußmann vielleicht auch unter den Zuhörern einfinden

wird … Apropos: Hörsaal der I.G. Farben. Der Saal gehört seit einem halben Jahrhundert zur Johann-Wolfgang-von-Goethe-Universität!

– *Oh, fast vergessen:*

3. *Das Broderle.* Sein neuer Artikel auf SPON ist eher schwach.

Er, der wochenlang in der Welt herumtelefonierte, um mich als »international gesuchten Nazi« zu diffamieren, nennt seine Schmockerei jetzt »Protokoll einer Selbstdemontage«. Kein Wort mehr von seinem ersten Artikel und dem Vorwurf des Revisionismus. So schnell kann es gehen. Jetzt plappert er einfach den längst widerlegten Unsinn nach, den 3sat-*Kulturzeit* kürzlich ausgestrahlt hat. Vom großen Enthüller zum kleinen Abschreiber. Sein größter Triumph: »Niemand kam Kunkel zu Hilfe.«

Noch lächerlicher wird es, wenn der schreibende Schüttelpraktiker seine Ressentiments ungefiltert zum Besten geben kann:

> »Was ihn [Kunkel] von den meisten seiner Kollegen unterscheidet, ist, dass er so schreibt wie alte Damen Tee trinken: mit vornehm abgespreiztem kleinen Finger. […] Im Grunde geht es nur noch um die Frage, ob die Nazis Pornofilme gedreht haben oder Kunkel Opfer seiner eigenen Obsession wurde, wie schon vor 21 Jahren ein Reporter namens Gerd Heidemann, der es kurzzeitig geschafft hat, sich und die halbe Öffentlichkeit von der Echtheit der Hitler-Tagebücher zu überzeugen, die er selbst in Auftrag gegeben hatte.«

Wieder ein Verweis auf die gefälschten Hitler-Tagebücher im *Stern* … Gerd Heidemann, der auf Konrad Kujau hereingefallen war, wanderte für viereinhalb Jahre ins Kittchen. Was habe ich mit einem real existierenden Kriminellen zu tun? Und seit wann sind solche Vergleiche von der Meinungsfreiheit gedeckt? Wenn man beispielsweise einen unbescholtenen Geschäftsmann mit einem vorbestraften Kriminellen vergleicht, ist das üble Nachrede. Doch wie sieht das im Fall eines Schriftstellers aus?

Während der Zug in Frankfurt einfährt, dämmert mir, dass ich erneut zum Anwalt muss, um gegen den Reporter-Populisten zu klagen. Natürlich werde ich in Broders Online-Artikel nicht als zweiter Hitler-Tagebuch-Fälscher bezeichnet, sondern als einer, der auf einen ähnlichen Schwindel hereingefallen ist. Nur was sollte das sein? Die Sachsenwald-Filme haben schon lange vor meinem Roman existiert, man muss nicht von ihnen gehört haben, aber sie sind real, 16 Millimeter – und seit mehr als dreißig Jahren sind sie in Sammlerkreisen bekannt!

Es wird klar, dass Broder mit dem Johnson-Einbrecher gemeinsame Sache macht. In seinem neuen Text werden mir halbfertige, schwachsinnig klingende Sätze in den Mund gelegt, die wohl aus Outtakes stammen, die nicht von *Aspekte* ausgestrahlt wurden. Dass ich ehrlicherweise meine Recherche als intuitiv bezeichnet hatte, fällt mir jetzt auf die Füße. Und das Fiktionalisieren von realen Fundstücken ist so alt wie die Schriftstellerei. *Womit hatte ich mich also selbst demontiert?*

Bei der Ankunft sehe ich nirgends ein Antifa-Komitee. Erst bei der Lesung kommt es zu Störungen: Der »Johnson-Einbrecher« und sein ZDF-Kumpel Kamran Safiarian, ein aalglattes Bürschchen, das offenbar auf dem Mihigru-Ticket Karriere gemacht hat, versuchen, die Veranstalterin Andrea Diener verbal einzuschüchtern.

Da sie aber keine Dreherlaubnis vorweisen können, müssen die beiden unverrichteter Dinge abziehen. (Und ja, auch weil ein paar Jugendfreunde von der Frankfurter Antifa aufgekreuzt sind, die den beiden Top-Journalisten ganz offen Dresche androhen.) Nur der persische »Journalist und Muslim« plustert sich immer wieder auf, er sei vom ZDF, eine »Dreherlaubnis brauche er nicht«, er könne überall filmen, er sei Muslim, vom ZDF, Star-

Journalist, mehrsprachig … Es ist ein Wahnsinn, was dieser Mensch von sich gibt!

Einer der Antifa-Opas, der sich zur Feier des Tages sogar einen Strick um den Hals gelegt hat, fragt ihn irgendwann, ob er ernsthaft »was aufs Maul haben wolle«. Was der ZDF-Perser sofort und mit Nachdruck verneint. Das Publikum lacht, und tatsächlich hält Safiarian bis zum Schluss der Lesung die Klappe. Ein schwarzgelockter Jüngling, den man im jüdischen Teil des Westjordanlands sicher Schmeikel nennen würde, wanzt sich stattdessen ans Podium ran: »Was ist eigentlich mit den Opfern, Herrn Kunkel?«, ruft er laut. »Sie wissen schon, was ist mit den Juden?«

Eigentlich hätte ich antworten sollen: *Wieso erkundigen Sie sich nur nach den Juden? Wieso nicht nach den anderen Opfern des Hitler-Regimes?* Stattdessen weise ich ihn auf die laufenden Meter von »Holo-Literatur« hin, die es beispielsweise in der Universitätsbücherei gibt. Ich gebe ihm auch den Hinweis, dass die Konzentrationslager im Roman mehrfach erwähnt werden. Dazu müsse er das Buch aber endlich lesen, nicht nur den *Spiegel*-Artikel.

Das wusste er nicht, gibt er zu. Die meisten Presse-Schmieranden bevorzugen aus zeitlichen Gründen die »Sekundärliteratur« – soll heißen: Sie schreiben voneinander ab, in »einer Art Wiederholungsmanie«, wie Weidermann einmal meinte.

Die Studenten stellen die intelligenteren Fragen. Jemand wittert »leichte Relativierungstendenzen«. Ich entgegne, dass jede Geschichte, die auf einer historischen Ebene angesiedelt ist, im Bewusstsein der Leser die Handlung *relationiert.* Natürlich ist meine Darstellung des Dritten Reichs als pornologische Utopie realitätsnaher als das verlogene Schuld-und-Sühne-Gebuckel, das man jeden Tag von den Medien vorgesetzt bekommt.

21. April. Endlich legt auch die Hauspostille der Berliner Antifa nach. In der *Jungle World* drischt **Jörg Sundermeier,** der Autor des Buchs *Der letzte linke Student,* auf mich ein. Unter dem an Originalität kaum zu überbietenden Titel »Kein Licht im Kunkel« gibt sich der Autor jede nur erdenkliche Blöße. Das Wort »Pornokratie«[99], das im *Focus*-Interview fiel, ist für den hemdsärmeligen Linksextremisten »so sinnvoll wie das Wort Kartoffelismus«. *Endstufe* lebe »von einem Frauenbild, angesichts dessen selbst das von Otto Weininger als höchst fortschrittlich betrachtet werden muss«.

Beide Anwürfe beweisen, dass dieser letzte, linke Student nicht weiß, wovon er spricht.

»Der Faschismus umfasst acht Wissenschaften«,[100] schrieb einst der Torero Manuel V. Parrita und zählte sie dann nonchalant auf: 1. Krieg, 2. Zerstörung, 3. Diebstahl, 4. Prostitution, 5. Zügellosigkeit, 6. Sklaverei, 7. Kulturlosigkeit, 8. Egoismus.

Eine Zusammenfassung dieser 1939 von Parrita als »Wissenschaften« postulierten Themenkreise – vor dem Hintergrund von Wirtschaftswissenschaft und Biologistik – würde ich als die natürlichen Grundlagen jeder Hurenherrschaft bezeichnen. Übertragen auf die Geisteswissenshaften hieße das Ganze dann Pornologie.

Der Pornologe glaubt nur an *zwei gesetzgebende autokatalytische Kräfte* auf Erden – Lust und Habgier, beziehungsweise die Bereitschaft, sich korrumpieren zu lassen. Er weiß – neben der Schulbuchgeschichte – auch von einer *inoffiziellen* Geschichte, basierend auf dem uralten *Naturrecht der Menschheit.*

Hätte der letzte linke Student wirklich aufgepasst – ginge er wirklich mit offenen Augen durchs Leben –, er hätte den Unterschied zwischen Kartoffelismus und Pornologie sicher verstanden.

---

99 Hurenherrschaft.

100 Manuel Vilches Parrita, *La Marcha,* 1939.

Härter als der *Jungle World*-Meinungssoldat geht eigentlich nur der verhinderte Popliterat **Martin Büsser**[101] mit mir ins Gericht, wenn er mich ausgerechnet mit Guido Knopp, Macher der ZDF-Doku »Der Bombenkrieg«, vergleicht. Belehrend merkt Büsser an, zu meinem Thema hätte »Pasolini bereits 1975 in *Saló* alles gesagt. Nämlich, dass Sex im Faschismus immer nur im Zusammenhang mit Unterwerfung, Unterdrückung und Vernichtung gedacht werden konnte.« Von dieser ideologischen Interpretation seines Meisterwerks dürfte der Regisseur sehr erstaunt gewesen sein.

101 *Intro-Magazin,* Nr. 116, S. 84.

XXIII.

Schuldig im Sinne des Anfangsverdachts

20. April 2004. Wer *Endstufe* als Nazi-Porno bezeichnet, der unterschlägt, dass ich das Unanständige nur durchgelassen habe, um es zu tadeln – mit Spott und Verachtung. Doch meine schärfsten Kritiker sind offenbar selbst *verhinderte Pornografen.* Niemand verkörpert das besser als der Auslöser des Skandals, Henryk M. Broder, den eine völlige Unfähigkeit zur *Cognito sensitiva*[102] auszeichnet. Seine Schreibe schien immer schon humoralpathologisch zu sein. Die Notgeilheit wird irgendwann zum Leitstern der Sprache.

In *Endstufe* bleibt die mir teure Tradition des *kalós kagathós*[103] sprachlich gewahrt. Selbst wenn es um die Machenschaften einer Erotikfilmproduktion im Umfeld der SS geht, bleibt der Fokus auf das *obszöne Denken* dieser Personen gerichtet, es gibt keine pornografische Szene – was mir von Lesern, die auf körperteilpornografische »Stellen« hofften, in bösen Briefen vorgeworfen wird. Doch ist es meine Schuld, wenn sich das Feuilleton auf eine poli-

102 Sinnliche Erkenntnis.

103 Griech.: schön und gut, Bezeichnung für ein hellenisches, formalästhetisches Ideal.

tisch korrekte Lesart versteift, nur um nicht eines schreiben zu müssen – dass es sich um eine »Science-Fiction«-Behandlung der Geschichte des Dritten Reichs handelt. *Nochmals: Die Feuilletons reagieren eindeutig mit einer politisch korrekten Lesart und verursachen infolgedessen einen Skandal.*

Statt sich mit dem Text auseinanderzusetzen, treiben sie mich – einen ausgemachten Ästheten – wie eine Sau durch ihr McLuhan'sches Dorf. Es ist übrigens kein Kavaliersdelikt, das Leben eines Menschen zu zerstören.

21. April. Der Kulturkritiker **Horst Karl August Lummert,** der unter allerlei Pseudonymen im Netz publiziert, schreibt heute auf *Avram Kokhaviv Publications* über die deutsche Neigung zur Meinungsdressur:

> »In Deutschland sind immer nur die Gedanken frei, die jeder für sich behalten mag [...] Die Gleichschaltung der öffentlichen Gesinnung geschah damals [im III. Reich] von Staats wegen, sie geschieht heute freiwillig – ohne erkennbaren Zwang – als voraushechelnde Schwanzwedelei. *Endstufe* ist keine »Verharmlosung« der Vergangenheit, und wenn schon, sondern ein notwendiger und »zulässiger«, ein Skandal unserer Gegenwart [...] Er hätte niemals wahr werden dürfen. Eigentlich hat Kunkel bei den Etablierten [gemeint ist der Rowohlt Verlag] nichts zu suchen. [...] Es braucht schon ein beträchtliches Lakaientum, um Kunkel der »Vernachlässigung des Holocausts« zu zeihen, was [...] im kritischen Ausland nur noch Kopfschütteln und Animosität gegen die doppelbödigen Deutschen hervorruft.«

Und er hat dafür sogar eine plausible Erklärung:

> »Da wir in Deutschland sind, kann ich mir den Verdacht nicht verkneifen: die Vernachlässigung des Holocaust ist brävlich nachgeschoben, der wahre Grund für Kunkels Rausschmiss ist sein despektierlicher Umgang mit den SS-Bonzen. Kunkel stellt diese Typen ziemlich beschissen dar. Ich kann mir denken, dass etablierte Söhne und Typen von SS-Obergruppenführern dem frechen Autor eins auswischen wollen. Unerhört, unseren Neu-Adel so durch den Kakao zu ziehen.«

Was Lummert schreibt, würde erklären, warum es noch keine Post aus dem Sachsenwald – sprich von Schloss Friedrichsruh – gibt. Denn trotz Vorwarnung des Eichborn-Anwalts Felix Damm hat sich das sonst so empfindliche Fürstengeschlecht derer von Bismarck bislang nicht gerührt. Keine Abmahnung, keine einstweilige Verfügung, kein Drohanruf, einfach nichts.

Wusste man vielleicht über die Dreharbeiten Bescheid? Immerhin, die große Leni Riefenstahl wohnte nicht weit vom Anwesen des Fürsten entfernt.[104] Drückte man beide Augen zu, weil es einer guten Sache wie der Rüstungsindustrie oder der Kriegswirtschaft diente? Und gehört ein gewisses Draufgängertum nicht gerade zum deutschen Adel, zu diesen an Kaiser Wilhelms Leine gelegten Raubrittern, die sich im 19. Jahrhundert, als das Geld knapp wurde, ungeniert mit den gut betuchten Bürgerlichen vermischten?

Ich glaube, Lummert hat recht, der Gegenwind kommt nicht von irgendwelchen Momentpersönlichkeiten aus Berlin-Mitte, er

---

104 In Bistal, bei Escheburg, etwa 10 Kilometer von Aumühle beziehungsweise Schloss Friedrichsruh entfernt.

kommt von Leuten, die *wirklich* über nachhaltigen Einfluss in Deutschland verfügen und bestens vernetzt sind, im In- und Ausland. Diesen Personen habe ich mit meiner Darstellung ihrer Vorfahren empfindlich auf die Zehen getreten. Und sie schlugen – über Bande – zurück. Besser gesagt: Die Enkel der *Wochenscheuen* von 1942 schlugen zurück.

22. April. Natürlich habe ich auch manchmal Gründe zu lachen. Die Ursache sind meistens Leserbriefe, darunter auch ganz exotische Absender.

»Viele der Kritiken lassen einen unterschwelligen Sexualneid erkennen«, schreibt mir die US-amerikanische Sexualwissenschaftlerin **Judith Reismann,** »diese Rezensenten verraten ihre innigsten Interessen.«

Wenn eine Autorin die Überschrift »Ach, du Eisen-Pimmel« wählt, ein anderer »Sieg Geil!« plärrt, dann ist das natürlich der Schuh, der ihnen passt. Aus Broders Geschreibsel könnte man vielleicht latente homoerotische Züge herauslesen. Es heißt, dass er auf Veranstaltungen oft in einem weißen Leinenanzug aufkreuzt, wie ihn Kurschwule im 18. Jahrhundert trugen. Leider geht er mir aber geschickt aus dem Weg.

Reismann wörtlich: »Ein Mann, der Ihnen vorwirft, mit gespreiztem Finger zu schreiben, findet das vielleicht selbst attraktiv.« Interessant. In diesem warmen Licht hatte ich Broder noch gar nicht gesehen.

Judith Reismann – das nur nebenbei – verdanke ich auch den Hinweis auf Friedrich von Balluseck, einen NS-Wissenschaftler, der der Zwillingsbruder eines der Sachsenwald-Produzenten sein könnte. Von Balluseck lebte seine sexuellen Perversionen unter dem Deckmäntelchen wissenschaftlicher Interessen aus und stellte seine »Ergebnisse« **Alfred Kinsey** – ja, genau dem – zur Verfügung. Diese Leitfigur der Alt-68er bedankte sich überschwänglich bei dem Nazi von Balluseck und riet seinem Feldforscher-Kumpel: »*Take care*«, also »Pass auf dich auf.«

Von Balluseck wurde erst 1957 der Prozess gemacht, der *Tagesspiegel* berichtete damals ausführlich. Es bleibt die Hoffnung, dass man eines Tages auch Artikel aus dem Papierzeitalter online nachlesen kann.

21. April. Volker Weidermanns journalistischer Bannstrahl hat mich getroffen. Weil ich »der *Jungen Freiheit* ein Interview gegeben habe«! Kein Witz. Daraus ergibt sich ein klares »schuldig im Sinne des Anfangsverdachts«. So wurde es mir jedenfalls von einem seiner *Buddies* gesteckt. Ich wunderte mich, dass mich der Chefredakteur Dieter Stein noch telefonisch warnte: »Sind Sie wirklich sicher, dass wir das abdrucken sollen? Einige Leute dürften Ihnen das furchtbar verübeln …«

Offenbar hatte er schon seine Erfahrungen mit den linken Gesinnungszuhältern gemacht.

Frage: *Hatte ich nicht auch der* Jungen Welt, *diesem letzten Hort von Jung-Stalinisten, ein Interview gegeben?* Ach, stimmt ja, der ehemalige *taz*-Feuilletonist ist mit Conny Lösch, der lieben, aber unfähigen Feuilleton-Tante der *Jungen Welt,* befreundet. Da steht einem das linksextreme Ende des Meinungsspektrums natürlich näher als eine konservative Wochenzeitung, deren Kulturteil heute mit dem der FAZ (von früher) mithalten kann. Natürlich ist das nicht der wahre Grund von Weidermanns Rolle rückwärts: Die Feuilletons sind längst einer Logik von Isolierung und Dämonisierung subjektiver Wahrheit verpflichtet. Und was war die schriftstellerische Tätigkeit *avant la lettre* anderes gewesen als die von außerhalb der Gesellschaft stehende Sichtweise? Der Blickwinkel des Außenseiters, der ich war, bin und immer sein werde?

Nachtgedanken: Ein Zeichen für einen wahrhaft humanistischen Geist ist immer ein Lächeln am Abgrund. Tadeus Borowski beispielsweise schrieb über seine Zeit im KZ mit schwarzem Humor und beißender Ironie. Das Lachen bleibt die stärkste Waffe gegen das Elend, das uns angetan wird.

Vielleicht hilft es auch gegen den Albtraum namens »die deutsche Geschichte«, der ganze Ballast, der in mühseliger Kleinstarbeit von ehemaligen Mitgliedern der KP und von US-amerikanischen Umerziehern aufgetürmt wurde. Inzwischen ist dieser Haufen so hoch, dass man getrost von einer »ewigen Schuld« sprechen kann. Es ist mir ein Rätsel, wieso der Deutsche in die ihm zugewiesene Rolle hineinwachsen konnte. Statt neue bierernste Selbstbefleckungsfilme zu drehen, sollten die Deutschen es vielleicht auch einmal mit Satire versuchen. Das Theaterstück des ungarischen Dramatikers Menyhért Lengyel *Noch ist Polen nicht verloren* oder die Folge »The Germans« aus der Kultserie *Fawlty Towers* zeigten doch bereits, dass es geht. Doch die Deutschen … diesen redlichen, in keiner Kulturtechnik bewanderten Provinzlern des Guten fehlt in erster Linie die Distanz zu sich selbst. Noch schlimmer ist die abgefeimte Journaille, die so tut, als wären bestimmte Raubtiere moralisch legitimierter, Beute zu reißen. Nein, der Deutsche braucht die romantische Medizin des Geistes, die Moralin-Tinktur, denn er wird nie erwachsen. Er will glauben, dass die Welt nach '45 unter Führung seiner »guten Freunde«, der USA, eine gerechtere geworden ist, und der Grund dafür liegt in Napoleons hinlänglich bekannten Analyse des deutschen Charakters:

> »Es gibt kein gutmütigeres, aber auch kein leichtgläubigeres Volk als das deutsche. Zwiespalt brauchte ich unter ihnen nie zu säen. Ich brauchte nur meine Netze auszuspannen, dann liefen sie wie ein scheues Wild hinein. Untereinander haben sie sich gewürgt, und sie meinten ihre Pflicht zu tun. Törichter ist kein anderes Volk auf Erden.

> Keine Lüge kann grob genug ersonnen werden: Die Deutschen glauben sie. Um eine Parole, die man ihnen gab, verfolgten sie ihre Landsleute mit größerer Erbitterung als ihre wirklichen Feinde.«

Lese ich das, was heute über *Endstufe* in den Zeitungen steht, kann ich nur sagen, es hat sich nichts, aber auch gar nichts geändert.

XXIV.

Der Enkel des NS-Politikers Joachim von Rippentrop verteidigt meinen Roman

23. April 2004. Was mich an dieser Denunziationskampagne wirklich am meisten verärgert? Dass mir unterstellt wurde, ich hätte die Massenvergewaltigungen nach dem Einmarsch der roten Armee in Berlin »ausgeschmückt«. Das Gegenteil ist der Fall – die Vorfälle werden nicht grafisch beschrieben, sondern fast abstrahiert. Demnach hat keiner der Journalisten den Roman bis auf Seite 495 gelesen.

Andererseits haben die masochistischen Deutschen noch nie Hemmung gekannt: Als Wolfgang Thierse, der Präsident des Deutschen Bundestags, Ende 1998 mit einem Botschafter der Russischen Föderation einen Rundgang durch den neuen »Reichstag« machte, entsetzte der sich über die Tatsache, dass die vor kranker Erinnerungskultur berstenden Deutschen obszönste russische Graffiti *mitrestauriert* hatten. Die Luschen hatten es nicht gewagt, die Spuren der Sieger zu überpinseln. Der Gast, offensichtlich ein normal empfindender und gebildeter Mensch, fühlte sich angesichts dieser Hasstiraden zutiefst beschämt.

Tatsächlich haben Sätze wie »Tod den Deutschen« an einer Wand des deutschen Bundestags nichts zu suchen. Man fragt sich, ob es nur an der Gleichgültigkeit der politischen Kaste lag oder ob es damit zusammenhängt, dass im Bundestag vornehmlich solche Personen verkehren, die sich nicht als Volksvertreter, sondern als Handlanger der transatlantischen Freunde – oder Oberaufseher eines landesweiten Gefangenenlagers – verstehen. Schon als der Architekt Foster im Vollzuge der Restaurationsarbeiten die Graffiti von Stalins Soldateska entdeckte und übersetzen ließ, ging es den Deutschen nur um eines: den Schein zu wahren. Im *Spiegel*[105] hieß es damals dazu: »Die Liste mit den aus dem Russischen übersetzten Parolen verschwand auf Geheiß der damaligen Bundestagspräsidentin Rita Süssmuth (CDU) sofort im Panzerschrank.«

Graffiti im Panzerschrank, was für ein irrwitziger Aufwand, und doch gibt es dafür einen triftigen Grund: Das für dumm verkaufte Volk soll nicht daran erinnert werden, dass es 1945 gar nicht befreit, sondern barbarisch niedergemacht worden ist.

Der Reichstagshistoriker Michael McCullen erinnert sich an einen besonders drastischen Spruch: »Der russische Säbel steckt in der deutschen Scheide.«

Dennoch möchte man Thierse fast beipflichten, möglichst viele dieser »Männerklo-Sprüche« (was für eine Verharmlosung!) zu erhalten, damit auch jüngere Parlamentarier »die bitteren Seiten der deutschen Geschichte in unserem Parlamentsgebäude auszuhalten« haben. Die Frage bleibt, warum dasselbe für einen deutschen Roman nicht gilt.

24. April. Wieso ist mir die Meinung all dieser Lügner so wichtig? *Endstufe* wird von einer anderen Literaturkritik rehabilitiert werden.

---

105 *Spiegel*, 28.6.1999, Petra Bornhöft: »Schweinkram mit blauer Kreide«.

Vor allem wird man eines Tages die Notwendigkeit des Ganzen erkennen, nämlich *die untergegangene Welt der Deutschen,* die *vor* dem Dritten Reich lag, im *Spiegel* literarischer Reflexion würdevoll zu restaurieren.

26. April. Der Schriftsteller **Alban Nikolai Herbst** (eigentlich Alexander Michael von Rippentrop) gehört neben Feridun Zaimoğlu, Tina Uebel und Jan Drees zu dem übersehbaren Häufchen deutscher Autoren, die *Endstufe* gegen die Mainstream-Medien verteidigen. Herbst schreibt heute fast jubilierend:

> »Der Hitlerfaschismus bediente die Interessen der kapitalistischen Welt und verhalf ihr, nicht etwa seinem irren Ideologen, zum Endsieg. Wer sich dem verweigern will, der lese dieses Buch und höre nicht auf Kritiken.«

Ich bin erleichtert, dass wenigstens einer die falschen Kritiken kritisiert. – Dass es sich bei Herbst *um den Enkel von Joachim von Rippentrop* handelt, wird mir am nächsten Tag von einer Mitarbeiterin des Eichborn-Verlags geflüstert.

– *Also ist das nicht gut, dass Herbst mich verteidigt?*

– Nein, gar nicht gut. Sein Großvater wurde in Nürnberg gehenkt …

– *Ach das. Nur, was hat Herbst mit seinem Großvater zu tun?*

– Spinnst du?

– *Schon gut. Ich hatte vergessen, dass es wieder so was wie Sippenhaft gibt …*

Die Dame rät jedenfalls dringend davon ab, in Herbst einen Fürsprecher zu sehen.

27. April. Der Pfad der Ungerechten hat sich in Deutschland zu einer breiten, gut beleuchteten Linkskurve gewandelt, auf der

Millionen von Denunzianten zur reich gedeckten Tafel des grün-rot-linken Kultur-Hegemons schreiten. In vorderster Front natürlich die professionellen Männerschinderinnen von der Emanzen-Fraktion.

Eine der aufdringlichsten Selbstinszenierungsmaschinen, die Rezept-Prosa-Verfasserin Thea Dorn, beschimpft mich heute in *Bücher Talk* (SWF) als »Skandalhengst«. Dorn ist für zwei Dinge bekannt: a.) ihren falschen Namen (sie heißt eigentlich Christiane Scherer) und b.) ihren Napoleon-Komplex (sie ist kurz und kastig gebaut). Es drängt sie nach Selbstüberhebung; in der Sendung will sie ihre mediale Macht demonstrieren und verliert dabei jede journalistische Distanz. Es ist schon klar, dass sie einmal ihr Geld in den Medien verdienen wird. Dass man sie aber neben kompetenten Journalisten wie Dirk Schümer moderieren lässt, hängt offensichtlich mit dem desolaten Zustand des Senders zusammen. Doch die Bezeichnung *Skandalhengst* scheint nicht von ungefähr zu kommen. Angesichts der Tatsache, dass die Reitstall-Szene (in der es von »SS-Hengsten« nur so wimmelt) letztlich nicht im veröffentlichten Buch vorkommt, mithin nur in der **unzensierten Originalfassung** aufgefunden werden kann, frage ich mich heute, ob das kein weiterer Hinweis darauf ist, dass die Urfassung von *Endstufe* tatsächlich in alle Welt verschickt wurde. Und dass die meisten Journalisten genau diesen Datensatz schon *vor* der Publikation kannten.

Dorn: »Die widerliche Fluchtrichtung des ganzen Werkes ist ja, uns zu erklären, dass der Nationalsozialismus nichts besonders Deutsches ist, sondern eigentlich nur eine Vortrainingsstufe für die USA, weil die Amerikaner eigentlich die viel besseren Faschisten sind. [...]«

Nicht, dass ich Formulierungen, die antifaschistischer Propaganda entsprechen, für gut heißen würde, aber die Offenbacher Knalltüte scheint es begriffen zu haben: **Der neue Faschismus**

heißt Amerikanismus. Und ja, der Faschismus ist »nichts besonders Deutsches«, das hat schon die Journalistin **Martha Gellhorn,** ein – im Unterschied zu Christine Scherer – wirklich bedeutender Geist, vor einem halben Jahrhundert so formuliert:

> »Vor Kommunismus in den Vereinigten Staaten habe ich mich nie gefürchtet, wohl aber vor einem Faschismus; er ist ein amerikanischer Wesenszug.«[106]

Der Entwurf der neuen Weltordnung nach '45 unter dem Vorsitz der USA war *kein Gegenentwurf* zu Hitlers romantisch-verklärten Vorstellungen einer deutschen Weltmacht – es war die *Fortsetzung* mit anderen, mit stärkeren, eben turbo-kapitalistischen Mitteln. Es ist der geofaschistische *Deep State* der USA, der es so will. Und Deutschland war nicht an seiner Moral, sondern an seiner militärischen Schwäche gescheitert. Hätte Deutschland die Atombombe vor den *good boys* gehabt, der Zweite Weltkrieg wäre nahtlos in den kalten Krieg übergegangen. So aber führte man den deutschen Gernegroß vor, verhöhnte seine für Nichts krepierten Soldaten und verprostituierte die Frauen. Es waren de facto faschistische Methoden, die im Nachkriegsdeutschland angewandt wurden, um den Willen der Bevölkerung zu brechen. Aus deutschen Geofaschisten wurden jetzt US-amerikanische. Das war nicht schwer, denn der Kern des Faschismus bleibt nun einmal ein sozialdarwinistisch begründeter »Korporatismus« (Mussolini), und der bleibt Grundlage der westlichen Welt. Er gestattet die legale »Verwertung« unterjochter oder in die Abhängigkeit getriebener Völker durch Oligarchen und wird unter dem Deckmäntelchen der Befreiung von »rohstoffreichen Kon-

---

106 Original: »I never for a moment feared Communism in the U.S. but have always feared Fascism; it's a real American trait.« (1964)

fliktgebieten« praktiziert. (Wo nichts zu holen ist, wird auch nicht befreit.)

Da fragt man sich doch, wie es eigentlich kommt, dass sich eine strunzlinke Emanze zum Verteidiger der US-Imperialisten aufschwingt. Weiß Dorn wirklich nichts von der menschenverachtenden Nahostpolitik, die Amerika seit einem halben Jahrhundert protegiert? Was ist mit den zahllosen Angriffskriegen, die von den USA in 50 Jahren angezettelt und durchgeführt wurden? Sind die Analogien zum Dritten Reich wirklich nicht zu erkennen – oder sind sie nicht erwähnenswert, weil die Leidtragenden in der linken Opferhierarchie noch unter den Deutschen rangieren?

Selbst die Gaskammer ist nachweislich eine amerikanische und keine deutsche Erfindung. Die aus den Zwanzigerjahren stammende und damals als »äußerst human« eingestufte Hinrichtungsart kam 1924 zum ersten Mal in Carson City, Nevada, zum Einsatz. Diese »sauberste und schnellste Form der Exekution« genießt in Amerika bis heute einen sehr guten Ruf. Ich glaube kaum, ob man heute noch – selbst im Rahmen eines akademischen Vortrags – auf diese Tatsache hinweisen könnte, ohne von der Gedankenpolizei in Schutzhaft genommen zu werden. Vielleicht habe ich einfach zu lange in Holland gelebt, oder es war früher generell ein anderes öffentlich-rechtliches Fernsehen. Ich erinnere mich heute an eine Dokumentation *»De Amerikaanse Übermensch«*,[107] in der widerlegt wurde, Hitler hätte als Erster die Praxis der Zwangssterilisation von geistig Behinderten, Epileptikern und »inkompetenten Personen« eingeführt. Tatsächlich waren die Amerikaner (und wenn ich Amerikaner schreibe, meine ich nicht das Volk, sondern diejenigen, die 99 Prozent des Vermögens besitzen) in vielerlei Hinsicht die Vor-

107 Original: *The Lynchburg Story* (USA, 1993), Koproduktion von Worldview Pictures, Discovery Networks und Channel Four.

denker der NS-Ideologie. Präsident Theodore Roosevelt wurde hier aus dem *Eugenics Report* von 1927 zitiert: »Soll die Qualität der weißen Rasse künftig verbessert werden, muss die Fruchtbarkeit der wertvollen Typen gefördert, die der wertlosen unterdrückt werden.« Nochmals, das hat kein Nazi gesagt, sondern ein US-amerikanischer Präsident.

XXV.

American Nazis

Die ganze Geschichte ist nur ein Bündel
von Finten, für die wir uns die Toten zunutze machen.
Johann Gottfried Seume (1763–1810)

27. April 2004 (Nachtrag). Damit es nicht heißt, ich hätte wieder nicht ordentlich recherchiert, hier ein paar unangenehme Wahrheiten, die die in *Endstufe* formulierte Weltsicht begründet: Die großmäuligen Primitiven, die den geschlagenen Deutschen 1945 die im Grunde nur für Infantile wertvollen »new values« aufs Auge drückten, hatten – wie man heute im Hinblick auf die zahllosen Angriffskriege weiß – nur ein übergeordnetes Ziel:

> »Deutschland sollte man nach dem Krieg so gründlich zerstören, dass wir es für hundert Jahre nicht mehr zu bekämpfen haben, also überhaupt nicht mehr, wenn richtig aufgeräumt wird. Das kann wahrscheinlich nur durch Sterilisation geschehen.«[108]

Hemingway, dessen unlesbare Bücher noch heute deutsche Bibliotheken verstopfen, hatte diese Empfehlung tatsächlich geschrieben. *Zwangssterilisation.* Todernst gemeint von einem, der

---

108 Ernest Hemingway, *Letters – Briefe*, New York.

Abb.: Kein Nazi-Wissenschaftler, sondern der renommierte Harvard-Anthropologe Earnest Hooton in seinem berüchtigten »Knochenlabor«. Hooton plante bereits im Krieg eine »biologische Umzüchtung der Deutschen«. *Foto: Privatarchiv Thor Kunkel*

sich darüber hinaus in seinen Büchern dafür rühmte, Deutschen den Schädel gespalten zu haben. Mit seiner Hetze gegen Deutsche, die man aus seiner Sicht »kastrieren, ausradieren und abschlachten« sollte, stand Hemingway einem Julius Streicher um wenig nach. Beide Männer wurden in ihrem Hass auf andere Völker nur von dem äußerlich an Himmler[109] erinnernden Harvard-Anthropologen Dr. Earnest Hooton übertroffen.

109 Hooton schrieb zumindest zeitweise wie ein Nazi, man müsse »Schwachsinnige und Idioten daran hindern, sich fortzupflanzen«, und die Gesellschaft »von der stets steigenden Anzahl biologisch und geistig Minderwertiger« befreien. Wörtlich: »Falls es den kommenden Generationen gelingt, sich von diesen *wertlosen und schädlichen Elementen* zu befreien, wird es ein Leichtes sein, die sozialen und politischen Institutionen zu verbessern.«

Im Unterschied zum Kaufman-Plan, der den geplanten Genozid an den Deutschen ähnlich wie Hemingway mittels Zwangssterilisierung[110] propagierte, empfahl Hooton schon in den Vierzigerjahren eine »biologische Umzüchtung der Deutschen«. Die Mittel zur Umvolkung sah er in der »Einwanderung und Ansiedlung [...] nichtdeutscher Männer«[111]. Man möchte das Ganze als Verschwörungsgerede abtun, und doch, vor dem Hintergrund, dass sich Deutschland nun selbst zum Einwanderungsland erklärt hat, sähe Hooton seinen Plan wohl in die Tat umgesetzt.

Wie die meisten amerikanischen W.A.S.P.s war auch Hooton ein ausgemachter Rassist, der – so wörtlich – die »Überflutung meines Landes durch fremden Abschaum«[112] fürchtete, doch den Deutschen genau diesen Albtraum an den Hals wünschte! Von der gezielten Vermischung mit nichtdeutschen Männern versprach er sich die Degeneration des Volkes, das er zutiefst hasste.

Angewidert erkennen wir in Hooton einen Menschenzüchter und Archetypen jenes doppelzüngigen Biologisten, der selbst dem Rassenvermischer Coudenhove-Kalergi Respekt abverlangt hätte. Der hatte sich den Menschen der Zukunft schon

---

110 Theodore Newman Kaufman, »Germany must perish!«, Argyle Press, Newark, N.J., 1941. Kaufman verrät den wahren Grund, wenn er schreibt: »Lassen Sie uns alle Deutschen sterilisieren und die *Weltbeherrschungskriege* werden ein Ende haben!« Sein Plan sah auch das Verschwinden der deutschen Sprache vor, Publikationsverbote und komplette Auslöschung der deutschen Kultur.

111 *Peabody Magazine,* »Earnest Albert Hooton: Should we kill the German?«, 4.1.1943.

112 E. Hooton in einem Brief an den Rassisten Madison Grant: »You are probably aware that I have basic sympathy for you in your opposition to the flooding of this country with alien scum.« aus »Hooton to Madison Grant«, 3.11.1933, *Earnest A. Hooton Papers,* Havard University.

1923 als »Mischling eurasisch-negroider Rasse«[113] gewünscht und wäre mit den sabbernden, der Sprache kaum mehr mächtigen »Gewächsen« in Berlin-Neukölln wahrscheinlich mehr als zufrieden.

An dieser Stelle wird es noch unappetitlicher, denn über die Stufen des Hootons-Plans gibt es mindestens ebenso viele Unterlagen wie über den Morgenthau-Plan[114], der vorsah, aus dem damals führenden Wissensland der Erde einen Agrarstaat zu machen. Man erwiese einem der größten Rassisten der Neuzeit ungebührenden Respekt, würde ich hier seine Ausführungen zur »Vergattung von deutschen Frauen mit negriden Männern« *en detail* schildern.

Was aber unterscheidet nun diesen Typus des *American Nazi* von einem rassistischen SS-Wissenschaftler? – Die Antwort ist: NICHTS. – *Kann man solche Einzelbeispiele bringen?* – Ja, kann man, denn die in Nürnberg hatten auch nur Einzelbeispiele gebracht. Ein einzelner Lampenschirm aus Menschenhaut, der erst nach der »Befreiung« des KZs auftauchte, wurde zum Schocksymbol der Holocaust-Forschung, »obwohl man Frau Koch in dieser Hinsicht keine konkrete Schuld nachweisen konnte«, wie es auf der offiziellen Website der Gedenkstätte Buchenwald heißt.

Hootons klar definiertes Ziel war es, die Geburtenrate von »reinrassigen Deutschen«[115] drastisch zu reduzieren und die wenigen »reinrassigen, deutschen Männer« als Arbeitssklaven in

---

113 *Wiener Freimaurerzeitung* Nr. 9/10, 1923.

114 In seinem Schriftstück »Maßnahmen zur Verhinderung eines III. Weltkriegs« schlug Henry Morgenthau Jr., Finanzminister Roosevelts und säkularisierter Jude, vor, aus »Deutschland Ackerland« und »aus den Deutschen ein Volk von kleinen Landwirten zu machen«.

115 Original: »pure germans«, *Peabody Magazine,* »Earnest Albert Hooton: Should we kill the German?«

Länder zu schicken in der Hoffnung, dass sie genetisch in der dortigen Bevölkerung aufgehen würden. Aus einem hoch entwickelten Volk sollte durch »genetische Ausschwemmung« eine durchmischte *Bevölkerungsmasse* entstehen.

Um erst keinen Widerstand zu provozieren, schlug diese bebrillte Kassandra der Menschenzucht eine »langsame, kaum wahrnehmbare Umvolkung« vor – was dann im Laufe der Zeit die »biologische Ausschaltung« und Ausmerzung der Deutschen nach sich ziehen würde. »Einwanderung« wird in Amerika 1942 also erstmals als *biotechnische, gegen eine indigene Bevölkerung gerichtete Waffe* definiert.

Warum die deutschen Journalisten, die doch sonst jede Hinterlist wittern, an diese Pläne zur Ausrottung nicht einmal mit zwei Nebensätzen erinnern, dürfte ein weiteres Indiz einer gegen die Deutschen gerichteten Komplizenschaft mit der latent noch immer steuernden Besatzungsmacht sein. Doch offenbar gilt auch hier eine Doppelmoral – hier die »gute« amerikanische Zwangsvermischung im *Melting Pot,* dort der auf Höherentwicklung abzielende »schlechte« deutsche Rassismus. Diese unterschiedliche Bewertung fast identischer Sachverhalte entspricht wohl den Intentionen der Sieger, deren vornehmste Aufgabe es war, die einstige deutsche Weltmacht zu beerben.

Nun kann man behaupten, Kaufman und Hooton hätten das alles nicht so gemeint und die moralisch den Nazis haushoch überlegene US-Regierung wäre diesen kruden Plänen sowieso nicht gefolgt. Die Wahrheit dürfte eine andere sein, denn ohne den Kalten Krieg, in dem Deutschland als Bollwerk gegen den Kommunismus und im Zweifelsfall auch als Schlachtfeld herhalten sollte, hätte man die Pläne vielleicht doch in die Tat umgesetzt. Immerhin schreckte die US-amerikanische Regierung nicht einmal vor den eigenen Bürgerinnen und Bürgern zurück.

Allein im Internat *Lynchburg Colony* im Bundesstaat Virginia wurden zwischen 1927 und 1972 mehr als 8000 behinderte Kinder zwangssterilisiert. Die Jahreszahl 1972 ist dabei besonders verstörend, weil sie belegt, dass im »Land der Fleischkonserven«[116] noch lange nach den Nürnberger Prozessen die Ideen der NS-Rassenpolitik in die Tat umgesetzt wurden. Seit 1930 existierte in den USA eine Rechtsgrundlage, die »eugenischen Sterilisationsgesetze«, die nach einer vorsichtigen Schätzung über 70 000 Eingriffe (!) an Menschen legitimierte. Oder deutlicher: Über 70 000 Männern und Frauen wurden die reproduktiven Organe entfernt oder zerstört. Und auch die verkappte Menschenzüchtung wurde jährlich mit 190 Millionen Dollar gefördert.

Über die Verwendung der Gelder wachte eine »Gesellschaft für freiwillige Sterilisation«, die 1964 noch *Human Betterment Association,* also in etwa »Verband zur Verbesserung des Menschen« heißt. Viele der nach 1945 verfolgten NS-Wissenschaftler dürften sich in diesem Klima, das auf den Rassenfanatiker und Biologen Harry Laughlin zurückzuführen ist, wohlgefühlt haben. Immerhin wurde Laughlin schon 1936 der Ehrentitel der Universität Heidelberg verliehen. Joseph Goebbels persönlich gratulierte Laughlin zu seiner bahnbrechenden Arbeit, die später von den Nazis zur *wissenschaftlichen Begründung* ihrer Verbrechen zitiert wurde. Der einzige Unterschied: Laughlin hatte sich vornehmlich auf die genetische Ausmerzung der farbigen Bevölkerung konzentriert. Wie die Syphilisstudie von Tuskegee belegt, wurden vor allem mittellose farbige US-Amerikaner als menschliche Meerschweinchen benutzt. Vor sieben Jahren (1997) entschuldigte sich Bill Clinton öffentlich bei den Versuchspersonen dieses Menschenversuchs, auf

116 Spöttische Bezeichnung für die Vereinigten Staaten aus den Dreißigerjahren.

den ich hier nicht eingehen will. Der deutschsprachigen Presse war diese Entschuldigung jedenfalls nur eine Randnotiz wert.

Will also Frau Dorn diese Tatsachen nicht wissen, oder liegt es an der ausgefuchsten US-amerikanischen Informationspolitik, die durch ihre Medien die Informationen so filtert, das nichts das Ansehen des größten Kriegstreibers der Welt in Gefahr bringen kann? Und ist das die Macht, mit der ich mich versehentlich angelegt habe?

XXVI.

Rumoren im Bundesfilmarchiv: die falsche Stilanalyse des Helmut Regel

28. April 2004. Ich begreife allmählich, was mir der linke Mainstream-Journalist dermaßen verübelt: Da das Dritte Reich – ja, der gesamte Zweite Weltkrieg – inzwischen nichts weiter ist als die Rahmenhandlung des Holocaust-Mythos, muss *Endstufe* in den »Augen der Gläubigen« – und das sind sie alle, die einen Arbeitsplatz in den Medien haben – eine Verhöhnung ihrer Erlösungsgeschichte sein.

»Wo ist der Holocaust?« Ein junger, lässiger WAMS-Reporter hatte mich das in Leipzig gefragt, und ich hatte – wegen seiner Aussprache – Horrorkauz verstanden. Meine Gegenfrage »Wen meinen Sie mit Horrorkauz, den Frauenarzt?«, hatte er wiederum nicht verstanden. Wir ließen es dabei bewenden.

Hinzu kam meine Ästhetisierung der Täter mit einer zwischen Pulp Fiction und dem Sound eines Deutsch der Dreißigerjahre angesiedelten Sprache. »Nach Auschwitz ein Gedicht zu schreiben ist barbarisch«, hatte schon der Deutschen-Hasser Theodor W. Adorno getönt, und mit Sicherheit wollte er damit den Deutschen das Recht auf musische und schöpferische Tätigkeiten verleiden.

Sind die »Ereignisse« Auschwitz und Dachau wirklich schlimmer als die »Ereignisse« Nanking oder Sand Creek? Es sind alles große Schädelstätten der Menschheit. Auf dieser schönen Erde wird unentwegt gestorben, krepiert, verendet – Norbert Wiener, der Vater der Kybernetik, nannte die Menschheit Schiffbrüchige auf einem todgeweihten Planeten. Heidegger hat das ausgesprochen, Adorno dagegen nur seinen Hass auf die Deutschen befriedigt. Wieso hat er nicht den Spaniern das Dichten verboten? Immerhin sind sie direkte Nachfahren der *Conquistadores,* die sich des Genozids an den Ureinwohnern Südamerikas schuldig gemacht hatten. Die Ausrottung der nordamerikanischen Indianer schlägt sogar mit 15 Millionen ermordeten Männern, Frauen und Kindern zu Buche.[117] Wollte man jedem Volk, das einen – vollendeten oder gescheiterten – Völkermord zu verantworten hat, das Schreiben von Gedichten verbieten, die Sache mit der Lyrik hätte sich weltweit erledigt.

Dass Adornos geistige Flatulenz im Justemilieu noch immer inhaliert wird, zeigt nur, wie ignorant diejenigen sind, die heute schreiben. Das wäre vielleicht noch zu verschmerzen, wenn sie nicht gleichzeitig so intolerant wären. Selbst ein Jude wie Peter Weiss wanderte für sein Theaterstück *Die Ermittlung* in Isolation. Die FAZ warnte damals sogar vor der »Ästhetisierung des Holocausts« (1965). Und die noch feigere *Frankfurter Rundschau* befand: »Was [bei Weiss] ausgelöst wird, ist eine Mischung von Schock und Ermüdung, also alles andere als eine *nützliche Voraussetzung* für *richtiges Denken* und Handeln.«

Richtiges Denken – als ob es das in der Kunst gäbe!

29. April. Neuer Angriff, diesmal von 3sat-*Kulturzeit.* Der renditeorientierte Paparazzo Tilman Jens gibt noch immer nicht auf.

---

117 S. hierzu David Edward Stannard, American Holocaust, Oxford University Press, USA 1992.

Er will mir wirklich an den Kragen, mich als zweiten Konrad Kujau, als Hitler-Tagebuch-Fälscher, überführen. Es arbeitet jetzt nicht mehr an einer Enthüllung, sondern an meinem totalen Ruin. Offenbar geht es nun darum, im Zirkus der unseriösen Berichterstattung ein neues Highlight zu setzen.

Und das ist der Coup: Jens, der noch vorletzten Donnerstag großsprecherisch die Sachsenwald-Filme in die Sechzigerjahre verortete, arbeitet sich nun in Sprüngen von Dekaden in die Vierzigerjahre zurück – wobei er sich natürlich nicht für seine frühere Falschmeldung bei den ZDF-Zuschauern entschuldigt.

Tatsächlich präsentierte er seinem Publikum heute einen alten Bekannten, den pensionierten Referatsleiter **Helmut Regel** vom Bundesfilmarchiv Koblenz, der die Sachsenwald-Filme – nun »aber ganz eindeutig« (so Jens in einer SMS) – den Fünfzigerjahren zuordnete. In Wirklichkeit hatte Regel Folgendes verklausuliert: »In den 34 Jahren, die ich mich hier im Bundesarchiv mit der Zeit 1933 bis 1945 und deren filmischer Überlieferung beschäftige, habe ich nicht einen einzigen Meter pornografischen Films aus deutscher Produktion gesehen.«

Ich muss an dieser Stelle kurz auf einen Auszug aus meinem Werkstattbericht von 1999 zurückgreifen, denn ich hatte Regel ganz am Anfang meiner Recherche, am 9. Juli 1999, tatsächlich telefonisch gesprochen. Sein stereotypes Erinnern und kanonisiertes Sprechen hinterließ schon damals einen befremdlichen Eindruck bei mir. Das Ergebnis hatte ich seinerzeit so in meinem privaten Werkstattbericht fixiert:

9.7.1999. Das Internet schweigt zu den Sachsenwald-Filmen, sämtliche Suchmaschinen spucken nur Hinweise auf ein Naherholungsgebiet bei Hamburg aus. Selbst die rechte Szene – mit über tausend

Foren im Netz[118] – ist nicht informiert. Merkwürdig, wenn man bedenkt, welcher Kult selbst mit banalsten Gegenständen aus dem Dritten Reich betrieben wird. Normalerweise wissen die selbst über Kaffeetassen, Hitler-Tischglocken und Servietten mit Hakenkreuz-Aufdruck Bescheid. [...]

Auch die offiziellen Stellen wissen von nichts. Der Referatsleiter vom Bundesfilmarchiv in Koblenz erklärt mir telefonisch, er habe noch nie in seiner 30-jährigen Tätigkeit von deutschen Erotikfilmen unter Hitler[119] gehört.

Helmut Regel – so heißt er – scheint sich von meiner Anfrage fast beleidigt zu fühlen. Er behandelt mich wie einen Laien, der glaubt, den letzten weißen Flecken in der verminten nationalsozialistischen Filmhistographie gefunden zu haben. Freilich ohne dem akademischen Zirkel das Eintrittsgeld entrichtet zu haben, denn alle NS-Forschungsgebiete sind eben auch kapitalträchtige Pfründe. Schon seine erste Aussage ist mehr als klar: Diese Sachsenwald-Filme gebe es nicht. – *Wie bitte?* Das Drehen pornografischer Filme hätte den »rigiden Moralvorstellungen der Nazis komplett widersprochen«. Mein erster Hinweis, ich hätte die Filme bei Werner Nekes, immerhin einem der renommiertesten Sammler und Medienexperten, gesehen, wischt er mit ein paar Sätzen vom Tisch. Nekes sei ein »lieber und netter Kerl«, aber »von Filmgeschichte habe er keine Ahnung«. Mein zweiter Hinweis, dass zumindest die offizielle bildende Kunst des Regimes softpornografische Züge aufweise, schmettert er noch unwirscher ab. »Jetzt vergleichen Sie Äpfel mit Birnen.« Noch skeptischer steht er meiner »naiven Herangehensweise« gegenüber. »Was haben Sie vor? Wissen Sie wirklich, worauf Sie sich hier einlassen?« Ich weiß darauf keine Antwort. Innerlich – als Künstler – bin ich noch an der Grenze, wo das Gefühl zum Gedanken wird. Ich weiß zu diesem Zeit-

118 Inzwischen ist der Trend rückläufig.

119 Er sprach vom Zeitraum 1933 bis 1945.

punkt weder, wo mich die Geschichte hinführen, noch, was sich abspielen wird, aber ich weiß, dass sie mich interessiert.

Traurig, aber aus allem, was Regel sich in dem Gespräch abringen kann, sprechen eine extreme *déformation professionelle* und ein stereotypisierter, ideologisch korrekter Umgang mit der NS-Vergangenheit. Er gibt zu, dass er **die Sachsenwald-Filme nie gesehen hat, »weil sie nicht existieren«!** Ich erlaube mir den Hinweis, dass Alexander Kluge persönlich diese Filme in einer seiner Dokumentationen erwähnte, dass mein Kontakt zu Werner Nekes erst über Herrn Kluge zustande gekommen sei.

Regel hält auch Kluge, immerhin einer, der es in den erlauchten Frankfurter Adorno-Kreis geschafft hatte, für »in der Sache inkompetent«. Wenn es die Filme gäbe, wären sie mit Sicherheit am *Deutschen Institut für Filmkunde* gelistet. Ergo: Was nicht gelistet ist, darf nicht existieren. Zum ersten Mal geht mir das Bild eines *ausradierten Unterleibs* durch den Kopf. Ich frage ihn, ob er ernsthaft glaubt, dass irgendeine menschliche Gesellschaft ohne Sex auskommen kann.

Fast mürrisch verweist er mich jetzt auf real existierende, »schlecht gemachte Erotikfilme« wie *Die Nacht der Amazonen* von 1936 – das sei »ein pseudo-heraldischer Nackedei-Umzug in München« gewesen.

– Wie ich mir das vorstellen müsse?

»Na, da ritten ein paar Hundert nackte Frauen auf Pferden herum.«

– Öffentlich?

»Ja, vor tausenden Zuschauern … Warum?«

– Ich nehme an, es handelte sich um eine einmalige Aufführung?

»Nein, die Nacht der Amazonen fand jährlich im Rahmen der **Riemer Rennwoche** statt. Die Nazis dachten wohl, dass sie so Touristen anlocken könnten.«

Ich wage mir dieses Spektakel vor dem Hintergrund der damals in München aufgestellten Nacktskulpturen von Thorak und Breker kaum vorzustellen. *Und dieser Mensch behauptet ernsthaft, die Nazis seien zu prüde gewesen, zwei Pornofilme zu drehen?*

Er scheint meine Gedanken erraten zu haben, denn er legt von sich aus nach, in dem genannten Film »gäbe es keine Penetration«, was eben doch einen großen Unterschied macht. Da hat er recht.

Regel verabschiedet mich am Ende mit dem Hinweis, es könne nicht schaden, meine Geschichte »vor dem Schreiben den in Deutschland gängigen Normen im Umgang mit dem III. Reich anzugleichen«, und rät mir, einen Experten vom Fritz-Bauer-Institut zu kontaktieren. [...]

21.7.1999. Alle möglichen Filmarchive schriftlich und fernmündlich abgeklappert, ohne Erfolg. Auch diese Experten haben noch nie etwas von den »Sachsenwald-Filmen« gehört. Sobald ich erwähne, dass es sich um den Gegenstand eines Tauschgeschäfts handelt, wird es noch stiller. Ein »Stilepochen-Spezialist«, dessen Namen ich am Telefon nicht richtig verstehe, hält die Sache für rechte Propaganda. Wörtlich: »Porno hat ja auch was Menschliches, und das darf man den Nazis nicht zubilligen. **Die *Grundidee* der Studentenbewegung war ja – und deshalb haben alle mitgemacht –, dass die 68er-Revolution die sexuell unterdrückten Massen befreien würde.** Sex – freie Liebe – galt als machbarer, gesellschaftspolitischer Weg, die Welt zu verbessern. So ein Tauschgeschäft, wie Sie es beschreiben, ist ja das Gegenteil, das ist kapitalistischer Dreck.« – *Aber wenn es so in Wirklichkeit war?* Er hält diesen Einzelfall für »geschichtsirrelevant«.

Andere Institute antworten ganz ähnlich. Nur ein ehemaliger Mitarbeiter des Staatlichen Filmarchivs der DDR (Hausvogteiplatz) will von »pornografischen Nazi-Filmen« gehört haben, verweist aber sofort nach Moskau. Die Trophäen-Kommissionen der Roten Armee hätten »alles mitgehen lassen«.

Auch die Experten vom Frankfurter Filmmuseum geben sich zunächst verstockt. **Ronny Loewy** vom **Fritz-Bauer-Institut,** den ich telefonisch erreiche, bestätigt, dass die Sachsenwald-Filme aus der Nazizeit stammen. Den Hinweis von H. G. Pflaum auf ein Tauschgeschäft hält er aber für »Quatsch«. Pflaum sei kein Historiker und

»völlig inkompetent«. Die Sache würde ihn allerdings interessieren, sollte sich nachweisen lassen, dass man »inhaftierte Jüdinnen zu solchen Aufnahmen zwang«. Er sehe dann die Möglichkeit, das Sujet »im Rahmen seiner Vortragsreihe« zu bringen. *Interessiert mich eine Vortragsreihe?* – Wohl eher nicht. Doch der Vorschlag des Profis beweist, dass sich in der Thematik nicht nur ein Roman, sondern eine echte Enthüllungsgeschichte verbirgt. Sie muss nur als neue Sprachhandlung zur Wirklichkeitskonstruktion passen. Die auf Hitler fixierte Medienindustrie lebt bekanntlich von solchen Enthüllungen, die dann so präsentiert werden, als seien sie gestern passiert.

Ich erkläre meinem Gesprächspartner, dass ich einen *Roman* schreiben will, kein Sachbuch, was für mich heißt, die Fakten »zu verbrennen«. Sollte sich dabei die verschüttgegangene, sinnliche Fülle des Dritten Reiches evozieren lassen, umso besser für den Roman. Loewy ist davon nicht überzeugt. Was ihn offenbar mehr interessiert: *Ob sich solch eine »lustvolle Darstellung des Dritten Reiches« mit der »deutsch-jüdischen Symbiose« vereinbaren lasse?* Was, wenn am Ende der Eindruck erweckt werde, **»das gemeinsam erarbeitete Geschichtsbild«** werde mit diesem Roman infrage gestellt? Das Buch – sollte es »bei einem angesehenen Verlag wie Rowohlt erscheinen« – könnte dann zu einem großen **»Kulturproblem«** werden.

Da ich darauf keine Antwort weiß, ist unser Gespräch nach weiteren fünf Minuten beendet.

Ich rätsle inzwischen – vor dem Fernseher –, was Jens unter *eindeutig* versteht. Denn Helmut Regels »stilkritische Analyse« gründet sich wieder einmal nur auf zweideutige Indizien: Aufgrund der Tatsache, dass mindestens eine der Darstellerinnen Make-up und Nagellack trägt, folgert der Archivar, die Sachsenwald-Filme könnten unmöglich aus der Nazizeit stammen. Denn – was jeder Hauptschüler in Deutschland weiß – die Nazis waren natürlich extrem verklemmt, so ein Zwischending aus *Amish People,* Jesuiten und asexuellen Robotern … Es mag sein, dass der Satz »Die deutsche Frau schminkt sich nicht« zur NS-Zeit wirklich kursierte – befolgt wurde er nicht. Weder von den emanzipierten Frauen der NS-Funktionäre (man denke nur an Eva Braun, Emmy Sonnemann, Lída Baarová, Magda Goebbels, Leni Riefenstahl etc.) noch von den Starlets und Ufa-Stars, deren Konterfei man dick geschminkt und gepudert auf den alten Filmplakaten bewundern konnte: Es kann nicht sein, dass Regel diese Plakate nicht kennt. Zudem bezieht sich seine offenbar ideologisch unterfütterte Analyse auf einen *pornografischen* Film, und in diesem Genre agieren Frauen generell stark geschminkt und aufgebrezelt vor der Kamera. Selbst renommierte Ufa-Regisseure griffen auf Make-up zurück, um »mondäne Großstadtweibchen, Dirnen und Asphaltschwalben« von den »ehrbaren« Protagonistinnen unterscheidbar zu machen.

Dass Regel die Sachsenwald-Filme nie gesehen hat, ist seine Sache. Doch wie ist es möglich, dass ein Leiter des Bundesfilmarchivs den Ufa-Film *Kora Terry* (1940) mit Marika Rökk (in einer Doppelrolle) nicht kennt? Oder *Die schwedische Nachtigall* (1941) mit Ilse Werner? Selbst im *Illustrierten Filmkurier* finden wir Frau Werner mit rot lackierten Krallen verewigt. Dass auch die normalen Bürgerinnen auf Nagellack nicht verzichteten, beweisen Werbebroschüren und Warenhauskataloge aus dieser Zeit. Die Gnade der Unwissenheit kann für Regel nicht gelten; ich gehe davon aus, dass er das Publikum von 3sat-*Kulturzeit* vorsätzlich belog.

Doch es kommt noch absurder. Nachdem der »Experte« also den Zuschauern weisgemacht hat, dass in Filmen aus den Jahren 1933 bis 1945 niemals eine geschminkte Frau zu sehen sei, kommt er auf den Film mit dem Namen *Frühlings Erwachen* zu sprechen.

Abb.: Völlig ungeschminkt ...Titelseiten des deutschen *Film-Kuriers.* Sämtliche Diven der Nazizeit agierten stark geschminkt. Entweder leidet Jens' Kronzeuge unter erschreckender Kurzsichtigkeit, oder er versuchte die Öffentlichkeit mit seiner »Stilanalyse« zu täuschen. *Foto: Privatarchiv Thor Kunkel*

In diesem Streifen vergnügen sich die beiden Darstellerinnen mit einer zweckentfremdeten Banane. Doch nicht die Tatsache, dass Lesbierinnen in der NS-Zeit schlimmer verfolgt wurden als Juden, sondern die Banane an sich gilt dem biedergesinnten Regel als »Beweis«, dass die Sachsenwald-Filme eben nicht aus der Nazi-Zeit stammen können. Denn es gab ja das Embargo der Briten. Keine Südfrüchte mehr für die *Krauts,* nirgends in Deutschland!

Abb.: Komplett Banane: Werbeanzeige aus der Zeitschrift *Kolonie und Heimat* von 1940 für Deutsche Kamerun Bananen. *Foto: Privatarchiv Thor Kunkel*

Die Logik dieses Gedankens ist zunächst bestechend, selbst wenn die Sachsenwald-Filme in der Nähe einer Hafenstadt gedreht wurden und jeden Tag nachweislich Schiffe aus Übersee einklarierten. Hunderten von Matrosen und Soldaten wäre es möglich gewesen, eine Banane ins Reich zu befördern. Der Koblenzer Groß-Leiter ist sich dennoch sicher: Das Dritte Reich war zu 100 Prozent bananenfrei!

Was lässt sich hier noch entgegnen? Dass es bei der Grobkörnigkeit des 16-Millimeter-Films unmöglich ist, mit Gewissheit auszuschließen, dass es sich bei der Südfrucht nicht vielleicht doch um eine »Theaterbanane« – also eine Requisite – handelt? Der robuste Einsatz ließe auf eine gewisse Widerstandsfähigkeit des Materials schließen. Nur, diese Möglichkeit kommt Herrn Regel nicht in den Sinn.

Ich maile meine Empörung über diesen Unsinn an **Ernst A. Grandits,** den ich noch aus Klagenfurt kenne, erhalte natürlich keine Reaktion. Die Absurdität von Jens' Bericht lässt sich auch kaum mehr steigern. Offenbar merkt er selbst nicht mehr, wie

Abb.: Die »prüden«, verklemmten Nazis. Was war die »Nacht der Amazonen« (erstmals 1936) anderes als ein Vorläufer der Love-Parade und des Christopher Street Days? *Foto: Privatarchiv Thor Kunkel*

durchsichtig seine Nachforschungen sind. Er will sich nur selbst in den Mittelpunkt spielen, sein krankes Ego füttern, indem er einen anderen Menschen verbrennt.

30. April. »Vernachlässigen Sie die Banane nicht! So steht das in dieser Zeitschrift … Es ist die Aussage eines deutschen Kamerun-Reisenden namens William Wickel.«

Mein Freund, der Sammler antiquarischer Bücher Enno Duennebier, dem ich von Regels Coup mit der Banane erzählt habe, macht mich darauf aufmerksam, dass es tatsächlich eine deutsche Bananen-Flotte gab, die bis 1940 den Hamburger Hafen anlief. Er hatte übrigens auch zuerst auf eine »Theaterbanane« getippt.

Nun hat er aber in der antiquarischen Zeitschrift *Kolonie und Heimat* eine Reklame für »Deutsche Kamerun Bananen« entdeckt. Vom November 1940. *Wieso sollte man mitten im Krieg Werbung für ein Produkt machen, das es angeblich in Deutschland nicht mehr gibt?*

Dass die Importe »Deutscher Kamerun Bananen« durch die AFC (Afrikanische Frucht-Compagnie) allmählich zurückgingen und dass es 1943 keine flächendeckende Versorgung der Bevölkerung mit Südfrüchten gab, bleibt von diesem Fund unberührt. Statt vom wöchentlichen Eintreffen der »Bananen-Spezial-Kühldampfer« *D Panther, D Puma, MS Pionier, MS Pelikan, MS Pontos* und *MS Python* an der Trostbrücke 1 im Hamburger Hafen, liest man in den Geschäftsberichten der Kommanditgesellschaft Paul L. Ganssauge & Co. nun von »monatlichen« Entladungen von Kameruner Bananen, aber auch »kanarischen Bananen«. Die *Pomona* beispielsweise wurde im Dezember 1940 noch am Schuppen 48 (Hamburg) entladen.

Pikanterweise lief die *Pomona* auch während des Krieges die Häfen von Oslo und Göteborg an. Die offizielle Handelspolitik der Nationalsozialisten galt als »bananenfreundlich«, ein Importverbot »undeutscher Früchte« ist genauso wie der Begriff »Schlauchapfel« (für Banane) eine reine Erfindung der linksliberalen Presse.

Der Duden in 13. Auflage von 1942 kennt für die gelbe Südfrucht jedenfalls nur ein Wort – »Banane« eben. Erst im Dritten Reich waren Bananen zu einer Selbstverständlichkeit auf deutschen Märkten geworden. Aus einer »exotischen Kuriosität« wurde das »zweite Frühstück für Kinder«.

Regels Behauptung, der Kriegsausbruch im September 1939 habe die Bananeneinfuhr beendet, ist somit unhaltbar und die zweite Lüge, die er seinem 3sat-Publikum aufgetischt hat. Angesichts der übervollen Kühl-Lagerhäuser (wo auch heute grüne Bananen monatelang reifen) dürfte es erst spät, vielleicht erst kurz vor Kriegsende, zu Versorgungsengpässen gekommen sein. In Hafenstädten wie Hamburg und Bremerhaven war es dagegen – auch bei schwankender Marktversorgung – kein Problem, an eine Banane zu kommen.

Was tun? Der Eichborn-Anwalt, den ich anrufe, rät mir, mich nicht in einen Disput unter Filmhistorikern einzumischen. »Wenn jemand reagieren müsste, dann Werner Nekes.«

Doch der scheint die ganze Geschichte aussitzen zu wollen. Er schreibt mir, was Jens »abziehe, sei unter seinem Niveau«. Er könne sich beim besten Willen dazu nicht äußern, weil Jens' Unseriösität dann auf ihn abfärben würde. Und damit hat er recht. Mit jeder Klarstellung bietet man dem journalistischen Menschenschinder eine neue Steilvorlage. Das eigentliche Problem ist: Unter normalen Umständen bekäme ein Stalker wie Jens niemals eine öffentliche Plattform geboten. Es wäre interessant zu wissen, wer seine Hintermänner sind.

XXVII.

Zwischen Zeitungsenten und Gespensterdebatten

1. Mai 2004. Alexander Müller alias Molosofsky, ein befreundeter Autor aus Frankfurt, hat mir zur Erheiterung eine besondere Ente geschickt.

Foto: Privatarchiv Thor Kunkel

Klar, die Ente aller Ente hieß immer schon Henryk … Außer Zeitungsenten hat er in den vergangenen Jahren nichts produziert. Doch diese Enten fallen jetzt auf mich zurück. Jeder Quatsch, der verzapft wurde, jede Ungereimtheit, die ein vergesslicher, narzisstisch veranlagter Hamburger Kinobesitzer einem unter Profilneurosen leidenden Journalisten anvertraut, lastet man jetzt mir an.

Molosofsky schickt mir auch einen Artikel von **Daniel Kothenschulte,** der in der *Frankfurter Rundschau* schon vor zwei Wochen[120] erschien. Unter dem Titel »Falscher Fälscher« verweist der Filmwissenschaftler Kothenschulte auf die Ignoranz der Forschung über die »nichtoffizielle Bildproduktion«, die es auch im Deutschland der Nazi-Zeit gab. Zum von Jens orchestrierten Skandal schreibt er:

> **»Von einer Fälschung kann keine Rede sein.** […] Wenn man Werner Nekes, einem der bedeutendsten Sammler filmbezogener Dokumente, Objekte und Artefakte etwas zutrauen kann, so, zwei Filme in seiner Sammlung auf das Jahrzehnt ihrer Entstehung korrekt zu datieren.« Ferner: »Doch auch ein erfundener Fälscher hinterlässt seine Schatten. Nicht zuletzt auf dem Ansehen Thor Kunkels, der letztlich **nichts anderes getan hat, als das historische Umfeld einer literarischen Erfindung zu recherchieren.«**

Die Einschätzung von Kothenschulte hat Jens aber nicht daran hindern können, noch einmal mit der falschen Expertennummer von Helmut Regel nachzulegen. Wenn es eines gibt, was den modernen Medien- und Kulturkonsumenten kribbelig macht, dann ist es dieses diffuse Hin und Her. *Ist der jetzt Nazi oder Fälscher?*

120 *Frankfurter Rundschau,* »Falscher Fälscher«, 16.4.2004.

Ob Kunkel die Sachsenwald-Filme wohl selbst gedreht hat? All die Verantwortlichen wissen das, und doch machen sie weiter. Die kleinen Provinz-Mitschreiber schreiben inzwischen immer »Nach unbestätigten Meldungen …«, eine Formulierung, die tatsächlich der NS-Presserat Ende der Dreißigerjahre erfand. »Nach unbestätigten Meldungen« lässt sich tatsächlich alles behaupten und widerrufen, es ist die Methode, selbst der dreistesten Lüge das Kleid von formaler Sachlichkeit zu verleihen: »Nach unbestätigten Meldungen […] wurden Kunkels Sachsenwald-Filme erst in den Fünfzigerjahren gedreht.«

Ich telefoniere mit Feridun Zaimoğlu, der ebenso wenig weiß, was diese Leute eigentlich von mir wollen. Und eine Mitarbeiterin des Literaturports erinnert mich in einem Gespräch an den Spruch *Wes Brot ich ess, des Lied ich sing.* Das gelte ganz besonders für die »privilegierten Literaten«. Man könne die Hand nicht beißen, die einen füttert.

4. Mai. Ich habe Helmut Regel Programmhefte aus der NS-Zeit kopiert und einen geradezu besonnenen Begleitbrief geschrieben. Wenn er Augen im Kopf hat (was bei einem Beamten aber nie sicher ist), dann wird er sehen, dass Wera Engels, Käthe Dorsch, Gusti Huber, Luise Ullrich und viele andere Diven des Dritten Reichs ihren amerikanischen und französischen Kolleginnen – was Make-up anbelangt – um nichts nachstanden. Ich gebe dem Schelm sieben Werktage, um seine falsche Expertise zu korrigieren. Nur was dann? Wieder klagen? Und worauf bezogen? Auf eine stilkritische Analyse, die sich nicht einmal auf meinen Roman bezieht?

Wem es wirklich um die Sache geht, der lese in Kothenschultes Analyse nach:

KOPP Report
Ihr Portal zu den
Nachrichten
ohne Tabus
Nichts verpassen. Gleich reinschauen!
www.kopp-report.de

> »Es ist noch nicht lange her, da musste im Bundesfilmarchiv dafür gekämpft werden, dass wenigstens Werbefilme archiviert werden dürfen – mithin unvergleichliche Bildzeugnisse des Zeitgeschmacks. Zwar wird auch die frühe Pornoproduktion zunehmend konservatorisch gesichert, doch eine wissenschaftliche Beschäftigung findet praktisch nicht statt.«

Im Falle einer nationalsozialistischen Pornofilm-Produktion dürften die Gründe für Regels Ablehnung im Wahren der subkulturellen Besitzstände unserer Alt-68er liegen. Das Interesse an Sex würde die Nazis »menschlicher« machen, und das darf nicht sein.

6. Mai. Wieder in Leipzig. Zu der Lesung in der »Moritzbastei« sind eine Menge russischer Studenten erschienen. Einer fragt mich, ob die Formel »Römisches Reich ist Deutsches Reich ist Amerika« aufgehe. Der Russe ist zwei Meter groß, ziemlich kräftig und sieht auf mich mit stahlblauen Augen herab. – Natürlich geht sie auf!

Hinter ihm stehen ein paar schwarz gekleidete Jungs, die entweder Autonome oder Neonazis sind. Sie lassen sich ein Buch mit Widmung signieren: *Für Meister Korn.* An und für sich war die Lesung gut besucht, aber die Luft ist irgendwie raus. Ich bin es leid, mich andauernd zu rechtfertigen.

Ich begegne dem Kabarettisten Frank Goosen und der Schriftstellerin Sarah Khan hinter der Bühne. Sie machen den Eindruck, als wollten sie mich nicht sehen, jeder sagt eine Nichtigkeit auf.

Zuletzt öffnet mir eine extra aus Halle angereiste Leserin die Augen: Der Fehler meines Romans sei es, »dass ich die Nazis sexy erscheinen« lasse. Beim Lesen habe man das Gefühl, es wäre »geil gewesen, ein Nazi zu sein«.

Und – war es das für junge Kerle etwa nicht? Avantgarde der Menschheit, Wissenschaftsapostel, Spartiaten, Meister des Universums … Was für eine unschlagbare Kombination in den Augen der Frauen. Jeder halbwegs am Leben interessierte junge Mann wäre mit auf den Zug aufgesprungen. Wenn der Roman nur dieses *eine* Gefühl transportiert hat, habe ich als Erzähler schon meine Schuldigkeit getan.

Auf dem Rückweg zum Hotel werde ich von drei ganz in Schwarz gekleideten Gestalten verfolgt. Sie machen das gar nicht schlecht, halten Abstand und bleiben immer wieder vor irgendwelchen Schaufenstern stehen. Obwohl das Hotel um die Ecke liegt, mache ich einen kleinen Umweg. Meine Verfolger bleiben am Ball, weder entfernen sie sich, noch holen sie auf.

Irgendwann habe ich es satt und gehe schnurstracks in mein Hotel. Nicht, dass ich immer so aufgeweckt bin, aber ich informiere den Angestellten an der Rezeption von meinem Eindruck, dass mich eine Gruppe von Männern verfolgt. Er scheint ein Osteuropäer zu sein – vielleicht Pole – und hört mir aufmerksam zu.

»Drei Männer in Schwarz? – Die gingen gerade vorbei …« Er hat die verglasten Türen des Eingangs im Blick. Damit scheint die Sache für ihn erledigt zu sein.

Ich bin kaum auf dem Zimmer, als das Telefon klingelt. Es ist der Rezeptionist. Ein Mann habe sich gerade nach meiner Zimmernummer erkundigt, angeblich ein Journalist, mit dem ich eine Verabredung hätte. Aufgrund meiner Warnung habe er aber sofort mit der Polizei gedroht. Der Mann habe sich darauf umgedreht und die Lobby verlassen.

7. Mai. Der österreichische *Falter* räumt mir ein, mich zu der offensichtlichen politisch korrekten Fehllesung meines Romans zu äußern. Ich gebe das Interview hier in zwei Auszügen wieder; alles andere wurde schon gesagt.

Falter: *Ihnen wurde auch vorgeworfen, in Ihrem Roman das Dritte Reich als bloßes Vorspiel des biologistischen Zeitalters zu verharmlosen. Hätten Sie nicht irgendwie kommentierend in die Rede Ihrer Horrorfiguren eingreifen müssen?*

Thor Kunkel: Nein, denn dann hätte ich angefangen zu werten und den Leser bevormundet. Das ist heute nicht mehr nötig. Wer die deutsche Geschichte verstanden hat, der darf so schreiben wie ich. Ich habe andere Schreibvoraussetzungen als Günter Grass, ich schenke mir daher die obligatorischen Sprachhülsen, das Schreiben von Ablasszetteln. Das hat in der Literatur nichts zu suchen.

Falter: »Endstufe *erinnert in seiner Mischung aus Trash, Kolportage und ernsthaften literarischen Ambitionen an Ihr viel positiver aufgenommenes Debüt* Das Schwarzlicht-Terrarium. *Verstehen Sie den neuen Roman als Fortsetzung Ihres bisherigen Schreibens?*

Thor Kunkel: *Endstufe* ist der erste Teil meiner Trilogie Restwelt, an der ich seit nunmehr zehn Jahren arbeite. Auch Das Schwarzlicht-Terrarium ist Bestandteil dieser Trilogie, genauer gesagt der zweite Teil. In beiden Romanen kommt ein gewisser Karl Fußmann vor, einmal als LSD-Astronaut, einmal als SS-Hygieniker. Bislang hat sich kein Kritiker die Mühe gemacht, diese Querverbindung zu erwähnen. Die meisten deutschen Rezensenten sind mit einer Lektüre, die das Niveau von Generation Golf übersteigt, scheinbar heillos überfordert.

Falter: *Die beiden* Restwelt-*Teile sind sich stilistisch recht ähnlich. Kann man über Nazis so schreiben wie über Loser-Figuren aus den Siebzigern?*

Thor Kunkel: Unbedingt. Ich glaube nicht an heilige Kühe und die Tabus einer erstarrten Gesellschaft. Schon deshalb sollte man sich einmal an eine Perspektive wagen, die neue Einblicke in die Innenwelt eines unmenschlichen Systems gibt, von dem wir uns aufgrund unserer heutigen moralischen Haltung so gerne distanzieren wollen: Waren die Nazis wirklich Monstren – oder waren sie nur allzu menschlich?

Falter: *Im Falter-Interview über* Das Schwarzlicht-Terrarium *meinten Sie seinerzeit: »Das Böse muss nicht romantisiert werden.« Könnte nicht* Endstufe *als Romantisierung des Bösen verstanden werden?*
Thor Kunkel: Das Böse ist entwicklungsgeschichtlich älter als das Gute, und es ist in der menschlichen Natur genetisch verwurzelt. Sich dieser dunklen Seite zu stellen erfordert zweifellos eine gewisse geistige Reife, aber diese Reife setze ich, ehrlich gesagt, bei meinen Lesern voraus. Ich schreibe nicht, um mitzuhelfen, Sachverhalte zu kaschieren oder etwas Unangenehmes zu beschönigen.

Falter: *Sie haben in dem Interview auch von unserer Zeit als einer narkotisierten gesprochen. Welchen Platz kann Literatur da noch einnehmen?*
Thor Kunkel: Literatur war nie ein Mittel der Konformität und eignet sich hervorragend dafür zu sagen, was Sache ist. Ein guter Roman vermittelt nicht nur Unterhaltung, sondern auch ein Stück Bewusstsein. Sich-bewusst-Sein ist das Gegenteil eines komatösen, sozusagen bewusst-losen Zustands. Ich hoffe, meine Romane werden viele Leser aus ihrer geistigen Paralyse wachrütteln. Wie sagte Picabia so schön: Der Kopf ist rund, damit das Denken seine Richtung wechseln kann.

8. Mai. Ich fahre heute mit dem Zug nach Wien. Es geht zu »Wortspiele«, einem Literaturfestival. Der Impresario ist ein Niederländer namens Johan de Blank. Zehn Minuten in seiner Gegenwart, und ich weiß plötzlich wieder, was ich an Amsterdam hatte und wie sehr ich meine Freunde dort vermisse.

Als er mich anmoderiert, nennt er in einem Satz die eigentliche heroische Tat, die hinter *Endstufe* steht:

> »Auch auf die Gefahr hin, als Rechter zu gelten, hat Thor Kunkel das Unmögliche versucht – in der Sprache der Nazis und aus der Sicht der Nazis zu schreiben.«

Wieso konnte das ein Thomas Steinfeld von der Süddeutschen *nur übersehen?*

Natürlich bedient sich *Endstufe* am Sprachwortwahnwitz der Nazis, wie sonst lässt sich ein Drittes Reich mit Wörtern auf dem Papier nachbilden?

»Manchmal lohnt es sich, die Nostalgie dunkler Täler aufzusuchen«, schrieb schon Léon Bloy, »Täler, in denen noch die Rhetorik der Chauvinisten blüht.«

Was das anbelangt, waren die Zuhörer heute gewiss nicht enttäuscht.

10. Mai. Nach der Lesung im »Literarischen Salon« in Hannover zurück mit dem Nachtzug nach Berlin. Fruchtlose Diskussion mit irgendwelchen linksliberalen Studenten. Einer wirft mir sprachliche Unzulänglichkeiten vor. Ich gehe darauf nicht ein, was ihn extrem irritiert. Alles in allem ein schlechtes Erlebnis.

Und selten so schlecht geschlafen wie in diesem Abteil. Vielleicht lag es an der stinkenden Alkleiche, die in der Koje unter mir lag. Auch ein Schriftsteller und wie ich auf Tour quer durch Deutschland.

Ich bin inzwischen froh, wenn das alles vorbei ist, das heißt, eigentlich ist es vorbei. Das Ausgrenzungsritual der Linken, der einsame Weg in die Isolationszelle, fast ist es getan. Ist auch besser so. Ich habe keine Lust mehr, wie ein operativ entfernter literarischer Tumor herumgereicht und bestaunt zu werden.

Vielleicht sollte ich versuchen, anders zu schreiben. Doch meine besten Stimmungsbilder habe ich stets dem ergebnisoffenen Überschreiten von ästhetischen Grenzen zu verdanken. Wenn die in ihrem hystorischen Wahn gefangenen deutschen Literaturbären das nicht verstehen, Pech.

PS: Der TTT-Journalist Behrens, den ich gebeten hatte, eine Richtigstellung zu machen, mailt mir heute. Ich leite seine Nachricht an Wörner weiter, der sich mir gegenüber immer distanzierter verhält.

In seiner Antwortmail bemerkt Behrens lapidar, dass ich »ja ganz schön unter die Räder geraten« sei. Und auch: »Bei einigen Medienkollegen muß man sehr vorsichtig sein, der Jens-Beitrag wurde für *Aspekte* produziert und von *Kulturzeit* übernommen, ich hatte darauf überhaupt keinen Einfluss, gefragt hat mich auch niemand. Ich gebe deine Idee mit der filmhistorischen Wertung gerne weiter, bin aber auf dem Sprung nach New York und erst wieder am kommenden Montag zurück. We stay in touch!«

Tatsächlich meldete sich Behrens nie mehr bei mir zurück.

XXVIII.

Vom Abschneiden der Ehre: Erinnerungen an Jörg Fauser

11. Mai 2004. Meine Schwester ruft an. Wegen der anhaltenden Negativpresse hat meine Mutter einen Nervenzusammenbruch. Auch aus der Verwandtschaft heißt es, man sei doch »so stolz auf mich gewesen«, was denn nur in mich gefahren sei? Im Bekanntenkreis könne man mich jetzt nicht mehr erwähnen, und Bücher von mir könne man auch nicht mehr guten Gewissens verschenken. Mein Schwager, der nicht der Dümmste ist, fragt mich hinter vorgehaltener Hand, ob nur er das so sehe, aber … ich sei »fertig«, oder? – Vielleicht ist die Frage nicht böse gemeint, aber ich lasse ihn einfach stehen.

Brecht hat es mal treffend gesagt: »Die wir den Boden bereiten wollten für Freundlichkeit/konnten selber nicht freundlich sein.« All diese privilegierten Gesinnungsdiener der antifaschistischen »Spruchkammern« (wäre das nicht wirklich das bessere Wort für linke Redaktionen?) sollten nur einmal versuchen, sich selbst zu bespiegeln. Eine *Diskussion* ist ein Austausch von Wissen, der *Streit* ein Austausch von Ignoranz. Eine medial gesteuerte Rufmordkampagne entspricht dagegen überhaupt keiner Form von Kommunikation, das Ganze läuft – zumindest bei Künstlern ohne Apanage – auf Existenzvernichtung hinaus.

Schon die reguläre schriftstellerische Tätigkeit ist kaum mehr als ein Aufstocken der sich jährlich vermindernden Reserven. Dorothee Junck, eine mit mir befreundete Lektorin des Emons Verlags, spricht erstmals von »literarischem Selbstmord«. Hatte ich aber nie vor. Allmählich dämmert mir, dass die Political Correctness im Kulturbetrieb längst einer *spirituellen Correctness* Platz gemacht hat. Zusammen mit der Eucharistie um den Holocaust – dieser Ersatzreligion des linken Nihilisten – gibt es endlich wieder Gründe zu glauben. Sogar Heilsgründe! Vor dem Hintergrund zu Scheiterhaufen aufgeschichteter Bücher …

Es ist nicht nur die spürbare Sommerstagnation der Medien, nein, der offizielle Kulturvorbehalt gegen mich zeigt jetzt Wirkung. Wie ich heute erfuhr, verfährt nun auch der mir früher mal wohlgesonnene Journalist Sven Boedecker nach der Methode *guilty by association* und interessiert sich plötzlich mehr für meine »referenztheoretischen Kommunikationsbedingungen« als für den Roman. (»Hat der wirklich mit Nazis geredet?«) Immer mit den Guten tuten, das ist nun mal das Schicksal der Schreiber in Lohn und Brot. Ich bin davon überzeugt: Alle in Deutschland etablierten Literaturkritiker(innen) folgen derselben literaturpolitischen Agenda.

Nach dem Zirkus um einen Roman, der offenbar gegen die ungeschriebenen Gesetze einer Meinungsdiktatur verstieß, dürfte vielen Intellektuellen klar geworden sein, dass sich Deutschland erneut zu einem totalitären System mausern könnte.

Fazit: Aus den Möchtegern-Übermenschen von einst sind Über-Gutmenschen geworden, die sich auf ganz ähnliche Weise wie die ehemalige SS als neue Elite verstehen. Die verlogensten steigen auf zu Meinungs-Kapos so wie der ehemalige Geheimpolizist Reich-Ranicki. Wenn es also stimmt, dass er hinter Weidermanns Rückzieher steckt, dann muss man auch in aller Deutlichkeit sagen: Was Reich-Ranicki von anderen Literaturkritikern unterscheidet, ist seine aus jedem Bäh sprechende Überzeugung, dass die Wahrheit nur eine Hure ist, die man für sich anzuschaffen schickt. Das ergibt sich schon aus seiner widerwärtigen Autobiografie. Deshalb also seine glaubhafte Abneigung gegen »Entzauberer« und »Schriftsteller-Philosophen«, deshalb seine Aversion gegen einen der besten deutschen Schriftsteller der jüngeren Gegenwart, **Jörg Fauser.** Der Zufall wollte es, dass er aus der Gegend von Frankfurt/Main kam und wie ich im Dunstkreis der Halbwelt und Bahnhofskinos aufgewachsen war.

Apropos Fauser: Wer erinnert sich noch an die Handlung in Fausers erstem Roman *Der Schneemann?* Es beginnt damit, dass ein gewisser Siegfried Blum einem Pakistani namens Hassan Abdul Haq einen Koffer voll dänischer Pornohefte andrehen will.

> Mr. Haq legte das Heft beiseite, sah Blum einigermaßen enttäuscht an und sagte: »Amerikanische Produkte scheinen mir – wie sagt man – realistischer?«
>
> Blum drückte die halbgerauchte Zigarette aus. Im Innenhof fingen die Touristen zu singen an, und er hatte es eilig.
>
> »Sie meinen brutal. Die Amerikaner sind brutaler. Das da ist aus einer Zeit, als die Leute noch Geschmack aneinander hatten.« [...] Er schnappte sich ein Heft und zeigte ihm die Rosinen. »Das sind Klassiker, mein lieber Mann. Dänemark 1968, das ist so etwas wie ein Spitzenwein, verstehen Sie Spitzenwein? Ach so, ihr trinkt ja nicht. Jedenfalls, in Kairo krieg ich jeden Preis bezahlt, jeden.«

Fauser hatte seinen *Schneemann* 1980/1981 geschrieben, also zur selben Zeit, als Pflaum das »merkwürdigste Tauschgeschäft des Dritten Reiches (Pornos gegen Eisenerz) in der deutschen *Playboy*-Ausgabe erwähnte. Vielleicht lag das Thema irgendwie in der Luft.

Als Schriftsteller mag ich Fausers Formulierung von »eine(r) Zeit, als die Leute noch Geschmack aneinander hatten«. Ich verstehe genau, was er meint. Und das ist wunderbar – wie eine kurze Verdunkelung der falschen Sonne, die heute den Kulturkaffern scheint. Ein kurzes Ruckeln in der Drehbewegung der Erde. Einer, der so mit Wörtern umgehen konnte – und mit Sicherheit niemals Gefälligkeitsliteratur abliefern würde –, war einem Lebenslügner wie Reich-Ranicki natürlich verhasst.

Als Fauser drei Jahre später (1984) in Klagenfurt las, warf man ihm vor, er habe seine brillante Erzählung *Geh nicht allein durch die Kasbah* aus Klischees, Banalitäten und Versatzstücken konstruiert. Sein Text sei deshalb – so der Schmock Reich-Ranicki – »keine grroszä Kunst«. Fauser war eben noch nicht etabliert, ein Jungspund aus Hessen (wie ich), ohne Connections (wie ich), und da er sich der Beurteilung durch eine selten unfähige Jury ausgesetzt hatte, wurde er von den Laffen haschiert. Wie sehr der deutschen Literatur an diesem Tag geschadet wurde, will man sich besser nicht vorstellen. Der pikiert paffende Befindlichkeitsliterat Peter Härtling, der es auch mittels irgendeiner Kanaille in die Jury geschafft hatte – und dessen Gesicht sich während Fausers Lesung zu einer Sensibilitätsbeule verformte –, witterte in Fausers Prosa gar die »gemeine« Menschenverachtung. Walter Jens, der graumelierte Alt-Philologe und Vater des »Johnson-Einbrechers«, attestierte Fauser komplette Schreibunfähigkeit. Und zwei Abgesandte aus der feministischen Kommandozentrale sahen in Fausers Text, in dem es unter anderem auch um die Verheimlichung einer Vergewaltigung ging, ohnehin eine Entweihung ihrer literaturpolitischen Agenda.

Fauser selbst blieb während seiner Demontage gelassen. Ein Blick wie in Trance. Vielleicht war er auch nur von den sprachlichen Gebrechen des *grroozän* Vorsitzenden gelähmt. Fauser – als echter *underground man* – wusste natürlich um die Konsequenzen menschlicher Unvollkommenheit, und dass er hier aus Gründen rundgemacht wurde, die nichts mit Literatur zu tun hatten, wusste er auch. Der Urstoff seiner Erzählungen waren Entfremdung, Existenzangst und die täglich erlebte soziale Deformation. Die, welche hier saßen und sich vulgär inszenierten – Profilneurotiker wie Härtling und Jens –, würden einen wie ihn niemals verstehen. Was Fauser von der Welt wusste, was er in die Schnauze bekommen und weggesteckt hatte, interessierte sie nicht und brauchte sie nicht zu interessieren. Die Kulturpharisäer kürten stattdessen den nichtssagenden Text einer in die Schweiz immigrierten Tschechin, die – was Sprachstümperei anbelangte – mit Reich-Ranicki durchaus mithalten konnte.

Jörg Fauser dagegen, einer der besten deutschen Schriftsteller der vergangenen 50 Jahre, wurde wie ein Scharlatan von der Bühne komplimentiert und verschwand in der Versenkung.

XXIX.

In Acht und Bann und zermürbt

13. Mai 2004. Der FAZ-Journalist **Dirk Schümer** nannte – als einer der wenigen ideologisch neutralen Fürsprecher – den Roman »eine monströse, horrorfilmartige Innenperspektive eines Systems, das sonst immer nur aus der Perspektive der Opfer geschildert wird«.[121]

Damit schließt er sich der Analyse von **Marius Meller** im *Tagesspiegel* an, der ebenfalls keine Mühe hatte, den Roman zu verstehen: »Kunkels Projekt ist die Kritik von Wissenschaft, wenn sie zur inhumanen Ideologie wird. Ein höchst aktuelles Thema.« (7.3.2004) Wenn man von einer bislang einseitigen Gefechtsbewirtschaftung sprechen kann, dann gibt es jetzt erstmals Gegenwehr, allerdings viel zu spät und viel zu sachlich. Doch es stimmt: Wer sich Léon Daudets Polemiken von 1914 gegen die preußischen »Kaiser-*boches*« zu Gemüte führt, der wird hier Folgendes lesen:

> »Die Kultur des Deutschen strebt logischerweise dem Ziele zu, seine angeborene Bestialität mithilfe der Wissenschaft ins Unendliche zu steigern.«

---

121 SWR, *Büchertalk*, 12.5.2004.

Selbst der Philosoph Henri Bergson, dessen *Élan vital* seit Langem zu meinen Lieblingsbegriffen gehört, witterte hinter der Ratio der Deutschen das »Viehische« und »Zynische« als Gegenteil echter Zivilisation. Insofern gebe es sogar referenzielle Bezüge, die die Gegenseite bislang nicht einmal erwähnte.

Man wünscht sich angesichts der Menge von Flavoristen und semi-professionellen *Anbräunern* tatsächlich einmal einen echten »Experten für Sinngebung«, dem man nicht erklären muss, wer Henri Bergson war. Doch dass ich mich gerade über einen Zuspruch von Bela B freue, zeigt, wie übel es in Wirklichkeit um mich steht. Ich glaube inzwischen, die Fürsprache eines Punkrockers der dritten Garnitur nötig zu haben, um den antifaschistischen Hetzmob auf Abstand zu halten.

14. Mai. Man hasst nur aus einem Grund: weil man weiß, dass es auch anders hätte sein können. Hass entspringt immer dem Konjunktiv, einer verneinten Möglichkeit, einer nicht anerkannten Schuld, einer Undankbarkeit, die man nicht hinnehmen konnte.

Die neusten Rezensionen zielen jetzt eindeutig darauf ab, meine Eignung zum Schriftsteller zu hinterfragen: *Hatte K. jemals auch nur eine Spur von Talent?* Das von der FAS gelobte Stück Literatur ist plötzlich »Trash«. So schnell kann es gehen. Die Ächtungsrituale, die die Medien betreiben, dienen nur dem Zweck der Einschüchterung anderer Intellektueller, die ebenso an der historischen Bewusstseinsfehlbildung der Deutschen verzweifeln. An mir wird nur von der *deep culture* des Kulturbetriebs ein Exempel statuiert. All diese Krypto-Marxisten, die heute in Deutschland in den redaktionellen Spruchkammern sitzen, haben natürlich auch in jungen Jahren die Mao-Bibel gelesen: Erschieße einen, erziehe hundert.

Diesmal musste ich halt der Erschossene sein, das Opfertier des Kollektivs. Wahrscheinlich – und ich fürchte tatsächlich, das ist der heimliche Grund – weil der Nazi – und sei es einer im Roman – keinen hochkriegen darf! Und selbst wenn sich einmal irgendwo in der Kaserne, bei irgendeinem Gefreiten versehentlich ein Blutstau einstellte, es darf nicht sein, weil es die Heilsgeschichte der Alt-68er von der sexuellen Befreiung konterkariert.

17. Mai. Nicht unwichtig: Eine Berliner Rechtsanwältin weist mich heute schriftlich darauf hin, dass über 50 Prozent der Artikel, die sie zu *Endstufe* gelesen hat, »klare Verstöße« gegen Ziffer 2 des Pressekodex darstellen, beziehungsweise klare Verletzungen der redaktionellen Sorgfaltspflicht. Die Journalisten hätten ihre eigenen »Gerüchte und Vermutungen nicht als solche kenntlich gemacht« und »Informationen, die ihnen offensichtlich von Unbekannten zugespielt wurden« nicht auf ihren Wahrheitsgehalt überprüft. Der Inhalt sei zudem oft durch »wohl vorsätzlich falsch gewählte Überschriften entstellt« worden. Sie habe den Roman gelesen und könne sich »die meisten Rezensionen in keiner Weise erklären«. Falls ich klagen wolle, würde sie sich freuen, mich zu vertreten.

Ich glaube, das ist nicht mehr nötig, denn es ist plötzlich schlagartig still, was bedeutet, dass die Auftraggeber der Rufmordkampagne die Causa Kunkel als erledigt betrachten.

Vielleicht schreibe ich einfach am falschen Ort und zur falschen Zeit, vielleicht schreibe ich auch für die falschen Leute, die nicht hören wollen, dass man sie in einen Käfig aus Lügen eingesperrt hat. Okay, sie wollen es so, ihre Leben und ihre Gedanken – alles »in Kalk und Spinat«, wie früher in der Pleinairmalerei, »alles Bräunliche ängstlich meidend«. Man kann sie verstehen.

20. Mai. Es gibt ein delirisches Schweigen, das man durchaus auch Kritik nennen kann. Nachdem die Medien mich zigfach exekutiert hatten und jeder, der in der Lage war, einen Griffel zu halten, mich in irgendeinem Schmutzblatt bespuckt und angeraunzt hatte, fühle ich einen neuen Kältestrom in meiner Umgebung. Es herrscht plötzlich Nachrichtensperre. Von einem Tag auf den anderen ist niemand mehr für mich zu sprechen.

Mein ehemaliger Lektor Marcel H., den ich früher mal für einen Freund gehalten hatte, beantwortet nicht einmal mehr eine E-Mail. Schon nach dem Artikel in der *New York Times* kühlte unser Verhältnis merklich ab.

Am Telefon, als ich ihn endlich einmal erreiche, gibt er sich wortkarg und zugeknöpft, wie jemand, an den man sich nicht wenden sollte. Ich denke an Hermann Bahrs Aphorismus: *Ein gewisses Maß an Unkenntnis vom anderen ist die Voraussetzung dafür, dass zwei Menschen Freunde bleiben.*

Wohl wahr. Doch wenn es stimmt, dass das Gegenteil von Liebe nicht Hass, sondern Gleichgültigkeit ist, dann erfüllt mein pragmatischer Ex-Freund mit seinem Taktieren geradezu die Kriterien eines Verräters. Es gab einmal eine Zeit, da wäre ich für ihn bis zur Knochenmarksspende gegangen.

Erst auf zigfaches Nachhaken kam heute eine in dürren Worten geschriebene Antwort zurück. Er könne bei Rowohlt nichts mehr für mich tun. Auch *Kuhls Kosmos,* die bereits vor *Endstufe* versprochene Veröffentlichung des 2. Teils vom *Schwarzlicht-Terrarium,* komme nun nicht mehr infrage.

Immerhin, auch Volker Weidermann meinte, ich sei für den deutschen Literaturbetrieb »untragbar« geworden. Aber die Arbeit werde gewiss nach meinem Tod wiederentdeckt. So geht das im Literaturzirkus zu, einem Gefallenen und Verblendeten im Nachhinein zu einem Ehrenplätzchen zu verhelfen, das ist in den Augen der Gutmenschen moralisch natürlich ganz groß.

27. Mai. »Angebräunt«, isoliert und die Faust des antifaschistischen Lynchmobs im Nacken. Dieser Angriff kam wirklich mit einer Wucht, die sicher niemand erwartet hätte. Wie im Dritten Reich waren es wohl die geistigen Hinkefüße des Kulturbetriebs, die aus ihren Löchern krochen, um nur einmal in ihrem miserablen Leben nachtreten zu dürfen.

Es ist so, wie mein ehemaliger CEO Cas Seitz (Wunderman Cato Johnson, Amsterdam) einmal sagte: *Wenn jemand erfolgreich ist,* wenn er den Durchbruch schafft, hat er über Nacht nur noch Feinde. Vor allem in Deutschland. Denn in Deutschland krebsen sie alle chancenlos durch die Gegend. Eine Handvoll hat es in einem halben Jahrhundert nach Hollywood geschafft. Man hält Grass, Böll, Lenz für deutsche Gegenwartsliteratur. Während US-amerikanische Autoren oft genug sechsstellige Vorschüsse für ihre Roman-Plattitüden kassieren, freuen sich die meisten hier, wenn sie überhaupt jemand verlegt. Mitte Fünfzig fallen die meisten dieser Kulturbobokraten (sic) – desillusioniert und nach Cannabis riechend – wie tote Fliegen aus der abseitigen Linkskurve, in der sie seit dem Mauerfall kleben.

XXX.

Verschrieben und versenkt

28. Mai 2004. Eine österreichische Rechtspostille will meine Meinung. Kann sie haben.

Allein um den selbst ernannten Antifaschisten den Stinkefinger zu zeigen (sage jetzt einer, ich hätte nichts in den zurückliegenden Wochen gelernt …). Der Text ist eine Satire auf die primitiven Klischees, die heute über die »Nazis« in Deutschland kursieren.

Platterdings oder:
Was der gründlich umerzogene Deutsche von den Nazis mit Sicherheit weiß

1. Der Nazi als hochgezüchtete SS-Drohne ist der Vorläufer des *Terminators,*[122] im besten Sinne halb Klon, halb Killermaschine. Mental steht er der Ameise näher als dem Säuger. Auf jeden Fall ist er kein Mensch, eher ein durchgeknallter Marsianer. Asexuell und seelenlos – das ist der Nazi. Befehlsempfänger und Bürokrat. Sein Arbeitsgebiet ist der Krieg. Was er aber nur unzureichend beherrscht, sonst hätte er nicht aus einem »übermäßig beque-

122 Film mit Arnold Schwarzenegger von 1984, der sich im Kern um das Großvaterparadoxon dreht.

men Massenmord« (Voltaire) einen stressigen Verwaltungsmassenmordwettlauf mit den Alliierten gemacht. Der Nazi ist, was Krieg – sprich Massenmord – anbelangt, der blutigste Amateur aller Zeiten.

2. Der Nazi ist immer im Dienst und kennt nur ein Hobby: Vergasen. Bestenfalls ist er Waffennarr. Wenn es hochkommt.
   Wenn er mal wichst, dann die Stiefel.
   Wenn er tötet, geschieht das mit einer hölzernen Bewegung, als hätte er gerade einen Bandscheibenvorfall gehabt. Die oberen Knallchargen waren bekanntlich Schwulitäter, aber so dürfen sie nicht mehr dargestellt werden.
3. Wie zeugen Nazis eigentlich Kinder? – Natürlich in der Retorte. Man braucht Rhythmusgefühl beim Ficken, deshalb der Kindersegen in Afrika. Der echte Nazi ist impotent und braucht die Pipette.
4. Nazis lachen nie, sie haben keinen Sinn für Humor. Höchstens Schadenfreude. Dann grinsen Nazis wie falsche Hunde, die sich gegenseitig den Knochen neiden. Graue Bunkerasseln, das sind Nazis. In anglo-amerikanischen Kriegsfilmen marschieren sie mit leeren Gesichtern in »Reih und Glied« in den sicheren Tod. Sie marschieren eigentlich nicht, sondern watscheln, als ob sie fußkrank wären. Oder sie sitzen in Maschinengewehrnestern und erschießen hinkende, halbverhungerte Widerstandskämpfer und kleine Kinder. Sie sind zahlenmäßig immer überlegen und werden später von zwei, drei G.I.s in Nullkommanichts umgenietet. Deutsche Wachposten fallen immer auf die Zigarettennummer herein: »Zigarette, Fritz?« – »Zieeeg Heiieel, mein Herrrrrr!« Greift der Nazi dann zu, kriegt er von hinten ein Messer verpasst.
5. Nazis sind unbelehrbar, *Nazissen* nicht. Haben sie erst mal Bekanntschaft mit den G.I.-Joes gemacht, brennen sie sofort mit dem einzigen Farbigen durch und lassen die impotenten Ordensträger, mit denen sie liiert sind, schmählich im Stich.

Echte Nazissen sind geborene Schlampen. Und sie sind immer blond.

6. Der Nazi ist ein *irrationaler Rationalist:* Für den normalen G.I. ist es nicht nachzuvollziehen, für was der Nazi sein beschissenes Leben riskiert: Der G.I. kämpft um handfeste Sachen – *Kraut-Pussy* und *Nazi-Gold.*
   Der irre Nazi-Bastard kämpft dagegen für das Lob seines eineiigen Führers oder für einen Lamettafetzen an seiner Brust.
   Der G.I. kämpft für sich selbst, der Nazi für – ja, für was eigentlich? Der G.I. raucht *Lucky Strike,* der Nazi *Ernte.* Der G.I. trinkt Jack Daniels, der Nazi Klaren, am besten untrinkbaren Doppelkorn: Nich lang schnacken, Kopp in'n Nacken! (Die SA trinkt Kräuterlikör. Unter diesen Umständen hätte jeder den Krieg verloren, oder?)
   Der G.I. trägt eine lässige Camouflage-Jeans, der Nazi einen Konfirmandenanzug. Der G.I. trägt eine fette Ray-Ban, der Nazi die Nickelbrille des ewigen Besserwissers und täppischen Wichts.
7. Mit dem Nazi-Bazillus mutierte die deutsche Geschichte zur Krankheitsgeschichte. Historische Pathologie – das ist sie bis heute geblieben.

Fazit: Mit ihrer Reduzierung des III. Reiches auf die kasernierte Gesellschaft, in der verklemmte und pimmellose Roboter im Stechschritt marschierten und von morgens bis abends Juden vergasten, gelang den Alt- und Spät-68ern ein Kommunikationscoup erster Güte. Der Nazi ist eben *nicht menschlich,* das ist der Punkt. Damit wurde ein Riegel vor die Herzen der Menschen geschoben. Warum die Soldaten bis zuletzt kämpften – für ihre bedrohten Familien –, darf niemals nachfühlbar gemacht werden. Auf dass sie ewig weitermarschieren, »Sieg Heil!« blöken und in Hollywood-Produktionen immer aufs Neue niedergemacht werden!

29. Mai. Ich glaube, ich begreife allmählich, was das Broderle gegen mich hat: Ich bin ein Internationaler – eine Rolle, die im Land der Piefkes stets für die weltgewandten Juden reserviert war. Das stört ihn. Schlimmer noch, ich spreche und schreibe ein besseres Englisch als er, habe zeitweise in den Staaten studiert und über 20 Jahre im Ausland gelebt. Ich habe Freunde in den Niederlanden, in London, Paris, Rom, San Francisco, New York, München und Kapstadt. Zu Hause sprechen wir drei Sprachen, und seit meinem ersten Tag in den heiligen Hallen von Young & Rubicam (beides Juden) lebe ich in der postideologischen Zeit. Rechts, links, die Polarität, denen er seine Karriere verdankt, interessieren mich nicht. Für mich sind es nur Plaketten, mit denen man die Schlachtstraßen und Futtertröge der Massengesellschaft etikettiert. Rechts, links – wenn er mir damit käme, würde ich wahrscheinlich nur müde lächeln. Rechts, links – dieselbe Scheiße, anderer Haufen. Inzwischen haben selbst die Dümmsten begriffen, dass es keinen Unterschied macht, welches System sie schröpft und verwertet. Meine Frau sieht das glücklicherweise auch so: Die Natur ist unsere Nation, wir haben keinen Pakt mit irgendeiner nach Gülle riechenden Scholle, sind fahrende Geister und leben im Grunde wie »ewige Juden«. Es muss diese Alt-68er-Backpflaume wirklich quälen, einen Deutschen in der *jew position* zu sehen. Wahrscheinlich ist es derselbe spießige Neid, den die Kuhbuben von drüben in den Dreißigerjahren auf die »kosmopolitischen Deutschen« empfanden.

30. Mai. Im *Kulturspiegel* vom 29.5. (Nr. 6/04) schreibt **Norbert Bolz** in seinem Essay »Warum Denken unmodern ist«:

> »Im Skandalkonsum goutiert das Publikum die soziale Lust des Moralischseins. Welche Romane der vergangenen Jahre finden in den Feuilletons die größte Aufmerksamkeit?

> *Tod eines Kritikers* von Martin Walser, in dem es um die fiktive Ermordung eines jüdischen Großrezensenten (gemeint war Marcel Reich-Ranicki) ging; und Thor Kunkels Nazi-Porno-Buch *Endstufe,* bei dem die einen sich darüber erregten, dass der Rowohlt Verlag es herausbringen wollte, und die anderen »Zensur« schrien, als der Verleger schließlich von einer Zensur absah. […] In der von Massenmedien formatierten Öffentlichkeit wird Kritik durch Moralisierung ersetzt.«

1. Juni. Ich mache mir Sorgen, nicht nur wegen der Unordnung in meinem Büro. Meine Frau hat mich heute zum ersten Mal *Messie* genannt. Sie sehnt sich zurück nach Amsterdam, den friedlichen Tagen unter dem Goldregenbaum in unserem Garten. *Tempi passati.* Und sie spricht aus, was ich seit Wochen insgeheim denke, es sei vorbei – mit meinem Schreiben. Nebenbei stehen wir vor dem Scherbenhaufen unserer gesellschaftlichen Existenz, gestrandet in einer dreckigen, lauten Stadt, belauert von linken Ratten. Wir sind erledigt. Wir haben keinen Geldscheißer, keine Connections, nichts.

Wegen der Denunziation durch eine Krypto-Marxistin und der Hetze eines narzisstisch gekränkten Juden stehe ich heute ohne Verlag auf der Straße. Von all den sensiblen Szene-Autoren, die sich mir nach Klagenfurt andienten, kam nicht ein einziges Wort der Unterstützung. Wenn die Werbung schon ein feiges Hurengeschäft war, dann ist der Literaturbetrieb ein grüner Kinderpuff, in dem jeder jedem den Lutscher missgönnt.

Natürlich bleibe ich ruhig, obwohl ich weiß, wie grässlich und menschenunwürdig diese Situation ist. Ich schaffe es, in dem Chaos eine temporäre Unordnung zu sehen. Sobald dieser Terror vorbei ist, werde ich richtig *ausmisten.* Aber nicht jetzt: Jedes Zettelchen, jeder Zeitungsausschnitt, jeder noch so kleinste Schnipsel könnte das fehlende Teil sein, das Informationsfraktal, das mir – wenn die Schweine denn kommen – das Leben rettet. Ich bin kein Fälscher. Ich habe nichts Unrechtes getan.

2. Juni. Deutschland war auch früher schon still – das ganze geistige Leben scheint hier dem eines somnambulen Patienten zu entsprechen.

Laut einem medizinischen Lexikon stellt sich der Trance-Zustand als »gesteigerte Tiefenentspannung mit gemilderter Kritikfähigkeit des Wachbewusstseins« dar. Es können »Suggestionen angenommen werden, die unlogisch, irreal und realitätsfremd« sind, auch eine »partielle Amnesie ist möglich, Halluzinationen können in diesem Zustand erfolgreich suggeriert werden«. Das mag die Erklärung sein für das Verhalten der Presse und auch für so vieles, was hier politisch abläuft, das Anerkennen des Irrealen und das Nicht-Sehen-Wollen der Realität.

Wird einem daher in diesem narkotisierten Land eine rechte Gesinnung unterstellt, so ist es unmöglich, sachlich zu beweisen, dass man diese Gesinnung nicht hat. Denn eigentlich ist der Deutsche ja von Natur aus rechts, er wird nur durch die andauernden Bemühungen der Linken vor sich selbst behütet. Die Unterstellung, rechts zu sein, ist Realität. Ein fürchterlicher, in den Folterkammern der Inquisition verfeinerter Psychologismus greift dann um sich: *Hätte er nicht … Könnte er nicht vielleicht doch …*

Je mehr man argumentiert, umso sicherer sind sie sich mit ihrem Bauchgefühl richtigzuliegen. Denn »einer, der sich wehrt, ist mit Sicherheit rechts«. (Auch das hatte ich mal nach einer Lesung aufgeschnappt.) Die Ursache des Anfangsverdachts wird zur Nebensache, alles, was jetzt zählt, ist die entschiedene Verfolgung durch eine schäumende Erregungsgemeinschaft der Guten, der sich immer mehr geistig gestörte Figuren anschließen: Moral-Tunten, narzisstisch gekränkte Dauerversager, Netz-Pöbel wie Wolfgang Herrndorf und Tex Rubinowitz. Viele sehen endlich die Gelegenheit, sich für ihr verkorkstes Leben zu rächen. Für die Tatsache, dass sie sich unaufhörlich um die ganze Welt sorgen und dass sie doch kein Schwein liebt. Letzten Endes sind ihre Äußerungen nur Entlastungsrituale einer gescheiterten Existenz.

XXXI.

Die österreichische *Volltext* gibt mir noch eine Chance

5. Juni 2004. Der *Tagesspiegel* ermittelt den Altersdurchschnitt der rund 55 Suhrkamp-Autoren »irgendwo zwischen 65 und 70«. Zwanzig von den fünfzig sind bereits tot, nur »vier jünger als 50«.

Mit anderen Worten: Ich kann es noch schaffen!

8. Juni. Thomas Keul, der Chefredakteur von *Volltext,* erinnerte mich vor drei Tagen an meine »Entgegnung«. Nun ist der Essay so gut wie fertig. Trotz deutlicher Akzente der Zerknirschung und Rechtfertigungssucht kommt der Text fast *zu sachlich rüber* …

Essay veröffentlicht in *Volltext* – Zeitung für Literatur:

Sie schreiben, doch sie lesen nicht

Korrumpierte Literaturkritik versagt vor einem engagierten Roman.

Von Thor Kunkel

Bis vor kurzem hatte ich das Feuilleton als Intelligenzschicht verstanden, die dem Zellophan von Schutzumschlägen entspricht ;) Sie sollte klar sein und möglichst ohne fettige Fingerabdrücke daherkommen. Der *Pressespiegel* zu meinem neuen Roman offenbarte ein ungeahntes Maß an Schmutzaffinität: persönliche Verunglimpfungen, Polemik, verklemmte Kalauer – und nichts, oder fast gar nichts, zu einem engagierten Roman.

Ein Leser der *Süddeutschen* brachte es auf den Punkt. »Ich bin enttäuscht«, schrieb mir R. Cramer am 5.6. per E-Mail. »Nach der Rezension von Robin Detje hatte ich mich auf einen herzhaften Porno gefreut, aber auf je 100 Seiten liefern Sie nur eine (1) einzige Fickszene, und diese wird einem noch durch Ironisieren vermiest. Ich finde es unerhört, dass Sie Ihren Roman als Nazi-Porno vermarkten.« Moment mal, wer hat denn *Endstufe* als »Nazi-Porno« vermarktet? Waren das nicht all die notgeilen Feuilletonisten, die aus vollem Halse »Sieg Geil!« gekräht hatten? Sie schluckten den Köder und kamen nicht davon los.

Ich will es so sagen: Nach dem Abflauen der Spekulationen um die Sachsenwald-Filme, nach dem Ende des Medienrummels, hätte man eine Einkehr der Ruhe und Änderung der Tonlage erwarten dürfen. Man hätte erwarten dürfen, dass die Rezensenten endlich lesen und sich Gedanken machen – über das »Warum«. Stattdessen gab es nur Inhaltsangaben auf *Bildzeitungs*-Niveau, das Gejammer moralisierender Nervensägen und Warngeschrei von der psychohistorischen Warte.

Natürlich gab es auch andere Rezensionen, Wilhelm Hindemith lieferte eine geistreiche Analyse für den SWR, und Dirk Schümer resümierte in der Sendung *»büchertalk«,* er habe *Endstufe* »mit großem Genuss gelesen« und »fand es eine monströse, horrorfilmartige Innenperspektive eines Systems, das sonst immer nur aus der Perspektive der Opfer geschildert wird«. Die Tageszeitung *Junge Freiheit* lobte den »sichtbaren Willen des Autors, sich von einer ausschließlich politisch angeleiteten Kritik das Denken und den Blick auf die wahren Verhältnisse nicht verbieten zu lassen«. Stimmt. Trotzdem kam der Bezug zur eigentlichen Materie – dem Text, der ästhetischen Struktur (die nur einmal, in *Volltext* nämlich, als »Stilblütenstil« bezeichnet wurde) – viel zu kurz.

Die literarische Tätigkeit ist nur und darin literarisch, dass sie als »Generator von Überraschungen« auf unserem Weg ins Unbekannte (Unbenannte) auftritt, dass sie also Zukunft »produziert«. Dabei werden Bewusstseinsinhalte neu sortiert.

All unsere Begriffe und »Vorstellungen« setzen sich aus Beobachtungspartikeln zusammen, und im Schreiben liegt die Möglichkeit, aus diesen Partikeln neue Bedeutung zu schöpfen (und so die Grenzen der festgefahrenen Wahrnehmung zu überwinden). Interessant wird es beim Schreiben – wie beim wissenschaftlichen Experiment –, wenn man »Bedeutungen« nicht so einsetzt, wie man sie einsetzen sollte. *Endstufe* ist ein Spiel mit der Mikro-Ästhetik von Worten und Redewendungen aus der Nazi-Zeit, um die geistige Wirklichkeit einer an Techno-Utopie und Hedonismus berauschten Elite zu vergegenwärtigen. Es handelte sich also um ein bewusst gewähltes Stilmittel, um das Lebensgefühl einer vergangenen Zeit zu evozieren.

Wenn das schon ausreicht, um als »literarischer Provokateur« zu gelten, dann kann man sich vorstellen, was in der deutschen Literatur für ein Einheitsbrei herrscht.

Zwischen Hystorie und »Horrorkauz«

Es können hier nicht alle Wadenbeißer und gescheiterten Existenzen erwähnt werden, die sich im Ablehnungssog tummelten, aber selbst der Lokalpatriot Jörg Sundermeier *(Jungle World)* und ein angegrauter Mattschwätzer wie Klaus Bittermann *(taz)* machten mobil. Nur einer hatte wirklich allen Grund zu schimpfen – der kauzige Schmock Henryk M. Broder, der durch *Endstufe* nicht nur die Notwendigkeit des Degussa-Mahnmals in Berlin gefährdet sah, sondern gleich die Existenzgrundlage der gesamten Entrüstungsindustrie Deutschlands. Ende der lukrativen »Trauerarbeit«, *capisce?* Selten wurde im Ausland dermaßen über das *hystorische* Gegacker einer *Spiegel*-Journaille geschmunzelt. »Kann es sein, dass die Deutschen noch immer nicht mit ihrer Vergangenheit umgehen können?«, fragte mich der *New-York-Times*-Journalist Jefferson Chase. Auch Zulfikar Abbaby von *ABC Radio Australien* hatte nach »all der Aufregung« um einen Roman den Eindruck, »das Land sei geistig – trotz der Wiedervereinigung – 1945 stehengeblieben«.

Warum nur diese Panik, diese moralinhaltige Empörung? War es die semantische Transmutationsformel »Nazi-Porno« – oder mein offensichtliches Engagement, das den Rezensenten nicht schmeckte? Da hieß es einmal, ich hätte »Kampfthesen« im geistigen Sturmgepäck, andere wiederum wähnten die politisch korrekte Opferhierarchie des Zweiten Weltkriegs durch meine Erzählung entweiht. Und dann das – »Pornografie als Metapher für das III. Reich« – Sakrileg! War das nicht Demoralisierung des deutschen Schuldbewusstseins? Wie oft dieser Ausspruch falsch interpretiert wurde, keine Ahnung.

Aber selbst wenn diese Einsicht betrüblich ist, Pornologismen eignen sich hervorragend, um den moralischen Bankrott der Menschheit zu beschreiben. Sie haben die richtige Ladung, die richtige Temperatur. Das III. Reich erzeugte einen allgemeinen Lustrausch der Macht, es bestätigte die Volksgenossen in ihren archaischen Rollen, in ihrem

Männchen- und Weibchen-Gehabe – ganz logisch übrigens im Rahmen der vom Biologismus bestimmten Politik. Schon die offizielle »Nazi-Kunst« war für die Dreißigerjahre eher freizügig, man erinnere sich nur an die Monumental-Nuditäten von Breker. Diese »Pop-Art«-Exponate zusammengenommen mit Uniformen von Hugo Boss führten zu einer unterschwelligen Erotifizierung des öffentlichen Lebens. Und dass erotische Phantasien explodieren, wenn die Wirklichkeit unerträglich wird, diese Tatsache ist seit Freud hinlänglich bekannt. Das mag man als Nebensache empfinden, doch wem diese Induktion (und was sonst ist Literatur?) nicht gefällt, der sollte eben Imre Kertész lesen. Oder *Die Kinder von Bullerbü.* Romane sind nur Wahrnehmungsangebote von der Welt, und keine ästhetische Ordnung (von Worten) ist mit der Wirklichkeit identisch. »Ironically, the more kitschy you make the 3rd Reich the more you are approaching reality«, schreibt der renommierte Historiker Michael Burleigh in der *Sunday Times.* In England war dieser Gedanke noch nie tabu, und tatsächlich war das III. eben alles andere als eine kasernierte Gesellschaft.

Die Führungselite der Nazis bestand aus brutalen Feudalkapitalisten, Genussmenschen, die sich um den Rest der Menschheit einen Dreck scherten, und so präsentieren sich ihre Chargen in *Endstufe* und nicht als »willfährige Henker«. Die Ideologie diente nur der Verblödung der breiten Masse. Schon Max Horkheimer hatte 1939 geschrieben: »Wer vom Faschismus redet, darf vom Kapitalismus nicht schweigen.« Genau diese Facette kommt in *Endstufe* zur Sprache. Ist das ein Gedanken-Verbrechen?

Déjà-vu oder Prélude?

Wer die Geschichte verstanden hat, darf so schreiben wie ich. Ich habe heute andere Schreibvoraussetzungen, als Böll oder Borchert sie hatten. Der Roman war niemals ein Mittel der Konformität, sondern stets ein Labor des Geistes.

Dabei ist es gerade die zügellose Vorstellungskraft des Menschen, die zum Widerspruch herausfordert, zum Nachdenken und Entgegnen. Diesen Freiraum gilt es heute vor den PC-Demokraten zu schützen. Auch die gewohnheitsmäßige Ablehnung der eigenen Kultur ist nicht mehr unbedingt »cool«.

Will Deutschland ein europäisches Kulturland bleiben, so muss es in der Lage sein, Literatur zu produzieren, die man im Ausland nicht besser schreiben könnte. Es muss eigene Geschichten erzählen und sich nichts vorschreiben lassen. Was uns an anglo-amerikanischen Schriftstellern gefällt – Selbstbewusstsein und das Erzählen aus der eigenen kulturellen Identität heraus –, wird in diesem Land absurderweise als anrüchig empfunden. Bedenkenträger und Wiederkäuer blockieren seit Langem eine kulturelle Evolution. Nicht die Bewältigung der Verbrechen der Nazi-Zeit ist heute das Problem, sondern die Bewältigung einer von *planetarer Technologie beherrschten Zukunft,* die der Welt von einem messianischen Amerika auferlegt wird.

Das ist natürlich nicht »die richtige Meinung«, sondern »die eigene«, und was die meisten Rezensenten an *Endstufe* so ungemein störte, war eben die als *paradigmatisch* empfundene Sichtweise des Erzählers, die das museale Rigiditäts-Kontinuum linksliberaler Kulturpolitik als das entlarvt, was es ist: Schöner Schein.

Ich gebe zu, mir sind die Tabus einer erstarrten Gesellschaft zuwider, die Scheinheiligkeit, das *So-tun-als-wüsste-man-nicht* … Was ist eigentlich mit der Realität? Die Welt ist nach 1945 nicht gerechter geworden, diese einmalige Chance wurde verschenkt. Es hieß stattdessen »business as usual«, NS-Wissenschaftler wurden nahtlos übernommen – getreu dem Motto »Intelligenz über Moral, Macht über Recht und Gesetz«!

In *Endstufe* symbolisieren die USA das Erbe des III. Reiches (das man wiederum Erbe des Römischen Imperiums nennen könnte …). Im Angriffskrieg der USA gegen den Irak manifestiert sich heute der totalitäre Anspruch dieser geofaschistischen »Übernation«, die bereits ans genetische Wettrüsten denkt.

»Ist in allem Leben selber nicht – Rauben und Totschlagen?« Säßen in George W. Bushs Gruselkabinett nicht nur Lobbyisten, sondern auch Philosophen, sie könnten ihre Politik mit diesem besonders von Nazi-Ideologen geschätzten Nietzsche-Zitat legitimieren. Bush ist ein Extremist, der seine Mission mit fast mittelalterlich anmutenden Dualismen verargumentiert. Er hält regelmäßig Zwiegespräche mit seinem »nicht leiblichen Vater«, und aus dem Antagonismus Arier/Jude könnte schon bald Christ/Muslim werden. Erinnern wir uns: Nach dem 11. September erklärte er die USA bereits kurzerhand zum »zivilisierten Teil« der Erde und erniedrigte damit – wohl wissentlich – die gesamte arabische Welt.

Die feixenden amerikanischen Folterer über den aufgestapelten, nackten Körpern im Gefängnis von Abu Ghraib sind Ausdruck einer menschenverachtenden Mentalität von jungen, an Gangster-Rap und Internet-Porno geschulten Rassisten, die Araber als Menschen zweiter Klasse – »sandniggers« und »turbs« – diskriminieren. Da diese aus den Slums rekrutierten Soldaten nie selbst erfahren haben, was »Menschenwürde« bedeutet, ist ihnen nichts vorzuwerfen. Immerhin haben sie die in der U.S. Army gültigen *hygienischen Sicherheitsmaßnahmen beim Foltern* beachtet. Richtig: Alle G.I.s tragen Gummihandschuhe, um sich nicht mit AIDS zu infizieren. Was könnte den Arabern Amerikas höher entwickelte Zivilisation besser vor Augen führen? Unter Saddam wurde sicher nicht im Bewusstsein der Antisepsis gemartert!

Dabei ist das, was sich im Irak abspielt, erst der Auftakt: Die Entscheidung für die freie Welt stellt eben keine freie Entscheidung dar – sie wird mit militärischen Mitteln erzwungen. Die Propagierung der Menschenrechte ist nur Alibi oder, anders gesagt, Mittel der Erpressung: Wer die Wertsysteme des Aggressors nicht akzeptiert, wird bombardiert oder »geblitzt« – sicher, immer zum eigenen Besten. Zur Durchsetzung ihrer politischen Ziele opfern die USA Jahr für Jahr Zigtausende von Menschenleben. Das ist per se die Definition faschistischer Politik, und dazu braucht es keine Hakenkreuzfahne.

Die Globalisierung ist eine zutiefst amerikanische Idee. Sie ist die Ausführung der gerne vergessenen »Truman-Doktrin«, die schon 1947 Amerikas Anspruch auf die Weltherrschaft in einer Weise postulierte, die den Nazis alle Ehre gemacht hätte. Der Prozess, der auf die Vereinheitlichung eines Idealzustands abzielt, kann nur *gewaltsam* verlaufen. Ganze Ethnien, Religionen, Kulturen müssen im globalen Schmelztiegel verschwinden. Den Überfallenen wird es gleich sein, wer sie assimiliert und aus welchen Gründen in diskreten Sklavenhierarchien *verdingt.*

Die utopische Vergangenheit

Vielleicht ist die Wahrheit nur ein Heer beweglicher Metaphern, vielleicht ist sie auch nichts weiter als die unbequeme Tatsache, dass die Sachverhalte eben nicht so oder so sind, sondern einfach nur so.

Zumindest Iris Radisch brachte ihre Ratlosigkeit deutlich zur Sprache. »Was sollen solche Sätze?«, schreibt sie in der *Zeit* vom 15.4. und zitiert ganze Passagen aus *Endstufe:* »Eines Tages, wenn das Ideologische keine Rolle mehr spielt, wird man erkennen, dass das III. nur ein Biotop war, ein Zwischenreich ohne moralische und ethische Grenzen. Es begünstigte die Menschen der Zukunft [...] Eine neue Bio-Technologie wird da weitermachen, wo wir 1945 aufgehört haben.«

Genau hier schließt sich der Kreis: Am Ende der Globalisierung wird die genetische Veränderung des Menschen stehen – um eine dauerhafte demokratische Gesinnung der Gattung zu garantieren. Um die Demokratie zu schützen, wird man zu *faschistoiden Maßnahmen* greifen. ALLE sollen errettet werden, vor allem die Unzivilisierten, die »Rückständigen«, alle müssen gute Demokraten werden, auch mit Gewalt, wenn es sein muss – und alle sollen vom Segen der freien Marktwirtschaft profitieren. Die alte, ausgehöhlte Demokratie wird so sukzessive und im Deckmäntelchen des Altruismus von einer *biokratischen Gesellschaftsform* abgelöst. Im Laufe weniger Generationen werden sich so zwei Kasten bilden – *die Gen-Reichen und die Naturbelassenen.* Im Unterschied zu einer von Faschisten errichteten Biokratie werden aber rassenideologische Kriterien keine Rolle spielen, das »Edel-Erbgut« der Nazis wird nun zum »Bio-Kapital« des Geldadels. Um im globalen biologischen Leistungswettbewerb zu bestehen, werden zuletzt die Europäer die Reste ihrer Ethik über Bord werfen müssen. Alle Techniken, die der Verbesserung des Menschen dienen, werden genutzt werden – auch das Klonen. Es ist klar, dass man – angesichts der Nutzlosigkeit einer politischen Willensbildung von vorbildlichen »Demokraten« – schnell zur sozio-kybernetischen Steuerung der Bevölkerung übergehen wird. Schon heute erwägen Gehirnforscher den Einsatz von künstlichen Neurotransmittern, um Straftäter zu resozialisieren. An die Stelle gemeinsamer Wertvorstellungen könnte daher bald ein Pawlowsches Reizsystem treten. Der Sexus eignet sich als universelles Regulativ, »Lust/Unlust« als quasi binärer Code einer Mensch-Maschine, die endgültig ins »Lager der Geräte« übergewechselt ist.

Und wenn – ich sage *wenn* – das nun wirklich die vermeintlich allseits beglückende transhumane Zukunft der Menschheit wäre, das kollektive Ziel der Spezies *Homo ludens,* die Überwindung aller ideologischen Differenzen durch das Lustprinzip, Nationen und Rassen vereinend, sollte man dann nicht schreiben dürfen, dass dieses zukünftige Menschenbild nur eine Haaresbreite von der Vision jener Menschenzüchter abweicht, die in Nürnberg vor Gericht saßen – mit dem einen Unterschied eben, dass ihre »jauchzende Zukunft« jetzt allen beschert werden wird? ALLE Rassen sollen assimiliert werden, zum Heil einer globalen pseudo-demokratischen Menschheit. Schöne neue – oder alte Welt? Ihre historischen Wurzeln liegen hier in

Deutschland, in der Vergangenheit. Auch der Nationalsozialismus hätte sich sehr schnell, wahrscheinlich schon Anfang der Sechzigerjahre, als Biokratie konstituiert, daran kann angesichts des Spielraums eugenischer Forschung kein Zweifel bestehen. Körperkult und Heilslehre des technischen Fortschritts, die Aggregate des Modernisierungsschubs der Dreißigerjahre, hätten wiederum die Voraussetzungen geschaffen.

Auch heute, im Sog der allgemeinen Entwertung, sind diese Aggregate die letzten Rettungsinseln des Menschen, der gelernt hat, in einer Welt ohne Liebe zu leben. Ist es da so schwer nachzuvollziehen, dass *Endstufe* eine bedenkliche Entwicklung der heutigen Gesellschaft aufzeigen will?

Engagiertes Schreiben versus Schablonenliteratur

Der deutsche Literaturbetrieb schützt seine linksliberal verankerte Hegemonie, er tut sich schwer, wenn ein Schriftsteller aus diesem faulen erpressten Konsens ausschert. Noch anstößiger ist es vielleicht, wenn ein Literaturpreisträger mit Genres experimentiert, zum Beispiel mit *Pulp* oder *Weird Fiction,* die in Deutschland als *Trash* abgetan werden, selbst wenn transgressive Stilmittel geradezu notwendig sind, um eine im Grunde ekelhafte Welt zu beschreiben. Schon die offizielle Geschichtsschreibung des 20. Jahrhunderts lässt diese Welt in einem mitleidlosen Licht erscheinen. Man möchte kotzen, und was sich heute am Anfang eines neuen Jahrtausends abzeichnet, sorgt nur für noch größeres Unbehagen.

Die Zeichen sind klar zu sehen, aber auch *Brave New World* wäre in Deutschland wohl gnadenlos als Schund verrissen worden. Huxleys Zukunftsroman öffnet mit einem bemerkenswerten Zitat: »Utopien erweisen sich als weit realisierbarer, als man früher glaubte. Und wir stehen heute vor einer auf ganz andere Weise beängstigenden Frage: Wie können wir ihre endgültige Verwirklichung verhindern ...?

Utopien sind machbar. Das Leben hat sich auf die Utopien hinentwickelt. Und vielleicht beginnt ein neues Zeitalter, in dem Intellektuelle und Gebildete Mittel und Wege erwägen werden, die Utopien zu vermeiden und zu einer nicht-utopischen, einer weniger »vollkommenen« und freieren Gesellschaftsform zurückzukehren.«

Endstufe ist ein engagierter Roman, er will das Bewusstsein der Leser verändern, er will wachrütteln, mit den Mitteln einer semiologischen Schocktherapie, und das ist zehnmal literarischer als das irrelevante Geschreibsel, das alle paar Wochen von einer erstaunlich korrumpierten Literaturkritik unter Heureka-Rufen beweihräuchert wird.

Es ist die Aufgabe der Kunst, Fragen zu stellen, auf die es keine Antworten gibt. Auch Literatur sollte das tun, und sie sollte dementsprechend rezensiert werden. Es wäre angeraten, den Roman noch einmal zu lesen, und eben nicht nur querbeet und mit der fragwürdigen Absicht, Zoten zu reißen. Aber dann – Gott-im-Himmel, Sie OBERWAFFENSCHEISSE, strammgestanden, mein Führer, es war schon immer leichter, im Chor vereint »Sieg Geil!« zu brüllen, als auch nur einen einzigen klaren Gedanken zu fassen.

XXXII.

Auf Kollisionskurs

13. Juni 2004. Planlos und ziemlich betrunken in Düsseldorf, in der schönen Kö-Galerie. »Bücherbummel« hieß die Veranstaltung. Als Vorgruppe von Erwin Grosche *(Der Badewannenkapitän)* und Rafael Seligmann gelesen. Passend. Sah ganz nett auf dem Büchertisch aus, *Endstufe* direkt neben dem Kinderbuch. Am Ende sind kaum Besucher mehr da – was sicher auch daran lag, dass ich am Anfang der Lesung ein konkretes Gedicht aus erfundenen Nazi-Porno-Namen laut vorlesen musste: Sturmhart Eisensteck … Meine Sammlung von nominellen Lebensgeistern beinhaltete auch Namen für »Nazissen«. Ich hörte erst auf, als ein korpulenter Herr in der ersten Reihe dermaßen dreckig loslachte, dass es schon fast nach einem Erstickungsanfall klang. Mir ging durch den Kopf, eine zweite *Endstufe* zu schreiben, die in einem fiktiven Kurland der Partei spielen könnte, vom derbgewitzten Volksmund natürlich *Hurland* genannt … Dabei würde es nicht schlimmer zugehen als im Hochland-Lager der Hitler-Jugend.

Am Schluss der Lesung haben sich zu meiner Erleichterung die Reihen wirklich gelichtet. All die Mütter und Töchter, die nur angerückt waren, um Käpt'n Badewanne zu sehen, hatten Reißaus genommen. Schon meine erste Lesung in Düsseldorf (»Pop & Poets«) war katastrophal unterbesucht, fünf Journalisten und zwei Autogrammjäger – das war's.

Eine Scheißstadt, dieses Düsseldorf. In den Schaufenstern kopflose Gliederpuppen, augenlose Mannequins, diese »chice« Wesenlosigkeit scheint für D-Dorf typisch zu sein. Der seelenlose Wohlstand in den Auslagen wird in der Regel von umherstreifenden, schon mehrfach gelifteten Luxus-Weibchen studiert. Schnauzbärtige Säcke mit Entenarsch und neongelber Joop!-Krawatte gehören hier zur Begleitung. Als Packesel sind sie sicher gut zu gebrauchen. Eine Dialogprobe gefällig? »Du, Putzi, guck mal, da gibt's Polostiefel von Santoni für 989 Euro …« – »Na und? Die hab ich doch schon …« – »Aber nüch' in dieser Farbe …«– »Da hast du auch wieder recht …«

Abb.: 13.6. Düsseldorf, *Endstufe* Live. Ich las absichtlich in einem SA-braunen Hemd, um den Journalisten eine Steilvorlagen zu geben. *Foto: privat*

Am nächsten Morgen noch mal durch die sogenannte Altstadt: Bekiffte »Südländer«, wahrscheinlich doch eher Türken oder Araber, manche in metrosexueller Aufmachung, vielleicht Strichjungen – rosa T-Shirts mit Goldaufdruck und Haarreif –, schleichen auf Nike-Plastikklumpen vorbei. Alte deutsche Penner bevölkern dagegen passenderweise die Altstadt. Verfallene Gesichter, einer ohne Vorderzähne schlurft – besser gesagt *schlufft* – vorbei. Ein Großflächenplakat für *Gauloises* fällt mir auf. Darauf ist ein Mann in einem Sträflingspyjama zu sehen. Der Slogan *Liberté toujours* (Immer frei) soll wahrscheinlich auf die Befreiung aus einem Konzentrationslager insinuieren, im Hintergrund sind noch Gitter und die typischen Mauern zu sehen … Das Ganze ist wirklich eine Geschmacklosigkeit, und mir ist schleierhaft, wie das Motiv helfen soll, Zigaretten zu verkaufen.

Als mich eine auf Roma gestylte Frau anspricht und mir aus der Hand lesen will, halte ich es nicht mehr aus: Ich springe in ein Taxi und flehe den Fahrer an, mich zum Flughafen zu fahren. Auch Düsseldorf – das weiß ich jetzt – wird niemals meine Stadt werden. Selbst wenn alles besser ist als das Drecksloch Berlin.

15. Juni. Die Reaktion der Medien auf meine Entgegnung in *Volltext* – ein Heft, das während des Klagenfurter Wettlesens kursierte – war erwartungsgemäß zunächst einhelliges Schweigen. Schließlich gab es doch noch Wutgeheul von extrem randständigen Autoren, die mich jetzt auch mal ordentlich anpflaumen wollten.

Den Vogel im Niedermachen schießt ein schriftstellernder *Titanic*-Grafiker ab, der in dem Online-Magazin *literatur.de* folgendermaßen zitiert wird:

> »Unlängst schmähte der Schriftsteller Wolfgang Herrndorf, jüngster Preisträger des Publikumspreises beim Klagenfurter Bachmann-Wettbewerb, seinen Kollegen Thor Kunkel in

> der *Süddeutschen Zeitung,* wie es in diesem drastischen Ton heutzutage eher selten vorkommt: Er gratulierte einer Rowohlt-Lektorin dazu, dass man Kunkel ›gefickt‹ habe. Er halte ihn für einen ›eitlen, dummen Sack‹ und überdies: ›derart langweilig schreiben, das ginge nicht‹.«

Ich würde heute nicht mehr ausschließen wollen, dass der große Junge mit der hölzernen Sprache auch zu den Autoren gehörte, die sich sofort um den »freien Programmplatz« bei Rowohlt bewarben.[123]

Wie viele Poseure ohne Talent lebt auch Herrndorf vom Wohlwollen einiger »Blogwarte«, die das Sich-gegenseitig-gut-Finden-und-Hochschreiben zum Absolutum erklärt haben. Die meisten, deren Namen ich hier bewusst nicht nenne, sind Werbetexter in eigener Sache ohne »literarische Position«, dafür aber mit ausgeprägter Stammesmentalität: Jeder, der etwas Gutes schreibt und nicht zur Sekte gehört, ist der Feind.

Ich lege an dieser Stelle Wert darauf festzuhalten, was Wolfgang Herrndorf *nicht* ist: ein Schriftsteller. Ego-Blähungen sind keine guten Erzählungen. Es wird sich einmal als fatal für die deutsche Literatur herausstellen, dass *so viele* narzisstisch gekränkte Außenseiter *so viel* Zeit hatten, zwischen Arbeitsamt und KiTa *so viele* schlechte Romane zu schreiben.

15. Juni. Das Kapitel Broder ist für mich abgeschlossen. Meine Sammlung erstklassig erhaltener Vintage-Hefte (aus dem Nachlass des Vaters vor dem mütterlichen Aufräumkommando gerettet), Hochglanzliteratur mit so illustren Namen wie »Stellungen 1–10«, »Morgenorgie«, »UniSex«, »Autosex«, »De Luxe Pikant«,

---

123 **Nachträgliche Anmerkung:** Tatsächlich wechselte der Autor 2007 von Haffmans zu Rowohlt in Reinbek.

Abb.: Brit. Nachdruck eines nordischen Klassikers: »SS Helden – Ein Kriegsbericht in Farben«, Nr. 1, Nordisk Bladcentral, 1970, ein Heft, das Henryk M. Broder zur Komplettierung seines Sachberichts leider fehlte. *Foto: Privatarchiv Thor Kunkel*

würde ich ihm nicht einmal mehr zum Geburtstag ausleihen. Werner Nekes meinte noch, die Sammlung habe einen beachtlichen Wert. Allein das Heft »SS-Helden« schätzt er auf 1000 Dollar, vorausgesetzt, man würde es in den Staaten oder Japan durch ein spezialisiertes Auktionshaus anbieten.

Nekes versteht auch nicht, weshalb einer wie Broder »für einen Karrieristen wie Alexander Fest die Drecksarbeit« machte. Broder hätte dieselbe Enthüllungsgeschichte ebenso gut (für alle Beteiligten) »erfreulicher« bringen können, das »hasserfüllte Projizieren auf einen Künstler« passe nicht zu Broders Arbeit. Ich kann dazu nichts sagen, denn ich habe die vergangenen zehn Jahre in Amsterdam gelebt und den Aufstieg des Möchtegern-Tucholskys aus der Gosse von St. Pauli nicht mitbekommen. Broders Verhalten dürfte sich mit Freud erklären lassen, der mal sinngemäß meinte, Projektionen seien Abwehrhaltungen, in der ein Subjekt einer anderen Person Defizite, Qualitäten oder heimliche Wünsche, die es an sich selbst verleugnet, unterstellt. Die größte Strafe für diesen Verklemmten ist es doch, dass er nie den Mut haben wird, sich seiner wahren Neigung zu stellen. Er hätte damals in den Siebzigerjahren Drehbücher für Lasse Braun[124] schreiben sollen, dann wäre vielleicht etwas aus ihm geworden.[125]

16. Juni. Ich suche noch immer nach Erklärungen für diese Katastrophe und das Ende meiner Karriere als »Hoffnung der deutschen Literatur«. Wie wär's hiermit? Laut einer im Wissenschaftsmagazin *Science* veröffentlichten Forschungsstudie der Universität Zürich bestrafen gruppenkonforme Menschen andere für Regelverstöße. Ihr sogenanntes »Belohnungszentrum« im Hirn wird aktiviert, wenn sie das tun. Man könnte auch sagen, der kleine, in jedem versteckte Sadist bekommt endlich mal Futter. Diese Zone gerät jedenfalls auch in Erregung, wenn Menschen Kokain konsu-

---

124 Italienischer Regisseur und »König des Pornofilms« der Siebzigerjahre. Überragende Werke: *French Blue* und *Body Love* (mit dem kongenialen Soundtrack des deutschen Elektronik-Musikers Klaus Schulze).

125 **Nachträgliche Anmerkung:** Auch heute – eine Dekade nach dem Skandal – missbraucht Broder den öffentlich-rechtlichen Raum, um gegen mich zu polemisieren. Selbst ein Heino-Interview, das in der *Welt* vom 11.2.2013 erschien, musste dafür herhalten. Hier ein Auszug:
Broder: Sagt Ihnen der Name Thor Kunkel etwas?
Heino: Nein.
Broder: Das spricht für Sie. Haben Sie schon mal einen Roman von Botho Strauß gelesen?
Heino: Nein.
Broder: Da haben wir was gemeinsam.

mieren, Geld erhalten oder Pornografie konsumieren. »Die Ergebnisse zeigen, dass Personen bei Bestrafung von Normverletzungen Genugtuung und Befriedigung empfinden«, so Forschungsleiter Dominique de Quervain.

Die ganze Aktion könnte man also normales »Affentheater« von linken, ganzkörperepilierten Kultur-Bobos nennen.

17. Juni. Ich bleibe dabei, auch nach zig Gesprächen mit Journalisten, von denen mir manche Brücken zurück in die Kulturgemeinschaft der Guten bauen wollen:

Was das III. Reich von anderen Diktaturen unterschied, war nicht der Rassenwahn, sondern die Allianz zwischen Wissenschaft und Barbarei. Biologen und Ideologen schließen sich aus. Den Letzteren geht es um eine neue »Weltbestimmung«, den Ersteren um eine »Neuerschaffung« der Welt. In diesem Zusammenhang ist das Werk des Schweizer Philosophen Hans Kunz[126] lohnenswert, der – von Heideggers Existenzialanalyse ausgehend – als einer der Ersten auf den weltlosen Kern der Ratio hinwies. Das abstrakte, sich *jeder Veranschaulichung entziehende Denken* bestärkte Hitlers Wissenschaftselite in ihrem Vernichtungseifer, nicht die ideologische Phrasologie.

15. Juli. Eine Rowohlt-Mitarbeiterin, zu der ich noch immer Kontakt habe, erzählte mir heute, Schieder hätte schon Anfang Dezember 2003 über meinen Text »semantische Quarantäne« verhängt und dem Verleger »von ihrer großen Sorge« geschrieben. Man habe den »Kampf um die Begriffe an der Uni schließlich nicht für nichts« mitgemacht. – *Wie bitte?* Anfang Dezember hat-

126 Hans Kunz (Philosoph, Botaniker, 1904–1982): *Erwartung, Bildwelt und Phantasie.* Hauptwerk: *Die anthropologische Bedeutung der Phantasie.*

ten wir eine Woche pausiert, da ich aus privaten Gründen nach Amsterdam musste. Doch Schieder hatte zu diesem Zeitpunkt bereits einen Rattenschnack mit dem Verleger. Der Grund? Wir hätten uns »wochenlang über das Ende des Romans gestritten«. Außerdem hätte ich »mit dem geistigen Armdrücken angefangen«.

Hab ich nicht. (Wenn dem so gewesen wäre, läge Schieder heute mit zwei gebrochenen Armen und Beinen auf der Intensivstation für rhetorisch zerstörte Personen!) Nichtdestotrotz finde ich es bewundernswert, wie sie sich – während die Hölle über mich hereinbrach und meine Frau fast wöchentlich neue Morddrohungen aus dem Briefkasten fischte – geschickt aus der Schusslinie hielt. Ich muss an die Moritat von Mackie Messer denken: »Und man siehet die im Lichte. – Die im Dunkeln sieht man nicht.« Schieder ist wirklich die perfekte Denunziantin.[127]

23. Juli. Zum Glück bin ich derzeit nicht der einzige Skandalist, die Medien haben jetzt noch ein anderes Fressen: den Fall Jörg Immendorff. Die Düsseldorfer Staatsanwaltschaft korrigierte die Zahl der Prostituierten, mit denen die Koksnase geschnappt wurde, heute nach oben: »In der Hotelsuite befanden sich neben Herrn Immendorff noch neun jüngere Frauen.[128] Aufgrund der Begleitumstände muss man davon ausgehen, dass es sich um Prostituierte handelte«. Man spürt, der linke Maler-Fürst wird von

127 Ihrem Leib- und Magen-Blättchen *taz* verschweigt Schieder, dass sie meinen Roman ideologisch lektorierte, sondern schiebt die beliebte »Gefühlskomponente« vor. Da heißt es: »*Ein Autor fällt mir allerdings auch ein,* [sagt Schieder], *mit dem ging es gar nicht. Da haben wir nach ein paar Monaten die gemeinsame Arbeit aufgegeben. Hoffnungslos.* Den Namen verrät sie nicht. Sie lacht.« Quelle: *taz* vom 21.7.2007, Wiebke Porombka, »Hinter der Arbeit am Text verschwinden – Porträt der Lektorin Ulrike Schieder«.

128 In einer früheren Meldung war von »7–10 Prostituierten« die Rede.

der Presse mit Glacéhandschuhen angefasst. Eine absurde Verbindung zwischen seinen Orgien und einer mysteriösen »grausamen Nervenkrankheit« wurde bereits von den schreibenden Lügnern als Schutzbehauptung vorgeschoben.

Heute, am 2. Tag des Prozesses gegen den selbst ernannten »Orientalen«, liest man in der BILD, die besser *Bild der Wissenschaft* heißen sollte: »Seitensprünge können für Männer fortgeschrittenen Alters lebensgefährlich werden«, das habe eine Studie des Zentrums für Rechtsmedizin an der Uni Frankfurt ergeben. Die Mediziner hatten 60 registrierte Fälle untersucht, bei der ein Partner beim Beischlaf gestorben war. 56 Opfer waren Männer, die einem Herzinfarkt erlagen. »Mehr als die Hälfte«, steht da, habe ihr »letztes Stündlein in den Armen einer Geliebten oder im Bordell erlebt«. Nur jeder vierte entschlummert – so heißt es – im Ehebett. Der »schwerkranke« Immendorff war demnach kein ordinärer Puffgänger, sondern nur auf der Suche nach sexueller Euthanasie. Der Artikel zielt offenbar darauf ab, Mitleid mit einem Wüstling zu erwecken, und zeigt einmal mehr, dass es an der Presse liegt, ob sie einen gut oder schlecht davonkommen lässt. Wäre ich mit neun »jüngeren« (!) Prostituierten in einer Absteige erwischt worden, die Links-Presse hätte das schlimmstmögliche Vokabular bedient, um mich gesellschaftlich zu ruinieren. Bei Immendorff, einem Nichtskönner, der es nur durch seine SPD-Parteifreunde zu einem Pöstchen an der Akademie gebracht hatte, werden die widerlichen Sachverhalte dagegen mit allen Mitteln verschleiert.

24. Juli. Meine Mutter hat recht: Leute wie ich arbeiten ihr ganzes Leben für die Katz. Für uns wird es nie eine Form von Anerkennung geben. Wir werden nie zu der gesellschaftlichen Wohlfühlgemeinschaft zählen, die sich gegenseitig mit Auszeichnungen behängt, um dann für schlechtere Leistungen noch mehr Geld verlangen zu können.

Als das Spiel abgekartet wurde, saßen wir nicht mit am Tisch. Uns werden keine Türen geöffnet, wir haben keine Nummern, die wir anrufen könnten, wenn es mal irgendwo klemmt. Dass ich nach Klagenfurt eingeladen wurde, war wohl nur ein dummer Zufall gewesen: Der ehemalige Rowohlt-Pressechef Frank Scheffter[129] sagte mir damals in Klagenfurt, die Jurorin hätte mich offensichtlich mit einem anderen Kunkel verwechselt – einem mit »C« vorne, Verfasser von Flüchtlings-Dramen. …

Habe das doch vorsichtshalber nachgeprüft, aber keinen *Cunkel* gefunden.

Sei's drum, Leute wie ich arbeiten wie Jesus am Kreuz. Nur haben wir unser Leiden nicht so schnell hinter uns und wirklich niemanden, der uns beweint.

Heute kann ich Leute verstehen, die sich nach einem Staatsstreich zuallererst aufmachen, die offenen Rechnungen zu begleichen.

25. Juli. »Eigentor«, höhnt ausgerechnet Hella Streicher, die Enkelin des Nazi-Pornografen Julius Streicher, auf ihrem Blog. Sie freut sich ganz offen, dass mein Buch bei der Kritik durchgefallen ist. Was Lummerts These von den SS-Bonzen, die ich beleidigt hätte, erhärtet. Ich erinnere mich, dass diese Frau einmal zu einer Lesung erschien und das Gespräch suchte. Wenn sie wirklich glaubte, es ginge mir darum, bei einem Haufen Selbstdarsteller und Borderline-Persönlichkeiten zu punkten, hat sie nichts, aber auch gar nichts kapiert.

Warum ich schreibe? Wahrscheinlich aus ähnlichen Gründen, warum Stanley Kubrick zur Filmkamera griff. Er sagte mal:

---

129 Frank Scheffter erhängte sich im Frühjahr 2000, kurz nach dem Klagenfurter Wettlesen, über seinem Schreibtisch. Die Verlagsleitung dementierte Gerüchte, dass Scheffters Suizid etwas mit der geplanten Umstrukturierung des Verlags zu tun hatte.

Bücher, die Ihnen die Augen öffnen

Bitte schicken Sie Ihren Gesamtkatalog
an meine Adresse:

Name, Vorname

Straße, Hausnummer

PLZ, Wohnort

Land

... und ebenfalls an folgende Anschrift:

Name, Vorname

Straße, Hausnummer

PLZ, Wohnort

Land

Bestelltel. (0 74 72) 98 06 10 info@kopp-verlag.de
Bestellfax (0 74 72) 98 06 11 www.kopp-verlag.de

Bitte
ausreichend
frankieren

Deutsche Post
ANTWORT

Kopp Verlag

Bertha-Benz-Straße 10
72108 Rottenburg

»Die offensichtliche Bedeutungslosigkeit des eigenen Lebens zwingt den Menschen dazu, sich selbst eine Bedeutung zu geben. [...] Die schrecklichste Tatsache über dieses Universum ist ja nicht seine Lebensfeindlichkeit, sondern dass es uns gegenüber völlig gleichgültig ist; doch sobald wir uns mit diesen unabänderlichen Tatsachen arrangiert und den Herausforderungen eines vom Tod begrenzten Lebens gestellt haben, ganz gleich wie weit sie der Mensch auch verlegen mag, kann unsere Existenz als Spezies auf eine einzigartige Bedeutung und Erfüllung hinauslaufen.

Je finsterer es auch um uns herum aussehen mag, wir müssen selbst für Erleuchtung sorgen.«[130]

Die Chance für die Deutschen, die in *Endstufe* liegt, lässt sich nicht mehr rückgängig machen: Irgendwann werden sie das erkennen. Der Roman ist ein Weg, das Dritte Reich vom *top shelf* (da, wo der Engländer die nicht jugendfreien Hefte verortet) herunterzuholen und eine andere deutsche Geschichte probezudenken. Eine Geschichte, mit der es sich leben lässt. Die antiseptische, moralinunterfütterte Kunsthaut, die heute den vermeintlichen Zivilisationsbruch von 1933 bedeckt und *die Energie dieses Volkes seit mehreren Generationen blockiert,* könnte endlich eingerollt und zurück zum Großen Weißen Vater in Washington geschickt werden. Mit einem freundlichen Begleitschreiben: Der deutsch-amerikanische Knechtschaftsvertrag ist hiermit gekündigt. FUCK YOU VERY MUCH, SUCKER.

Kein Mensch kann damit leben, dass er von roboterhaften, judenvergasenden Verlierern abstammen soll. Die Deutschen haben das schon viel zu lange ertragen. Zudem besteht inzwischen eine konkrete Gefahr: Sollten die Medien auch die kommenden

130 Original: »However vast the darkness, we must supply our own light.«

Jahrzehnte indirekt unterstellen, die Weltanschauung des Nationalsozialismus entspräche exakt der deutschen Mentalität, dann hieße das in letzter, erschreckender Konsequenz, dass die Vernichtung der Nazis eben auch die Vernichtung der Deutschen bedeutet. So antideutsch können selbst linke Journalisten nicht sein, dass sie sich selbst aus der Welt schaffen wollen.

XXXIII.

Unverbesserlich und auch noch frech

1. August 2004. Malcolm, der britische Agent des Eichborn Verlags, meinte heute, er habe noch nie in seinem Leben erlebt, wie ein sehr guter Roman mit hohem Marktpotenzial von »der Presse mit vereinten Kräften niedergeschrieben wurde«.

Die »bedenkenlose Vernichtung« meines literarischen Werks geht ihm nah. Wortwörtlich: »Es war wie Bücherverbrennung mit anderen Mitteln – *dishonouring.*« Was nicht beschämend, sondern »entehrend« heißt. So eine Vorgehensweise sei nur in Deutschland möglich. Die Tageszeitungsrezensionen waren für ihn »reine Negativwerbung ohne Substanz«.

»Man hätte auch völlig anders berichten können: Mister Kunkel, ein *smarter underdog,* der sich das historische Thema einmal anders vorgeköpft hat … Das hätte alles offengelassen, aber den Journalisten ging es darum, den Lesern eine eigene Sichtweise zu verbauen.«

Bezeichnend sei für ihn gewesen, dass kaum jemand den 200 Seiten langen Teil, der in Nordafrika spielt – und viele »utopische Elemente« enthalte –, erwähnt hat.

Der ganze Vorgang habe ihm auch gezeigt, wie willfährig die deutschen Journalisten »ideologische Vorgaben befolgten« und wie leichtfertig sie dabei die Zerstörung eines Menschenlebens in Kauf genommen hätten. Das habe ihn persönlich entsetzt.

3. August. Negativwerbung – ist Werbung überhaupt jemals schädlich?

Es gibt immerhin eine wissenschaftliche Studie[131], die belegt, wie gefährlich Negativwerbung ist, weil sie doch ein falsches Image in der Öffentlichkeit verankern kann.

Noch schlimmer, wenn sich dann niemand findet, der für einen in die Bresche springt. Ein paar Autoren wie Tina Uebel oder Feridun Zaimoğlu haben es immerhin versucht, doch eine dementsprechende Plattform wurde ihnen nicht geboten. Das Mobbing der Presse und öffentlich-rechtlichen Sender bewirkte, dass im öffentlichen Bewusstsein meine einstimmige Verurteilung hängen geblieben ist. Von Rechts gab es ohnehin keinerlei Unterstützung. Hier spürt man meine postideologische Position noch viel stärker und weiß daher, dass ich kein politischer Schriftsteller bin. Das Gegenteil ist der Fall –, was der Grund dafür ist, dass ich es niemals in eine Redaktion schaffen würde.

4. August. Die Staatsanwaltschaft hat heute den alten »Orientalen« und Kokser Immendorff zu genau elf Monaten auf Bewährung verurteilt. Einen Monat mehr, und dem SPD-Maler wären sein Beamtenstatus und somit seine Pensionsansprüche aberkannt worden. Nirgends mehr auch nur ein Wort über die neun »jüngeren« Prostituierten, die für Immendorffs Orgien herhalten mussten.

7. August. Bei einer Lesung in Nürnberg lernte ich **Markus Selz,** Enkel eines Oberleutnants des Afrika-Korps, kennen. Während ich mein Buch für ihn signiere, eröffnet er mir fast beiläufig, er habe schon früher von »solchen Tauschgeschäften mit

131 Matos, Celso & Veiga, Ricardo. (2004). »The Effects of Negative Publicity and Company Reaction on Consumer Attitudes«. SSRN *Electronic Journal*. 10.2139/ssrn.565641.

Beduinen« gehört. Sein Großvater habe als Angehöriger des Deutschen Afrika-Korps entsprechende Erfahrungen mit den Arabern gemacht: »Für solche Bilder war bei denen alles zu haben.« Aus Rücksichtnahme auf seine Freundin, die in Nürnberg in der Literaturszene tätig ist, würde er aber keine öffentliche Stellungnahme abgeben wollen. Man hat trotzdem den Eindruck, dass sich jetzt, wo das Kind in den Brunnen gestoßen wurde, plötzlich eine Art Bedürfnis, die Wahrheit auszusprechen, manifestiert.

16. August. Selbst wenn ich es nicht wahrhaben will, aber ich glaube, dass ich momentan selbstmordgefährdet bin. Die nun schon Wochen anhaltende Psycho-Folter zeigt Wirkung. Ich will glauben, was Volker Weidermann einmal insinuierte: *Nach seinem Durchbruch kann ein Künstler eigentlich sterben.* Selbst ein verfemter, entarteter Künstler hat es dann auf traurige Weise *geschafft.* Ist er endlich tot, finden sich bald genügend Leute, die Früchte seiner mittels institutionalisierter Gewalt verhinderten Arbeit zu ernten. Selbst die Meinungsverbrecher, die mich halbwegs ruiniert haben, können dann nochmals an mir verdienen.

Realistisch gesehen werde ich wieder meinen alten Brotberuf aufnehmen müssen. Die in der normalen Arbeitswelt übliche Gelegenheit zur Rehabilitation wird mir von den Medien nicht eingeräumt werden. Wahrscheinlich hatte ich ungewollt Front gegen die Kronprinzen gemacht, also das getan, was der Autor Michael Kleeberg 1996 in einem Brief[132] so formulierte: »Es wäre schon reizvoll, einmal Front zu machen … und zu sagen, schaut her, hier sind wir, und wo wäre denn die Literatur, die besser ist?«

---

132 An Helmut Krausser, Sept. 96, Quelle: Hörner, W. & Jonas, J. (Hrsg.), *Dagegen!*, Eichborn, Frankfurt am Main 2003.

Ja, wer schreibt sie denn, die Literatur, die besser sein soll? Der Millionärsschlingel Kracht etwa, oder dieser rechte Möchtegern-Gottfried-Benn, der dieses Jahr den Ingeborg-Bachmann-Preis bekam?

Den Feuilleton-Trotteln, die den Ausverkauf der deutschen und europäischen Literaturidentität betreiben, muss man sagen, dass ihr verehrtes Amerika den Zenit seiner Literatur seit 1930 überschritten hat und dass der Dreck, der von unseren fremdtümelnden Verlagsidioten für horrendes Geld (und auf unsere Kosten) eingekauft wird, den Besseren von uns grad bis zum Knöchel reicht.

20. September. Schlimmes Feuilleton gelesen, ausnahmsweise nicht über mich und mein Schandwerk. Die Autoren scheinen Könner der deutschen Selbstherabsetzungspraxis zu sein. Ich vermute mal, ein Deutscher, der heute über das Dritte Reich schreiben will, braucht ein der Kollektivschuld verhaftetes Über-Ich oder einen *Objektivitätstumor im vorderen Stirnlappen,* der – wenn ein selbstbewusster Gedanke aufkreuzt – sofort einen Elektroschock austeilt. Selbst einer, der sich nur um die gleichberechtigte Wertung der Ereignisse bemüht, würde von den Medien als *subversiv* eingestuft werden. Die Ausschlusskriterien sind einfach: *Jeder, der den deutschen Standpunkt in der Sache vertritt, ist tot.* Ganz gleich ob er Politiker, Unternehmer oder Künstler ist.

27. September. Geschichtspolitik bedeutet Herrschaftspolitik, Herrschaftspolitik bestimmt Literaturpolitik – wie konnte ich das nur vergessen?

Ernst Nolte (der Historiker) hat in einem Punkt recht:

> »Der Grund für Deutschlands Niedergang bleibt die »negativ-germanozentrische« Auslegung der Geschichte, die ein

ganzes Volk bis heute unter moralischen Generalverdacht stellt und ihnen einen eigenständigen Lebensentwurf nicht gestattet und die Gestaltungsmöglichkeit eines wirklich freien Deutschlands verbaut. Diese Grundgegebenheit bedingt, dass die Medien ihre eliminatorischen Sendungen (gegen das deutsche Volk) ungehindert fortsetzen können.«

17. Oktober. *Interessant.* In der *New York Times* wird der Bush-Berater Karl Rove mit folgendem denkwürdigen Satz zitiert:

»Wir sind jetzt ein Imperium, und wir schaffen uns unsere eigene Realität. Während Sie diese von uns geschaffene Realität studieren, schaffen wir bereits neue Realitäten, die Sie wiederum studieren können. Wir sind die Akteure der Geschichte, und Ihnen, Ihnen allen bleibt nichts, als die Realität zu studieren, die wir geschaffen haben!«[133]

Wir schaffen uns unsere eigene Realität, die einen kommen damit durch, die anderen nicht. Im Grunde ist das ganze Leben nur eine Schwingungskurve zwischen den Polen persönlicher Ambition und den Grenzen, die einem Individuum durch die gesellschaftlichen Umstände gesetzt werden.

25. November. Es gibt selten gute Gelegenheiten, Verantwortliche für meine Misere zur Rede zu stellen. Ein Weg ist es, sie dann anzusprechen, wenn sie sich in der Öffentlichkeit zeigen, um sich feiern zu lassen.

Als ich den FAZ-Mitherausgeber Frank Schirrmacher am 25. November 2004 im Coelicum der Katholisch-Theologischen

---

133 »Faith, Certainty and the Presidency of George W. Bush«, von Ron Suskind, *New York Times,* 17.10.2004.

Abb.: Vom antifaschistischen Terror der Medien gezeichnet – Thor Kunkel, Dezember 2004, im ehemaligen olympischen Dorf der Olympischen Sommerspiele 1936, Elstal, Brandenburg. *Foto: Cynthia Berger*

Fakultät anspreche, warum mein Roman *Endstufe* zweimal in seiner Zeitung rezensiert worden war, einmal als »glänzend geschriebenes Manuskript« und einmal als revisionistisches Pamphlet, gerät er kurz aus der Fassung. Er weiß, wer ich bin, mein Erscheinen ist ihm offensichtlich unangenehm. »Was erwarten Sie«, kontert er, »wenn Sie das Dritte Reich als großes Freudenhaus darstellen?« Ein paar Leute lachen.

»Soll das heißen, diese Art der Darstellung wäre nicht mehr von der künstlerischen Freiheit gedeckt? Dann gäbe es in der deutschen Literatur endlich wieder einen Fall von entarteter Kunst …« Die Frage ist Schirrmacher offenbar peinlich, ein paar Fatzkes des Konrad-Adenauer-Instituts scharen sich nach Vasallenart um ihn, alte Sozis mit gespenstisch toupierten Haaren, hängenden Mundwinkel und sauber gestutzten Revoluzzerbärten. Jemand ruft: »Unverbesserlich und auch noch frech …« Schade, dass wir nicht mehr in den Zeiten Ulrich von Huttens leben, denn diese Ratten hätten eigentlich eine Lektion mit dem Degen verdient.

Schirrmacher schlüpft schnell in die Rolle des Moderators. Auf meine Frage werde er gerne zurückkommen, »gerne auch schriftlich«. Ich solle ihm schreiben. Ist das ernst gemeint?

XXXIV.

Austrittswunden

Ich trage meine deutsche Kultur in mir.
Ich lebe im Kontakt mit der Welt
und ich betrachte mich selbst nicht
als gefallenen Menschen.
Thomas Mann (1875–1955), New York, 1938

3. Dezember 2004. Na dann, Ende schlecht, alles schlecht, aber immerhin: Ein Jahr in der Hölle geht in drei Wochen zu Ende. Die *Financial Times Deutschland* legt mein »Schandwerk« heute sogar auf den Gabentisch der Bücherempfehlungen. In Online-Foren bemerkt man plötzlich Versuche, den Roman zu »verzwergen« – von einem »Skandälchen«, einem Sturm im Wasserglas ist die Rede, und dass es gar kein Skandalroman sei. Alles halb so wild, nicht der Rede wert, eine Lappalie!

Die *Financial Times* fasst es folgendermaßen zusammen:

»Den Titel ›Meistdiskutiertes Buch‹ hat dieses Jahr Thor Kunkel gewonnen. In seinem spektakulären Trash-Roman versorgt das SS-Hygieneinstitut deutsche Soldaten mit Pornostreifen. Auch beim Feind sind die Filme begehrt, denn – und hier entstand der wohl absurde Verdacht, Kunkel sei ein ›brauner Gesell‹ – die blonde Frau ist in der

> Welt der Sexualität das Maß aller Dinge. Es ist ein Roman über die Totalität der Lust und den Zerfall der rein auf Triebbefriedigung ausgerichteten Nazis. Ein Sittenbild, ein Abenteuer, eine Liebesgeschichte und manchmal einfach nur ein Riesenspaß.«

Ein Riesenspaß also – aber so einfach ist es nicht. Die entwürdigende »Kritik«, der ich mich zeitweise ausgesetzt sah, zwingt förmlich dazu, sich mit dieser Kritik – beziehungsweise dem verantwortlichen Betrieb – auseinanderzusetzen. Ist es wirklich so, dass sie nichts aus der Geschichte gelernt haben? Der eigentliche Skandal ist doch, dass die brachialen Mittel früher von der jeweiligen Staatsmacht eingesetzt wurden, wohingegen man die soziale und wirtschaftliche Vernichtung unliebsamer Personen heute an die Medien outgesourct hat, der Staat sich also nicht mehr die Finger schmutzig zu machen braucht. Beides sind – dazu muss man nicht Heidegger gelesen haben – »technische Abwicklungen«. Das Bittere in meinem Fall ist, dass es nichts gibt, was man mir vorwerfen könnte, außer meiner Weigerung, vor kleinen Geistern den Schwanz einzuziehen.

Wenn man – nur beispielsweise – Schiller, der mit *Die Horen* 1797 einen ähnlichen Schiffbruch erlitt, vorwerfen könnte, er habe seinen Lesern schwere Kost vorgesetzt, kann man mir nicht einmal das vorhalten, denn anfangs wurde die ästhetische Gestaltung – Sprache und Stil des Romans – von Ex-Verleger und Presse über den grünen Klee gelobt.

Kurz und bitter also, könnte man sagen, dass mein Haus aus Blättern, wie man das Werk von Schriftstellern nennt, zu Unrecht abgebrannt wurde. *Doch welches Haus ist je zu Recht abgebrannt worden?* Der Verlust von allem, was ich mir in den vergangenen zehn Jahren erarbeitet habe, die Brandrodung meiner bestellten

Felder, der immense Verlust an sozialem und gesellschaftlichem Kapital, wird sich nicht mehr wettmachen lassen. Glücklicherweise habe ich nie zu den Schönwetter-Bergsteigern gehört, und da ich gerade bei Schiller war: Auch ich hatte »wenns so recht schwarz wird um mich herum, meine besten Besuche«.

Trotzdem habe ich momentan keine Lust mehr zu schreiben. Ich kann nicht mal mehr in *Endstufe* blättern. Dass ich mich mit diesem Gefühl niemandem anvertrauen kann – oder will –, ist das Schlimmste.

Kurzum – gar nicht gut. Wahrscheinlich war das, was mir und meiner Familie angetan wurde, nur eine Inauguration.

6. Dezember. In verschiedenen Berliner Buchhandlungen, wo man selbst dröge Ladenhüter wie *Die Rättin* von Grass vorrätig hält, frage ich heute zur dicksten Vorweihnachtszeit vergeblich nach meinem Roman, der gerade von der *Financial Times* empfohlen und im Frühjahr immerhin den Sprung auf die Bestsellerliste schaffte. »Können wir Ihnen bestellen, kann aber zwei, drei Wochen dauern«, lautet fast immer die ausweichende Antwort.

Da stellt man sich doch die Frage: Wie tief muss die Animosität der linken Buchhändler eigentlich sein, um das kommerzielle Potenzial eines Bestsellers zu ignorieren? Eine Mitarbeiterin von Dussmann Berlin meinte hinter vorgehaltener Hand, der Buchhandel teile inzwischen die Vorbehalte der Presse gegen mich und meinen Roman. Wörtlich: »Keine seriöse Buchhandlung wird Ihren Roman bewerben. Aber es gab schon andere *verbotene* Bestseller. Das Verbot war überhaupt der Grund, dass sie zu Bestsellern wurden.«

Es klingt fast so, als müsse ich mich jetzt freuen; aber tatsächlich ähnelt das, was mit *Endstufe* nun geschieht, einer Bücherverbrennung mit zivilgesellschaftlichen Mitteln.

Die Frage, die sich mir ebenfalls stellt: Gibt es wieder – sechzig Jahre nach Ende des Zweiten Weltkriegs – eine Liste »unerwünschten und schädlichen Schrifttums« in Deutschland? Und wer außer mir dürfte sich noch auf dieser Liste finden? Bei den Nazis waren es – so wörtlich – »Pazifisten, Asphalt- und Zivilisationsliteraten und Autoren, die glauben, das neue Deutschland bekämpfen und herabsetzen zu können«. Das trifft alles auf mich zu. Traurig, wie wenig sich doch in Deutschland verändert hat.

Anmerkung des Verfassers 2020

Während der Arbeit an diesem Buch machte der Ausdruck *Cancel Culture* die Runde. Er fiel auch im Zusammenhang mit einem am 7. Juli 2020 im *Harper's Magazine* publizierten offenen Brief. Darin beklagten 150, zumeist anglo-amerikanische Autoren die Folgen einer um sich greifenden *Cancel Culture*. Zitat: »Wir müssen uns die Möglichkeit einer Meinungsverschiedenheit ohne schlimme berufliche Konsequenzen erhalten.«

Das Wort *Cancel Culture* findet sich noch nicht im Fremdwörterbuch der Duden-Gesellschaft. Zum Zeitpunkt der Drucklegung dieses Buches verwies *Wikipedia* auf das »Phänomen«, prominente Personen, die eine unliebsame Meinung geäußert haben, finanziell, moralisch und sozial zu ächten. Das *Urban Dictionary* wird deutlicher: »Im Wesentlichen ermutigt diese Praxis dazu, eine Gemeinschaft, ein Individuum zu erpressen, zu isolieren und von einer Teilhabe an der Gesellschaft auszuschließen«.

Das kam mir doch sehr bekannt vor, weshalb ich den Begriff, der offenbar seit Langem in den Staaten kursiert, hier explizit erwähne. Das Fatale am Ausdruck »canceln« liegt meines Erachtens in seiner Trivialität. Jeder hat schon einmal eine Bestellung oder ein Hotelzimmer gecancelt – alles nicht von Bedeutung, kein Weltuntergang.

Doch genau das ist der Fall, wenn es um das Canceln eines etablierten Künstlers geht, was der neuesten Verwendung des Wortes entspricht: Wer durch jene, die aktuell die Meinungshoheit für sich in Anspruch nehmen, gecancelt wird, verliert sein »kulturelles Gütesiegel«. Nicht umsonst spricht man heute auch von einer »Aufmerksamkeitsökonomie«. »Wenn Sie jemandem Ihre Aufmerksamkeit entziehen, berauben Sie ihn seines Lebensunterhalts[134].«

Das würde ich so unterschreiben. Wer in Deutschland einmal »gecancelt« wurde, dem sind danach sämtliche Chancen in allen Lebenslagen verbaut. Ich würde das Wörtchen canceln – im Kontext von Kultur – heute mit dem »Ausradieren, Auslöschen eines Menschen« übersetzen.

7. Dezember. Wie es shoppt und shoppt und es sich – völlig geschichtsvergessen – gut gehen lässt, dieses seiner Selbst entfremdete Volk der Deutschen … Nietzsche hatte es geahnt, als er schrieb: »Das Unhistorische ist einer umhüllenden Atmosphäre ähnlich, in der sich Leben allein erzeugt, um mit der Vernichtung dieser Atmosphäre wieder zu verschwinden.«

Heidegger grübelte noch weiter:

> »Der Krieg […] ist grauenvoll. Grausiger aber noch ist, wenn ein […] gegen seine Entwurzelung blindes Volk der Geschichtslosigkeit mit dem größten historischen Lärm

134 Lisa Nakamura, Professorin an der University of Michigan (USA).

> aller seiner Redner und Zeitungsscheiber entgegentaumelt, wenn Besinnungslosigkeit als Vernunft gilt und in der unbedingten Berechnung ihr Wesen sichert.«[135]

Im Grunde ist damit der Status quo des heutigen Deutschlands treffend beschrieben.

9. Dezember. Wer gesellschaftlich ausgegrenzt wird, hat bald keine Möglichkeit mehr, sich zu Vorhaltungen zu äußern. Mit jedem Tag, den er den verhängten Maulkorb erträgt, gewinnt die Version der Unanständigen an Legitimation. Auch die Fürsprecher wenden sich inzwischen ab, weil sie merken, wie gefährlich die Angelegenheit ist. Jeder, der von »Medienkohle« abhängig ist, kann es sich nicht leisten, auf meiner Seite zu stehen.

Was ich morgen machen werde? – Weiterschreiben, was sonst?

Man ist erst vernichtet, wenn man liegenbleibt. Mein Geist ist ungebrochen, im Gegenteil, ich habe völlig neue Energiequellen in mir entdeckt. Ich habe mich nicht in einer Wand verklettert, sondern bin auf einem noch höheren Gipfel gelandet.

Was mich ärgert, ist, dass die amerikanischen Verleger einen Rückzieher gemacht haben. Vielleicht hätte ich es doch bei meinem ersten Titel belassen sollen: *American Nazi.* War nicht so übel. Und dann noch das Huey-Pierce-»Filibuster«-Long[136]-Zitat von 1932 vorweg:

---

135 Martin Heidegger, Gesamtausgabe, Band 2, Klostermann-Frankfurt, 1975–2003.

136 US-Senator und radikaler Populist, der seine aggressiven Polemiken 1938 mit dem Leben bezahlte.

»Der Faschismus wird nach Amerika kommen,
jedoch voraussichtlich unter einem anderen Namen,
vielleicht *Antifaschismus.*«

Ich glaube, die Amerikaner hätten *Endstufe* sofort begriffen.

12. Dezember. Endlich mal wieder einen ruhigen Nachmittag in einem Antiquariat in Mitte verbracht. Ein lädiertes Ullstein-Taschenbuch fällt mir in die Hände. Ich erinnerte mich, dass ich es als 14-Jähriger besaß: *1984* von George Orwell. Beim Blättern fiel mir auf, dass ich nach einer bestimmten Stelle suchte, der Szene, wo Winston Julia oder Julia Winston wiedersieht. Beide wurden von der Partei gefoltert und seelisch zerstört. Zwei Wracks inspizieren einander noch einmal auf der Suche nach Reizen. Winston bemerkt zwei Dinge: die Narbe, die Julias Gesicht entstellt, und dass sie »füllig« geworden ist. Ihre natürliche Schönheit wurde von den kommunistischen Folterknechten zerstört. Schlechtes Essen, zu wenig Bewegung, Streckbank, Schläge, Elektroschocks, regelmäßige Vergewaltigungen … Einer schönen Frau das Gesicht zu zerstören ist das Schlimmste. Obwohl diese Stelle in Orwells Roman nur eine Fiktion ist, habe ich deshalb schon gegen Wände gehämmert. Vielleicht bezeichnet diese Stelle die Motivation, aus der heraus ich überhaupt schreibe: **Rache für mutwillig zerstörte Schönheit.** Ich habe meine chaotische Arbeit eigentlich immer schon als *berichtigende Unordnung* verstanden.

14. Dezember. Meine Frau hat Geburtstag. Der mit uns befreundete Anwalt C. weist mich darauf hin, dass auch die linke Bourgeoise regresspflichtig ist.

Mobbing gälte vor dem Arbeitsgericht als »Verletzung bestehender Menschenrechte«. Die an der Rufmordkampagne beteiligten Journalisten zeichnete eine rechts- und tatsachenfeindliche Einstellung aus. Was soll ich sagen: Nach fast einem Jahr zermürbender Schikane, der Diskriminierungen und offenen Anfeindungen ist meine Karriere im Literaturbetrieb terminiert. Hier ist nichts mehr zu retten. Auch Wolfgang Hörner, der Chef von Eichborn Berlin, scheint dieser Ansicht zu sein. Meine Reputation sei »restlos zerstört«, würde ich weiterschreiben wollen, würde ich lernen müssen, »ohne Wind zu segeln. Und glaub mir, das macht keinen Spaß!« Er denkt auch nicht, dass sich jemals irgendjemand von der deutschen Presse bereit erklären würde, den Roman noch einmal *anders* zu lesen, denn das liefe ja auf das Eingeständnis hinaus, »dass Fehler gemacht wurden«. Letztendlich hätte wohl mein »verdächtig klingender Vorname« den eigentlichen Ausschlag gegeben, mich »so konsequent niederzumachen«. Das ist hart, weil es der Banalität des Bösen entspricht. Ein jüdischer Name beispielsweise hätte den Gedankenpolizisten vom *Spiegel* wohl auf Abstand gehalten.

Insgesamt bin ich auch physisch gezeichnet. Ich war schon vorher relativ schlank, doch in den zurückliegenden 6 Monaten habe ich etwa 15 Kilo verloren. Fast jeden Tag habe ich Magenschmerzen, und meine Asthmaprobleme sind wieder zurück. Eine Berliner Fotografin, die mich gestern im Olympia-Dorf im Elstal abgelichtet hat, meinte, ich würde »gebrechlich wirken«.

Was mich am meisten erstaunt – es soll immer noch Kollegen geben (mir fällt nur Wolfgang Herrendorf) ein, die behaupten, ich hätte diesen Skandal provoziert, also mich selbst bei Rowohlt entsorgt, und mir dann die antifaschistischen Journalisten auf den Hals gehetzt – für was? Meine Bücher haben sich auch vorher schon bescheiden verkauft.

20. Dezember. Jeden Schriftsteller, der seine Vernichtung irgendwie überlebt, erwartet ein echter Erkenntnisgewinn: Er begreift, dass er seine vorübergehende *Berufseinbildung* nur dem leichtfertigen Geschwätz von Journalisten verdankt hat. Dass »der Betrieb versucht hat, mich zu delegitimieren, in Deutschland schriftstellerisch tätig zu sein« (Feridun Zaimoğlu), kommt mir dagegen fast wie eine Auszeichnung vor: *Jetzt erst recht ...* Aus den vielen Steinen, die man mir in den Weg gelegt hat, dürfte sich auch etwas Schönes aufbauen lassen. Im Unterschied zu mancher sorgsam eingehegten Verlagskarriere war meine künstlerische Karriere von Anfang an ein steiniger Weg, die Überwindung von Widerständen hat mich immer nur stärker und unabhängiger gemacht.

Mein Gefühl von Freiheit ist zum ersten Mal wieder absolut und *erhebend,* so wie früher, als ich in Zügen und Flugzeugen schrieb. Ich weiß wieder, dass die menschliche Vorstellungskraft stärker ist als Wissen und dass Träume die Welt verändern können, ja, dass sie es sind, die die von Politik und Ideologie festgezogenen Grenzen überwinden. Mythen sind stärker als Fakten – wie die religiöse Verklärung des Holocaust hinlänglich beweist.

Es geht heute darum, den Deutschen die Freiheit wiederzugeben, die sie in einem halben Jahrhundert des Sich-rechtfertigen-Müssens und der philiströsen Unterjochungsmethoden verloren haben – die Freiheit, ihre Zukunft ohne Gedankenbetreuer zu gestalten. Es geht auch darum, die Vorstellungskraft eines Volkes, dass es sich im Sumpf der Schande bequem gemacht hat, neu zu entfesseln. Denn nur in einer von den Gesetzen der Furcht entfesselten Kunst, Literatur und Musik wird sich ein Volk seiner wahren Leidenschaften bewusst.

27. Dezember. Dank des Dokumentarfilmers Claus Räfle *(Salon Kitty – Ein Nazibordell und seine Geschichte)* hatte ich heute eine Verabredung mit einer 90-jährigen Dame, in der Hamburger Erichstraße, nicht weit von Fritz Honkas Stammpinte, dem »Goldenen Handschuh«, entfernt.

Die in Hannover gebürtige **Wilma Ernestine Dzur** (geb. Schrimpf) war in der Herbertstraße von 1944 bis 1945 als Prostituierte unter dem Namen Monika tätig. Wenige Monate vor Kriegsende wechselte sie das Etablissement und wurde Wirtschafterin im »Kalkhof«, »einem Nobelpuff« in der Nähe vom Gänsemarkt. Das alles weiß ich noch nicht, als ich heute am Berliner Hauptbahnhof in einen Zug steige und nach Hamburg fahre. Obwohl es um die »falschen Nazi-Pornos« in den vergangenen Wochen still geworden ist und auch der irre Johnson-Einbrecher Jens nicht mehr nachgelegt hat, lockt mich die Aussicht auf eine weitere Begegnung mit einer Zeitzeugin, die offenbar einen der Sachsenwald-Filme kennt, erneut selbst zu recherchieren. Räfle selbst hält die Filme für »echt«, doch die Voraussetzungen für eine Dokumentation durch die absurde Stilanalyse von Helmut Regel und die Geschichte vom Studentenulk im Abaton-Kino für »verbrannt«. Selbst wenn Grassmann in der Sache zurückgerudert sei, die noch lesenden Oberstudienräte hätten ihr Urteil gefällt.

Mein Besuch bei Frau Dzur dauert wegen ihres Gesundheitszustands nicht lange. Das Zimmer, in dem sie auf einem Sofa kauert, riecht furchtbar nach Sagrotan, Krankheit und Tod. Sie ist nicht mit dem Fußball-Mittelfeldspieler Walter Dzur[137] verwandt, der die Kiezkneipe »Zum Sportler« an der Davidwache betrieb, obwohl sie bestätigt, dass sie ihn gekannt hat. Wir machen es kurz, da ich den Eindruck habe, dass die Dame meine Fragen als lästig empfindet. Nachdem sie sich eine Reihe von Standbildern aus den Sachsenwald-Filmen angesehen hat, glaubt sie auf einem Foto eine Frau wiederzuerkennen, die zeitweise unter dem Na-

137 Walter Dzur zählte in den Jahren 1940 und 1941 zur deutschen A-Nationalmannschaft und gewann in den Jahren 1943 und 1944 zweimal die Deutsche Meisterschaft.

Abb.: Die ehemalige Wirtschafterin Wilma Dzur erinnerte sich an den Sachsenwald-Film *Der Fallensteller*, der 1944 im *Café Seidels* auf der Reeperbahn lief. *Foto: Thor Kunkel*

men Betty Müller in der Herbertstraße 16 (einem Bordell) arbeitete. Ihr richtiger Name sei Elfie oder Elfriede gewesen. Irgendwann – kurz vor Kriegsende – sei sie verschwunden.

Frau Dzur kannte auch einige Pornofilme, die in den Kriegsjahren im Cafe Seidel zur Aufführung kamen. Sie erinnerte sich deutlich an einen »sadistischen Film«, in dem »eine Frau an einen Baum gebunden und ausgepeitscht wurde«. An den Titel des Films kann sie sich zwar nicht mehr entsinnen, doch ihren Beschreibungen nach kann es sich nur um den Sachsenwald-Film *Fallensteller* gehandelt haben. Die ausgedruckten Standbilder, die ich ihr von dem Film mitgebracht habe, erwecken allerdings keine Erinnerung. Auch was andere Zeitzeugenaussagen anbelangt, kann sie nichts bestätigen.

Gegen halb fünf bitte ich sie, das Licht anzumachen, und sie deutet auf einen hinter Umzugskartons versteckten Schalter – das Licht der nackten Glühbirne ernüchtert mich bis auf die Knochen: Ich sehe das ganze Elend, in dem diese Frau lebt, und ich komme mir vor wie ein Aasgeier. Ich merke in diesem Moment, dass ich keine sozialpornografische Veranlagung habe, ich bin kein Jens, kein Totenvogel und Verwerter der Schande anderer Menschen. Fast hätten sie mich so weit gehabt.

Allerlei Ausreden murmelnd, packe ich meine Sachen, lege 50 Euro auf den Tisch und verlasse diese vermüllte Gruft einer noch lebenden Leiche, diesen Endpunkt eines bitter-traurigen Lebens, wie es doch auf dieser schönen Welt eher der Regel entspricht.

29. Dezember. Das Jahr endet nicht ganz so schlimm, wie es begann: Irgendwelche hirnrissigen Antifanten haben ein Loch in das Verdeck meines Wagens geschnitten und dann einen Chinaböller versenkt. Von außen war erst nichts zu sehen, doch dann, als ich am Steuer saß und einen Blick in den Rückspiegel warf … Überall Papierfetzen und Überreste des Pulvers. Die Fußmatten vor der Rückbank sahen aus wie gegrillt. *Ob das Ganze ein missglückter Brandanschlag war?* Hätten die Sitze Stoffbezüge gehabt, wäre der Wagen wahrscheinlich ausgebrannt.

Die Berliner Polizei, die mit zwei Beamten anrückt, sieht keinen Zusammenhang zwischen der »schlechten Presse« und der Sachbeschädigung. Die Dame von der Spurensicherung meint sogar, das sehe ihr nicht nach Antifa aus. Das Schloss auf der Fahrerseite wurde »manipuliert«. Es sei gut möglich, dass die Täter frustrierte Autodiebe waren. Meinen Einwand, dass die doch sicher das Verdeck komplett aufgeschlitzt hätten, hält sie für »Spekulation«. Danach bestäubt sie eine Stunde lang die Glasscheiben und Türgriffe von außen und innen. Sie verabschiedet sich mit dem Hinweis, sie könne mir nicht versprechen, die Täter zu finden. Das war mir von vornherein klar. Ich melde den Schaden noch meiner Versicherung, die meldet zurück, ich sei »bedauerlicherweise nicht gegen Vandalismus versichert«. Auch das hatte ich im Grunde erwartet.

Das »Hineinschütten von schädigenden Stoffen in den Treibstofftank« wäre dagegen in vollem Umfang gedeckt gewesen. Ebenso das »Beschädigen von Ziervorrichtungen«. Der Schaden bleibt in vollem Umfang an mir hängen, die Anschaffung eines neuen Verdecks schmälert nochmals meinen Jahresverdienst. Das rote Faschistenland weiß genau, wie man Andersdenkende mit kleinen Einkommen trifft. In dem grauen Himmel über dem Dach gegenüber steht in großen Lettern geschrieben: **Halt einfach die Schnauze. Nur wer Geld hat, kann es sich leisten, gegen die Medien zu kämpfen.** Ich habe im Januar ein Vorstellungsgespräch bei einer Werbeagentur in Hamburg. Fast sicher, dass es nichts werden wird, denn mit 40 ist man in der Werbung entweder ganz oben oder im Arsch. Die Bosse wollen mich sicher nur mal antanzen lassen, um zu erfahren, wie man sich als Nazi-Porno-Autor und Lachnummer fühlt. Vielleicht haben sie auch einen Kunden, der sich für mich interessiert, Beate Uhse aus Flensburg zum Beispiel.

31. Dezember. Frisch entlassen aus dem Umerziehungslager der Gazetten, stellte K. fest, dass etwas fundamental schiefgelaufen war. Er hatte das Experiment, das die Medien mit ihm angestellt hatten, überlebt. Er war noch immer in der Lage zu denken und hatte vor, das neue Jahr mit einem Lauf durch den Lietzensee-Park zu beginnen. Besser noch: Wo Resignation und Einknicken vor dem Kollektiv hätten sein sollen, herrschte der Geist der totalen Mobilmachung, frei nach dem Credo der Assassinen: *Wo die Wut ist, werden Probleme ernsthaft gelöst.* Es war auch nicht übertrieben zu sagen: Zum ersten Mal in seinem Leben verspürte

K. die wohltuende Wirkung einer heiligen Wut. Wenn es auch schwer werden würde – das menschenverachtende System musste verschwinden.

Er verstand genug von Statistik, um zu begreifen, dass er kein Einzelfall war und dass es in diesem Land, dem er bald den Rücken kehren würde, Hunderttausende, wenn nicht Millionen gab, denen man ebenso übel mitgespielt hatte. Es wäre nur eine Frage der Zeit, bis sich hier etwas anbahnen würde – und dann wäre er wieder zur Stelle. Aus Spaß würde dann Ernst werden, sie würden begreifen, dass sie sich mit dem Falschen angelegt hatten.

Oder mit dem Richtigen – wenn man so will, denn sie hatten eines vergessen:

Eine gewonnene Schlacht
ist noch kein gewonnener Krieg.[138]

138 Euagrios Pontikos, ägyptischer Gelehrter.

Was aus ihnen wurde

Henryk M. Broder, der ehemalige Reporter-Populist des *Spiegel* und Möchtegern-Größentöter, betreibt heute einen von rechten Rentnern und abgehängten Bildungsbürgern gelesenen Blog. Nach dem Exit seines Gewährsmannes Stefan Aust (2008) war es auch für ihn beim *Spiegel* gelaufen. Einen Coup wie die Enthüllungsgeschichte um Kunkels Werkstattbericht hat er nie mehr gelandet.

Alexander Fest, der Sohn des Hitler-Biografen Joachim Fest und ehemaliger Geschäftsführer des Rowohlt Verlags, zog sich 2014 überraschend von der Verlagsspitze zurück. Er inszeniert sich seitdem als »editor-at-large«, eine von latentem Größenwahn zeugende Bezeichnung, die in den USA von Verlegern seit Ende des 19. Jahrhunderts vermieden wird. Neue Projekte von ihm gibt es nicht.

Volker Weidermann, der ehemalige FAS-Journalist, moderierte ab 2015 eine Neuauflage des *Literarischen Quartetts.* Das Format wurde 2019 vom ZDF aufgrund schwacher Einschaltquoten eingestellt. Nach Weidermanns Abgang übernahm seine »gute Freundin«, die Fernseh-Philosophin Thea Dorn, die Moderation.

Tilman Jens, der »Johnson-Einbrecher« und Skandal-Journalist, um den es lange still geworden war, »denunzierte 2009 seinen an Demenz erkrankten Vater«[139]. Die Enthüllungsgeschichte um

139 *Die Zeit,* 19.2.2009, Nr. 09, »Der Mann seines Lebens«.

Walter Jens' bis dato unbekannte NSDAP-Mitgliedschaft wurde ein weiterer Rohrkrepierer.

Helmut Regel (ehemaliger Referatsleiter im Bundesarchiv, Abteilung Filmarchiv), der öffentlich behauptete, es habe weder geschminkte Schauspielerinnen noch Bananen in Hitler-Deutschland gegeben, bekam 2009 das Bundesverdienstkreuz von Kulturstaatssekretär Joachim Hofmann-Göttig (SPD) verliehen. Regel habe »einen herausragenden Einsatz für die deutschen Filmüberlieferungen geleistet«[140]. Kein anderer Filmarchivar hat diese Auszeichnung bisher erhalten.

Wolfgang Herrndorf, der Autor, der Ulrike Schieder dazu gratulierte, dass sie »Kunkel gefickt« habe, erschoss sich 2013 in Berlin.

Robin Detje arbeitet heute – nach dem Scheitern seines Zeitschriftenprojekts *Abstand* – als Übersetzer. Sein »Umsteuern vom Großkritiker auf andere Arbeitsfelder« stufte er selbst – laut der *taz* vom 19.6.2018 – als »Abstieg« ein.

Tilman Krause, der Boulevard-Feuilletonist der *Welt* und bekanntester *Closet Gay* der Kritikerzunft, outete sich 2020 in einem peinlichen Videostatement: »Wir Schwulen inszenieren uns immer noch als Opfer!« Er sei auch »Mitglied der Bruderschaft« und dementsprechend »privilegiert«.

Relevante Beiträge zur Literaturkritik gibt es von ihm bis heute nicht.

Martin Büsser, Pop-Feuilletonist und Kunkel-Hasser, erlag 2010 einem Krebsleiden.

---

140 *Rhein-Zeitung,* 14.7.2009.

Iris Radisch lebt weiterhin gut vom *Zeit*-Feuilleton, dessen Leitung sie sich seit 2013 mit einem polnischen Einwanderer teilt. Ihre Verachtung für die deutsche Literatur bekräftigte sie zuletzt 2017 mit der bei Rowohlt erschienenen Publikation: *Warum die Franzosen so gute Bücher schreiben.*

Michael Braun, der die Legende von Kunkels »Dämonen-Image« im *Mannheimer Morgen* vom 16.4.2004 prägte, war Mitarbeiter der SPD-nahen Friedrich-Ebert-Stiftung und ist heute Herausgeber des *Deutschlandfunk-Lyrik-Kalenders,* der als garantierter Non-Seller gilt.

Wiglaf Droste, *taz*-Glossenschreiber, der das journalistische Mobbing als Aufforderung verstand, meine Lesung zu stürmen, verstarb 2019 im Alter von 57 Jahren an Leberzirrhose.

Ulrike Schieder, die Lektorin mit den antifaschistischen Ambitionen, arbeitet noch immer beim Rowohlt Verlag. In einem Interview mit der *taz* vom 21.7.2007 äußert sie sich einmal in dürren Worten zu ihrer Denunziation: »Ein Autor fällt mir allerdings auch ein, mit dem ging es gar nicht. Da haben wir nach ein paar Monaten die gemeinsame Arbeit aufgegeben. Hoffnungslos.« Aus verlagsinternen Kreisen heißt es, sie sei bis heute stolz darauf, »einen Rechten enttarnt« zu haben.

Weiterführende Literatur

Brauner, Urs & Schrammel, Julia: *Kittys Salon – Fakten, Legenden, Fiktion.*, Berlin Story Verlag, 2020, S. 217–218.

McIsaac, Peter. »Dystopian Visions in Thor Kunkel's Endstufe.«, *Visions of Tomorrow: Science and Utopia in German Culture,* ISSEI Helsinki. 28. July–1. August 2008.

Herzog, Dagmar, *Sex after Fascism: Memory and Morality in Twentieth-Century-Germany,* Princeton University, 2005.

Taebner, Stuart (Hrg.): *Contemporary German Fiction: Writing in the German Republic,* Cambridge University Press, 2011.

Gil, Isabel Capeloa & Martins, Adriana: *Plots of war: Modern Narratives of Conflict* (Culture & Conflict), Part II, Júlia Garraio: »Porn, rape and the fall of the Third Reich: On Thor Kunkels novel Endstufe«, Walter De Gruyter, Berlin/Boston, 2012.

Jacobs, Katrien: *Netporn: DIY web culture and sexual politics,* (Chapter 4, »Eros in Times of war«), Rowman & Littlefield, 2007.

3: *AM-Magazine:* »An interview with Thor Kunkel: History, porn and advertising«. *http://www.3ammagazine.com/litarchives/2005/jan/interview_thor_kunkel.html.*

Heinemann, Elisabeth: *Gender, Sexuality, and Coming to Terms with the Nazi past,* Cambridge University Press, Conference Group of Central European History of the American Historical Association, Vol. 38, No. 1, 2005, S. 41–74.

Stuart Taebner: *Contemporary German Fiction: Writing in the German Republic,* Cambridge University Press, 2011.

Johann Holzner: *Literatur als Skandal: Fälle – Funktionen – Folgen,* Von Vandenhoeck & Ruprecht, 2007.
Christian Schertz et al.: *Rufmord und Medienopfer – Die Verletzung der persönlichen Ehre,* Ch. Links Verlag, 2007.
Frank Bösch: *Public History: Öffentliche Darstellungen des Nationalsozialismus jenseits der Geschichtswissenschaft,* Campus Verlag, 2009.
Franz Trautmann: *Nazikiffer: Eine mitteleuropäische Vergangenheitsbewältigung,* Books on Demand, 2008.